ROWOHLT
BERLIN

MICHAEL SCHMITZ

Wendestress

Die psychosozialen Kosten der deutschen Einheit

Rowohlt · Berlin

1. Auflage März 1995

Umschlaggestaltung und Foto Walter Hellmann
Satz aus der Bembo (Linotronic 500)
Gesamtherstellung Clausen & Bosse, Leck
Printed in Germany
ISBN 3 87134 231 9

Inhalt

Vorwort

DIE Nacht, als in Berlin die Mauer fiel, verflog für mich wie im Rausch. Vom Brandenburger Tor bin ich zum Grenzübergang Heinrich-Heine gefahren, von dort zur Bornholmer Straße, dann wieder zurück, um die Tour von vorn zu beginnen und zu sehen, ob der Zug von Ost nach West einfach so weiterziehen konnte. Stundenlang stand ich an der Grenze, sah, was geschah, und konnte es dennoch nicht richtig begreifen. Wie Tausende andere bin ich jubelnd nach Westberlin gezogen. Fassungslos starrten uns Soldaten und Zöllner an, manche schauten einfach weg, völlig verstört, traumatisch geschockt. Die meisten glaubten, die Öffnung der Grenze sei ein unerklärliches Versehen, das schon am nächsten Morgen korrigiert werden würde.

Was sich an diesem 9. November ereignete, konnte an dem Tag keiner richtig verstehen. Die Geschichte schien sich zu überschlagen, und die plötzliche Dramatik überforderte alle. Ich kannte die DDR von vielen Reisen. Seit 1980 wohnte ich in Berlin, und im Sommer 1988 siedelte ich von Charlottenburg nach Pankow, um als Korrespondent des ZDF aus der DDR zu berichten. Den Umzug nach Ostberlin empfand ich als Privileg, denn ich konnte jederzeit die Grenze in beide Richtungen passieren und in beiden Teilen der Stadt, in beiden deutschen Ländern leben.

Ich hatte mir vorgenommen, über die DDR nicht feuilletonistisch zu berichten. Der Romantizismus, mit dem andere den ostdeutschen Alltag als gemütliche Nischengesellschaft verklärten und in ihm eine besondere menschliche Wärme zu entdecken meinten, war mir fremd. Aber ich sah mich auch nicht als Gegner des Systems. Wer Entspannung in Europa wollte, so dachte ich, mußte die Existenz des zweiten deutschen Staates anerkennen.

Der Alltag dort hat meine Wahrnehmungen und Einstellungen entscheidend verändert. Die Widersprüche zwischen den Versprechungen des Regimes und dem wirklichen Sozialismus traten deutlicher hervor, und mir wurde bewußt, wie totalitär die SED ihren Machtanspruch durchsetzte. Solche Einsichten konnte ich nur aus der Nähe gewinnen.

Zunächst schwand mein Wohlwollen gegenüber dem Staat und schließlich meine journalistische Neutralität. Markus Wolf, der ehemalige Spionage-Chef der DDR, hat in seinen Erinnerungen notiert, ich hätte mich von einem Berichterstatter in einen Akteur verwandelt. So war es wohl tatsächlich. Zumindest wurde ich zu einem teilnehmenden Beobachter. Als Fernsehkorrespondent konnte ich ein Medium zur Verfügung stellen, das Öffentlichkeit gegen die Propaganda des Regimes förderte.

Ich habe miterlebt, wie sich die Leipziger Montagsdemonstrationen zu Massenprotesten ausweiteten, die Bewegungen gegen den Wahlbetrug der SED entstanden, das *Neue Forum*, der *Demokratische Aufbruch* und die *Sozialdemokratische Partei* gegründet wurden. Ich verstand mich selbst als parteilich und habe versucht, Opposition und Widerstand mit meiner Arbeit zu unterstützen.

Für das Regime gehörten kritische Journalisten zum Lager der Feinde. Und mißbilligende Fernsehberichte, die vom Westen fast in die gesamte DDR strahlten, wertete die SED als Anschläge gegen die Deutsche Demokratische Republik. Wiederholt wurde ich wegen meiner Reportagen ins Außenministerium zitiert. Die Staatsbeamten drohten, mich als Korrespondenten auszuweisen, das letzte Mal, als Honecker schon gestürzt war.

Als die Macht der Partei zusammenbrach, feierte auch das Fernsehen den Niedergang der DDR. Von überall reisten Reporter an, um über die große Freiheit zu berichten. Über mögliche Schwierigkeiten des radikalen gesellschaftlichen Umbruchs berichteten nur wenige. Im ZDF galt es als publizistische Pflicht, die deutsche Einheit zu fördern und Bedenken beiseite zu schieben. Die Zuschauer sollten durch Probleme nicht irritiert werden. Die Berichterstattung wurde zur innenpolitischen Angelegenheit, beeinflußt von bald einsetzenden Wahlkämpfen. Viele Sendungen verstärkten die allgemeine Euphorie – und die Illusionen.

Im Oktober 1990 versetzte mich das ZDF nach Wien. Der Abschied von Berlin fiel mir schwer. Zeit und Abstand haben mir jedoch geholfen, mich neu mit der DDR, ihrem Zusammenbruch, der Vereinigung und ihren Folgen zu beschäftigen. 1992 lud mich die William-Benton-Stiftung für ein Jahr an die Universität von Chicago ein, frei vom Tagesjournalismus und fern von Europa, im wissenschaftlichen Kollegium nachzudenken. Wieder veränderte ein Ortswechsel Perspektiven, Zugang und Verständnis.

Die Amerikaner nehmen Deutschland seit der Einheit anders wahr als zuvor. Zeitungen und Fernsehen berichteten ausführlich über wirtschaftliche Krisen, ausländerfeindliche Gewalt, neue Spannungen zwischen Ost und West und die Schwierigkeiten der neuen Bundesrepublik, die Anforderungen einer veränderten Weltlage zu akzeptieren. Daß Deutschland sich verändert hat, war aus der Ferne, unbeteiligter, deutlicher wahrzunehmen. Der räumliche und gedankliche Abstand hat mir das Nachdenken erleichtert.

Während des Studienjahres suchte ich nach Antworten auf die Fragen, die mir amerikanische Freunde und Kollegen stellten. Chicago hat dazu sehr ermutigt. Die Universität pflegt interdisziplinäre Debatten, fächerübergreifendes Denken ist gute Tradition. Als Psychologe und politischer Journalist erlebte ich das intellektuelle Umfeld und die wissenschaftliche Offenheit als überaus wohltuend, denn die Verbindung psychologischer und politischer Betrachtungen gilt dort als selbstverständlich.

Von Amerika bin ich zurückgegangen nach Wien, in die Stadt, die für Psychologie noch immer einen besonderen Sinn hat, sie als Wissenschaft ernst nimmt und nicht ins Esoterische abdrängt. Auch Wien bot Abstand und Diskurs. Die Idee, dieses Buch zu schreiben, ist in Amerika entstanden, dort entwickelt und hier fortgeführt worden.

Das Anliegen dieses Buches ist auch eine politische Botschaft. Die *zivile Gesellschaft* braucht eine demokratische Bürgerschaft, die an der Politik rational teilnimmt und auf die Vernunft und Stabilität demokratischer Institutionen vertrauen kann. Wir müssen deshalb die gesellschaftlichen Veränderungen analysieren und angemessene Konsequenzen ziehen. Wir müssen akzeptieren, daß die deutsche Einheit von uns einen Preis verlangt. Gefordert sind ehrliche und faire Kalkulationen, die auch die psychosozialen Kosten berücksichtigen. Wenn wir dafür nicht aufkommen wollen, fürchte ich, nimmt die zivile Gesellschaft Schaden.

Das Denken und Schreiben, mehr noch das Umdenken und Umschreiben dieses Buches erfolgte in Diskussionen mit Freunden und Kollegen. Zu danken habe ich dem Psychologen und Politikwissenschaftler Marvin Zonis von der Universität von Chicago für die intensiven Debatten über Selbst-psychologische Theorien zur Erklärung politischer Prozesse. Der Psychologe Giselher Guttmann von der Universität Wien hat diese Arbeit stets mit kritischer Kommentierung gefördert. Der Stressforscher und Analytiker Peter Gathmann von der Psychiatrischen Universitätsklinik hat mich wissenschaftlich beraten und im persönlichen Stress-Management betreut. Mein ganz besonderer Dank gilt Margot Dietzel von der Psychiatrischen Universitätsklinik in Wien, die mit mir schier endlos Hypothesen und Argumente, einzelne Kapitel, den Sinn und Unsinn des Projektes diskutiert, mir stets mit ihrer gedanklichen Klarheit und ihrer fachlichen Kompetenz geholfen und mich als Anima begleitet hat.

Wien, Januar 1995

Einleitung: Die Psychologie des realen Sozialismus

ALS die Mauer fiel, hielten sich die Deutschen für das glücklichste Volk der Welt. Ost und West lagen sich in den Armen. Wir feierten das Ende des kalten Krieges. Die westliche Allianz rief sich zum Sieger der Geschichte aus. Wirtschaftsexperten versprachen baldigen Aufschwung. Politiker eine neue Weltordnung und (endlich) globale Sicherheit.

Mittlerweile sind die kühnen Visionen ernüchternden Einsichten gewichen. Schon prophezeit der Politikwissenschafter John Mearsheimer, wir würden das Ende des kalten Krieges noch bedauern, denn der historische Rückblick zeige, daß die bipolare Verteilung der Macht zu einer stabilen Balance der gegnerischen Systeme geführt habe. Nach dem Zusammenbruch des kommunistischen Imperiums ist die Macht multipolar verteilt, nicht mehr ausgeglichen, deshalb sei die Welt unübersichtlicher und unberechenbar geworden – Hypernationalismus und die Proliferation nuklearer Potentiale bedrohten den Frieden.[1]

Unsere bisherigen Weltbilder sind aus dem Lot geraten. In den modernen Industriestaaten schwindet der Glaube, daß die Technik, die dauerhaftes Wirtschaftswachstum garantieren soll, noch kontrollierbar ist. Die Logik der Konkurrenz aber zwingt sie dazu, auf Wachstumskurs zu bleiben, obwohl dessen ruinöse Folgen längst allgemein bekannt sind. Eine Politik des Weiter-So, argumentiert der Soziologe Ulrich Beck, gerate an ihre Grenzen, ihr Weg führe unaufhaltsam in die Risikogesellschaft.

Der Verteilungskampf ist härter geworden; deutlicher als jemals zuvor teilt er die Gesellschaft (und die Gesellschaften) in Sieger und Verlierer. Die globalisierte Welt entzieht sich längst nationaler Steuerung. Traditionelle soziale Zusammenhänge lösen sich auf. Der einzelne soll immer mehr allein entscheiden, obwohl er immer weniger beeinflussen kann. Von fortschreitender *Individualisierung* fühlen sich viele Bürger westlicher Demokratien überfordert.

Die Gesellschaften verlieren inneren Zusammenhalt. Selbst die Feindbilder, die zu Zeiten der Ost-West-Konfrontation dazu beigetragen haben, nationale (und persönliche) Identität zu definieren, sind mit dem Abgang des ideologischen und politischen Gegners verschwunden. Erschütterungen der Identität aber sind nur schwer auszuhalten.

Das gilt erst recht in den postkommunistischen Gesellschaften. Der Kollaps des sowjetischen Reiches hat das einst verheißungsvolle Projekt Sozialismus begraben. Die ehemals sozialistischen Staaten sind in den Strom der universellen Entwicklung gezogen, entlassen in die Weltrisikogesellschaft und konfrontiert mit fortschreitender Individualisierung. Nun stehen sie vor ungeahnten Problemen.

Osteuropa kämpft mit kaum zu bewältigenden wirtschaftlichen, politischen und psychosozialen Schwierigkeiten. Der Ausbruch der Konkurrenzgesellschaft, die Überflutung mit Werten und Regeln der Marktwirtschaft trifft viele Menschen mit enormer Wucht. Sie bleiben tief verunsichert und orientierungslos zurück. Ihre bisherige Biographie ist fragwürdig geworden, ihrer Identität ist das Fundament entzogen. Auf ein Leben in einer anderen Welt waren sie nicht vorbereitet. Radikale Ideologien gewinnen zunehmend Gefolgschaft bei denen, die von der gesellschaftlichen Transformation «abgehängt» werden. Die Gegner des Wandels sind neue Nationalisten und alte Kommunisten; die Sehnsucht nach vergangenen Sicherheiten und verlorenem Ansehen treibt sie in gemeinsame politische Bündnisse.

Der DDR wurden von allen Seiten noch die besten Zukunftschancen prophezeit. Die Bundesrepublik transferierte harte Währung, Institutionen, Gesetze, Verwaltungen, Manager, Bürokraten und Politiker. Voller Hoffnung wählte die große Mehrheit der Ostdeutschen den raschen Anschluß an die Bundesrepublik, der unmittelbaren wirtschaftlichen und gesellschaftlichen Aufschwung zu garantieren schien. Deutschland bejubelte die unverhoffte Einheit als grandiosen Gewinn – politisch, moralisch, geographisch, sogar wirtschaftlich. Wer zu bedenken gab, daß die Vereinigung ein teures

Unternehmen werden oder – im weitesten Sinne – gar zu Verlusten führen könnte, galt als Miesmacher, der die einmalige historische Chance nicht erkennen und die patriotische Pflicht verweigern wollte.

Heute behauptet keiner mehr, die tatsächlichen Kosten der Einheit abschätzen zu können. Die Deutschen haben sich gründlich verrechnet. Eine seriöse Kalkulation scheint unmöglich zu sein, der politische Preis ist nicht zu veranschlagen, und von den psychosozialen Kosten redet kaum jemand. Zu bilanzieren sind in der Vereinigungsrechnung auch: Verluste sozialer Sicherheit, steigende seelische Belastungen und psychosomatische Störungen, zunehmender Alkohol- und Medikamentengebrauch, hohe Selbstmordraten, Defizite im Ausbau einer zivilen Gesellschaft, Aufschwung des rechten Radikalismus, wachsende Gleichgültigkeit gegenüber demokratischen Institutionen, DDR-Nostalgie und Zulauf für die PDS, die Nachfolgeorganisation der SED – um diese Kostenrechnung geht es in diesem Buch.

Deutschland ist tiefer gespalten als vor dem Zusammenschluß. Seit dem Niedergang des Kommunismus leben die Menschen in beiden Teilen in einer anderen Republik. Sie müssen sich neuen wirtschaftlichen, innenpolitischen und globalen Herausforderungen stellen. Dies zu erkennen und zu akzeptieren fällt schwer. Auf die «Ostalgie» antwortet der Westen mit Sehnsüchten nach der alten Bundesrepublik.

Ost- und West-Mentalitäten prallen hart aufeinander. Viele Menschen in den neuen Bundesländern fühlen sich «kolonisiert», sie sehen sich als «Bürger zweiter Klasse». Westler halten dagegen, die ehemaligen DDR-Bürger blieben rigidem Denken verhaftet und pflegten sozialistischen Schlendrian; sie seien nicht bereit, sich der Leistungsgesellschaft anzupassen und forderten trotzdem gleichen Lebensstandard. Umfragen zeigen: Heute wollen die Deutschen in beiden Teilen der Republik weniger voneinander wissen als jemals zuvor.

Die Bürger aus der ehemaligen DDR fühlen sich ein zweites Mal betrogen. 1945 gerieten sie unter die «falsche» Besatzungsmacht. Über 40 Jahre mußten sie unter einer sozialistischen Diktatur leiden. Die Nachkriegsordnung sperrte sie von westdeutschem Wirtschaftswunder und bürgerlichen Freiheiten aus. Heute sehen sie sich von den eigenen Landsleuten verschmäht, benachteiligt, verletzt. Wieder, so glauben sie, werden sie zu Verlierern der Geschichte gemacht.

Das ist nicht allein ostdeutsche Sicht. Viele Menschen in den postsozialistischen Ländern erleben den Niedergang des alten Regimes nicht als Befreiung, sondern als materielle und psychosoziale Belastung, oft gar als persönliche Niederlage. Den neuen Anforderungen sehen sie sich nicht gewachsen. Was sie einmal gelernt haben, gilt nicht mehr, doch die verinnerlichten Einstellungen und Verhaltensmuster können sie nicht einfach «ablegen», sie sind verankert in ihrer Persönlichkeit, ihrer psychischen Struktur und ihren kognitiven Schemata.

Dieses Buch argumentiert, daß die kommunistischen / sozialistischen Gesellschaften, also auch die DDR, die Entwicklung von Persönlichkeit in besonderer Weise beeinflußt haben, daß es also eine *Psychologie des realen Sozialismus* gibt. Die Wirkung des Systems auf die Individuen war oft diffus und ist vielfach nicht klar zu identifizieren, sie läßt sich aber anhand diverser Symptome nachzeichnen.

Die hier vorliegende Analyse abstrahiert von individuellen Besonderheiten, obwohl sie sich auf tatsächliche Lebensläufe, empirische Untersuchungen und eigene Beobachtungen stützt. Sie will allgemeine Strukturen nachzeichnen, die diffusen Prägungen erhellen und deutlicher aufscheinen lassen. Ich argumentiere dabei absichtlich zugespitzt. Meine Pointierungen mögen bisweilen als Übertreibungen erscheinen, denn gegen jede Verallgemeinerung sind unzählige individuelle Gegenbeispiele anzuführen.

Von den Einflüssen des sozialistischen Systems zu sprechen bedeutet stets, eine Verallgemeinerung zu wagen, die Differenzierungen vernachlässigt. Die Analyse von politischen und gesellschaftlichen Zwängen sagt noch nichts über die Prägungen eines konkreten Menschen. Politische Psychologie analysiert mögliche und wahrscheinliche Wirkungen politischer Strukturen.

Abstraktionen, die beanspruchen, auf jede individuelle Entwicklung (in der Vergangenheit und / oder in der Zukunft) schließen zu können, führen zu falschen Schlüssen. Wird dagegen nur der Einzelfall betrachtet, verhindert diese Betrachtung die Analyse von

Strukturen. In dieser Spannung bewegt sich die Argumentation dieses Buches. Oft muß sie sich auf begründete Spekulation beschränken. Ich gehe die Gefahr in der Hoffnung ein, die Besonderheiten der Psychologie des Sozialismus und die sich daraus entwikkelnden psychosozialen und politischen Folgen so deutlicher kenntlich machen zu können.

Persönlichkeitsprägungen des Sozialismus begrenzen heute vielfach die Fähigkeit, Strategien zur Bewältigung persönlicher Krisen zu entwerfen - ein Verhalten und Verarbeiten, das die Psychologie als *Coping* bezeichnet. Deshalb leiden viele Menschen doppelt. Zu bewältigen haben sie den Verlust von Status und sozialer Kompetenz. Lebenswege brechen ab, Lebensplanungen funktionieren nicht mehr. Schwer lastet die Einsicht, daß Anpassungen an die veränderte Wirklichkeit große Mühe bereiten und oft mißlingen.

Aus Wendestress entsteht in Deutschland «Einheitsfrust». Die meisten kämpfen dagegen an, doch viele resignieren. Stress und Frust führen zu psychosomatischen Erkrankungen, zu steigendem Alkohol- und Medikamentengebrauch und auch zu politischer Wut, Ausländerfeindlichkeit, wachsender Gewaltbereitschaft und Erfolgen rechtsradikaler Gruppen. Der Wunsch, die Kontinuität der eigenen Biographie zu wahren, scheint auf in DDR-Nostalgie und Erfolgen der PDS.

In der DDR haben sich die meisten Menschen geschmeidig angepaßt, auch als die Diktatur ihre stalinistischen Schrecken längst verloren hatte. Obwohl die möglichen Freiheiten wuchsen, nutzte sie kaum jemand. DDR-Bürgerrechtler wie Jens Reich oder Friedrich Schorlemmer haben rückblickend den erstaunlichen Mangel an Zivilcourage reflektiert.[2] Irene Misselwitz, Psychiaterin aus Jena, und Harry Schröder, Psychologe aus Leipzig, haben den Anpassungsdruck und die Konformität ihrer Mitbürger beschrieben und hervorgehoben, wie sie sich mit eigenen Arrangements in das System eingefügt und seinen Bestand gesichert haben.[3] Die Umfrage-Daten des *Zentralinstitutes für Jugendforschung* in Leipzig belegen, daß die Zustimmung zu Staat, Partei und Ideologie (vor allem unter Studenten) bis kurz vor dem Zusammenbruch sehr hoch war.

Konformität ist kein Spezifikum kommunistischer/sozialistischer Gesellschaften. Offenbar streben Menschen nach Konformität, um ihrem Leben Kontinuität, Identität und Zugehörigkeit zu verleihen. Die Natur hat uns weder zu Helden noch zu streitbaren Außenseitern gemacht.[4] Allerdings gibt es in totalitären Regimen eine spezifische Konformität, deren Besonderheiten es herauszuarbeiten gilt, um die spezifischen seelischen Prägungen identifizieren und mögliche persönliche, soziale und womöglich politische Folgen bestimmen zu können.

Der Zusammenhalt jeder Gesellschaft beruht darauf, daß sehr viele ihrer Mitglieder die jeweiligen Werte und Normen internalisieren. Erzwungene Anpassung, die nur durch äußeren Druck wiederhergestellt wird – die Psychologie nennt das *Compliance* –, genügt ebensowenig wie vordergründige Identifikation.[5] Angewandt auf den real existierenden Sozialismus legt diese Theorie den Schluß nahe, daß die Ideologie des Systems, seine Versprechungen und die dadurch geweckten Hoffnungen, die aus der Weltanschauung abgeleiteten Regeln und Werte tatsächlich von vielen Bürgern (mehr oder weniger) übernommen worden sind. Wenn Menschen sich Zwängen nicht entziehen können, passen viele die eigenen Haltungen den gesetzten Normen und Werten an, weil sie die inneren Spannungen und kognitiven Dissonanzen nicht aushalten können.[6]

Im Rückblick erklären sich die meisten ehemaligen DDR-Bürger zu Gegnern des Systems. Inneren Widerstand wollen sie geleistet oder der SED-Herrschaft nur «deklamatorisch» zugestimmt haben. Nur wenige bekennen, daß sie sich im Staat «eingerichtet», in den sozialen Versprechen und der Weltanschauung durchaus Positives gesehen haben. Viele akzeptierten die Mythen über den antifaschistischen Staat, das angeblich bessere Deutschland, geführt von einer politischen Klasse, die gegen Hitler gekämpft hatte und daraus das Recht einer antikapitalistischen Erziehungsdiktatur ableitete. Nach der Doktrin des SED-Staates konnte die stets und überall lauernde faschistische Gefahr nur durch Parteilichkeit für den real existierenden Sozialismus abgewehrt werden. Der Mythos verschaffte der DDR bei vielen Bürgern, vor allem bei Intellektuellen, moralischen Kredit. Heute gibt kaum jemand ehrlich zu, wie der jetzige CDU-Bundestagsabgeordnete und vormalige Regimekritiker Rainer Eppelmann, daß die Ideale des Sozialismus für ihn damals anziehend gewesen sind.[7]

Wer heute noch so tut, als sei die «Sache des Sozialismus» unbeschädigt geblieben, rechtfertigt dies mit dem Hinweis, die sozialistische Utopie sei gut, nur ihre politische Umsetzung mißraten. Ich halte diese Sichtweise für eine hartnäckige Rationalisierung. Der real existierende Sozialismus resultierte aus der «Vollstreckung» der Theorie. Wer das nicht erkennt, ist innerlich bereit, das Fiasko zu reinszenieren.

Staat und Partei erhielten den realen Sozialismus als totalitäres System, weil beide Institutionen, jeweils spezifisch, reale Bedürfnisse bedienten, so Verwalter der Macht, Anhänger und Mitläufer rekrutierten und ausreichend opportune Konformisten in ihre Gefolgschaft zogen, die Angebote und ideologische Verpflichtungen des Regimes für sich zu nutzen wußten. Staat und Partei definierten weitgehend die Matrix für persönliche Entwicklung. Deshalb sind die (bis heute anhaltenden) Prägungen des realen Sozialismus nur aus der Psychologie dieser beiden Organisationen zu verstehen.

Die Partei entwarf, etablierte und sicherte die Grundstrukturen des totalitären Regimes. Dabei ließ sie sich leiten von den Ideen des Sozialismus und der daraus folgenden Machtstrategie. Deshalb beschäftigt sich diese Arbeit ausführlicher mit der Theorie des Sozialismus und seinen psychologischen Implikationen. Mit der Analyse des Marxismus will ich deutlich machen, welchen psychischen Bedürfnissen die Marxsche Utopie entsprochen hat, weshalb sie so lange und so anhaltend (besonders unter den Intellektuellen) Anhänger und Parteigänger gewinnen konnte.

Marx stellte die Theorie von scheinbar vollkommener Rationalität vor. Sie beanspruchte wissenschaftliche Exaktheit. Doch schon die Marxsche Lehre schloß praktisch jeden Zweifel aus. Sie beanspruchte, nur den objektiven Bewegungsgesetzen der Geschichte zu folgen und so eine historische Mission zu erfüllen. Nach der Theorie besteht Freiheit allein als «Einsicht in die Notwendigkeit», die nur durch das Studium des wissenschaftlichen Sozialismus erworben werden könne, eine Aufgabe, der die Arbeiterklasse, so Marx, nicht gewachsen sei, weil sie notwendig den Mystifikationen der kapitalistischen Gesellschaft erliege, zwangsläufig ein falsches Bewußtsein entwickle und so ihre Unterdrückung nicht selbst erkennen könne. Marx kreierte damit das Konzept einer «wissenden» Avantgarde, welche das Proletariat erziehen muß, damit es sich als revolutionäre Klasse begreift, als revolutionäres Subjekt die Klassenherrschaft aufheben und die allgemeine Unterdrückung beseitigen kann.

Die historische Mission legitimierte Gewalt, weil sie die Aufhebung aller Gewaltverhältnisse versprach. Sie konnte sich sogar gegen jene richten, die revolutionäre Befreier sein sollten, falls sie ihre geschichtliche Aufgabe nicht verstanden. Da Einsicht, so die Lehre, nur durch Erziehung erfolgen konnte, erlaubte der Marxismus die Erziehungsdiktatur. Die Verheißungen des Glücks rechtfertigten, den einzelnen zu seinem Glück zu zwingen. Weil es in der Theorie keinen Zweifel gab, wurde auch die praktische Anwendung des Zwangs nicht bezweifelt. Marx entwarf eine unbeirrbare Theorie – eine Utopie, die nach den klassischen Kriterien der Psychopathologie wahnähnliche Züge trägt.[8]

Der real existierende Sozialismus berief sich auf die Utopien des Marxismus und seinen Anspruch, die Wahrheit erkannt zu haben. Doch das politische System entstand und überdauerte nur durch die Herrschaft der kommunistischen Partei, deren besondere Rolle Lenin begründet hatte. Als Organisation der Kommunisten war die Partei nach Marxscher Theorie als Avantgarde der «Wissenden» definiert. In ihrer Struktur des *demokratischen Zentralismus* verdoppelte sie die «Hierarchie des Wissens». Die Partei verlangte vom Volk, ihre Führungsrolle anzuerkennen; in der Partei bestimmte die Führung über die Mitglieder und forderte Unterordnung – die Aufgabe des eigenen Denkens und die Unterdrückung der Individualität.

Wer in die Partei eintrat, konnte sich von eigenen Zweifeln und den Lasten des individuellen Daseins befreien. Die Partei beanspruchte, immer recht zu haben. Sie offerierte ihren Mitgliedern Ordnung in einer turbulenten Welt und zielgerichtetes Handeln. Der einzelne tauschte eine sicherheitgebende Struktur und ein sinnstiftendes Ideal gegen die freiwillige Unterwerfung. Der Begriff *Leninismus* soll in dieser Arbeit den real existierenden Sozialismus/Kommunismus charakterisieren, die besondere Einheit von utopischer Idee und diktatorischer Gewalt, die oft freiwillige und die erzwungene Unterwerfung unter eine vorgeblich wissenschaftliche Theorie.

Zu fragen ist nach den seelischen Prädispositionen, die Menschen zu Verfechtern geschlossener Ideologien werden lassen, und nach der Dynamik von Gruppen, die durch solche Ideen konstituiert werden oder daraus ein wesentliches Element für ihre Entstehung, ihr Selbstverständnis und ihren Bestand beziehen.

Kommunistische Parteien bedienten das Bedürfnis nach Gewißheit. Theorie und Führungsstil der Kommunisten verlangten deshalb den Ausschluß des Zweifels – ihre Utopie blieb erfahrungsresistent. In unumstößlichen Wahrheiten, so wissen wir seit Karl Jaspers, zeigt sich der Wahn, dem häufig ein affektives Wahnbedürfnis zugrunde liegt. Im Wahn wird nicht rationale Erkenntnis durch irrationalen Glauben ersetzt, vielmehr soll glaubensloser Zweifel durch beweisbares Wissen aufgehoben werden. Gruppen, die mit unumstößlichen Wahrheiten die Sehnsucht nach Gewißheit befriedigen, möchte ich als *wahnhafte Gemeinschaften* bezeichnen.

Die scheinbar vollkommene Rationalität des Marxismus zog besonders die Intellektuellen an. Sofern sie sich auf die Grundprämissen der Lehre einließen, war für sie die Wahrheit zu (be)greifen und zu rekreieren. Strukturell trug «die Intelligenz» im realen Sozialismus zur Sicherung der Parteiherrschaft bei. Sie hatte teil an der Macht, genoß Privilegien und Prestige. Zwar waren in der DDR die wenigsten Intellektuellen feurige Anhänger der Ideologie, doch in ihrer alltäglichen Praxis blieben sie nützlich für das Regime. Sie sorgten, wie Reich und Schlapentokh argumentieren, für den Erhalt des ideologischen Überbaus.[9] Überdies brauchte das System sie als Vollstrecker der Erziehungsdiktatur – in Schulen und Universitäten, Parteien und Massenorganisationen, Apparaten und Komitees, Parlamenten und Verwaltungen, Gerichten und Medien.

Wichtiger als eigenes Denken war, besonders für die Geistes- und Gesellschaftswissenschaften, der Standpunkt, die vorab festgelegte Parteilichkeit, d. h. die Loyalität gegenüber der Ideologie. Politologen und Juristen übernahmen diese Haltung offensichtlich, Psychologen und Psychiater dienten dem Regime auf subtilere Weise. Sie idealisierten das Kollektiv und entwerteten Individualität, erklärten seelische Störungen weitgehend aus biologischen Prädispositionen – ihre Theorien ordneten sie einem Menschenbild unter, das der *Marxismus-Leninismus* ihnen vorgegeben hatte.[10] Anpassung herrschte auch bei denen vor, die sich um das Seelenleben kümmern sollten. So degradierten sie sich zu Werkzeugen kommunistischer Herrschaft. Ihr Mißbrauch der Wissenschaft begann mit der geistigen Beschränkung, nicht erst mit dem Einsatz von Psychologie und Psychiatrie gegen Regimekritiker. Die meisten Intellektuellen haben auch heimlich nicht anders gedacht, als es die Partei von ihnen verlangte. An Universitäten und Akademien erfüllten sie die Vorgaben des Systems. Mit dessen Zusammenbruch konnten sie nicht länger kaschieren, daß sie weder in ihren Schubläden noch in ihren Köpfen Ideen und Konzepte für eine Zeit «danach» hatten.[11]

Lange Zeit neigten viele West-Betrachter zu Schwärmereien, wenn sie die DDR beschrieben. Günter Gaus verklärte das Land als gemütlichen Staat der «kleinen Leute», als heimelige «Nischengesellschaft», voll menschlicher Wärme, die so typisch gewesen sein soll für die andere deutsche Republik. Ich halte diese Sehweise für Romantizismus, der eigenen Sehnsüchten nach einer Welt entspringt, die dem einzelnen mehr Geborgenheit bieten soll.

Das totalitäre Regime strebte nach totaler Kontrolle. Die Feststellung ist keineswegs so banal, wie sie zunächst klingen mag. Die SED versuchte, die Trennung von privater Sphäre und öffentlichem Bereich aufzuheben. Der Staat organisierte die «Nischen», in denen sich die Bürger unpolitisch und geordnet den Anforderungen des Systems entziehen und ihren Frust ablassen durften. Die Partei verordnete Kollektivität, ihre Kader überwachten Gärtner, Kleintierzüchter und Jugendclubs. Überall herrschte staatlich oktroyierte Gemeinschaft über das Individuum. Das sozialistische Menschenbild bestimmte Freizeit, Arbeit und Erziehung. Kindertagesstätten, Schulen und Universitäten erzogen zu rigidem Denken und Untertanengeist. Die Kommandowirtschaft beschränkte Eigeninitiative, Kreativität und soziale Kompetenz.

Die allermeisten richteten sich in diesem System ein. Dafür erhielten sie einen Ausgleich. Sie tauschten Entmündigung gegen soziale Sicherheit. Der «vormundschaftliche Staat» (Rolf Henrich) unterdrückte und versorgte seine Bürger. Er befreite von persönlicher Verantwortung, entlastete den einzelnen von Entscheidungen und blockierte die Entfaltung eigenständiger Persönlichkeit. Wer aus der Gesellschaft «aussteigen» wollte, den machte der Staat mit direkter Gewalt fertig, oder er strafte mit Vergessen, sozialer Isolation und Bedeutungslosigkeit. Beides hielten die wenigsten aus.

In der Anpassung an die herrschenden Verkehrsformen fördern autoritäre Systeme die Entwicklung autoritärer Persönlichkeiten. So erneuert sich die autoritäre Gesellschaft durch das Verhalten und die Einstellungen ihrer Bürger. Den Zusammenbruch des vormundschaftlichen Staates empfinden deshalb heute viele als Verlust. Die neue Ordnung ist nicht durchschaubar, sie erscheint als bedrohliche Unordnung. In dieser Wahrnehmung steckt potentiell die Haltung, die Demokratie für die eigenen Schwierigkeiten verantwortlich zu machen. So entstehen antidemokratische Einstellungen. Nur eine Minderheit der Ostdeutschen meint, die bundesrepublikanische Demokratie sei eine verteidigungswürdige Staatsform.[12] Unter autoritärer Herrschaft konnten viele nicht lernen, anders zu handeln und zu denken, als die Macht es erlaubte. So beeinflußte das politische System die Formation des *Selbst.*

Um die Auswirkungen politischer Faktoren auf die persönliche Entwicklung ausmachen zu können, greife ich auf einen Ansatz zurück, der der Psychologie des Selbst nach Heinz Kohut folgt. Das Selbst verstand Kohut als «Kern unserer Persönlichkeit». Was Menschen von sich zeigen, wie sie sich darstellen, so der theoretische Schluß, müsse mit einer tiefer liegenden psychischen Struktur zu tun haben. Der Begriff Selbst beschreibt diese seelische Struktur, die den verschiedenen Einheiten der Psyche zugrunde liegt und den inneren Zusammenhalt eines Menschen ausmacht.[13]

Das Selbst ist das Wesen des seelischen Apparates, das seelische Organisationsprinzip, das letztlich das Handeln des Individuums, die Dynamik von Es, Ich und Über-Ich steuert. Das wichtigste Ziel jedes Menschen ist es, diese Struktur zu stabilisieren und zu entwikkeln. Nur ein (mehr oder weniger) intaktes Selbst garantiert Kontinuität, Handlungsfähigkeit und Wohlbefinden.

Nach Kohut hängt die Entwicklung eines Menschen, die Stabilität seiner psychischen Struktur, sein inneres Gleichgewicht, davon ab, wie die Umgebung auf die natürlichen und universellen Bedürfnisse nach Anerkennung, Erfolg, Selbstwert und Kompetenz reagiert. Die Abwehr solcher Ambitionen gefährdet das Selbst, unterdrückt Selbstvertrauen, hemmt die Entwicklung der Persönlichkeit. Kohut argumentierte, wir versuchten die Befriedigung unserer grundlegenden Bedürfnisse so zu regeln, daß wir daraus genügend Stabilität, ein ausreichendes inneres Gleichgewicht gewinnen. Dieses Regulativ, das für seelischen Zusammenhalt sorgen soll, nannte er, ganz unterschieden von umgangssprachlichem Verständnis, *Narzißmus*.

Narzißmus ist nach Kohut keine seelische Krankheit, sondern ein gesunder Antrieb. Gerade die Unterdrückung narzißtischer Bedürfnisse schädige das Selbst, erst sie führe zu narzißtischen Störungen, d. h. zu Beeinträchtigungen in der Entwicklung seelischer Struktur. Narzißtische Verletzungen könnten ebenso explosive Wut wie auch den resignierten Rückzug des Individuums auslösen.[14]

Da der einzelne grundlegende Bedürfnisse nur in einem sozialen Umfeld befriedigen könne, hielt Kohut Vorstellungen von der Unabhängigkeit des Individuums für eine Illusion, das Streben nach totaler Autonomie für einen Irrweg. Kohut sprach von einem «Sektor» in der Persönlichkeit, welcher «das autonome Selbst» enthält. Völlige Unabhängigkeit gebe es nicht. Individualisierung, die weitgehende Lösung des einzelnen aus der Gemeinschaft, sei bedrohlich.

Das Selbst erhält sich also auch durch Konformität. Der hier vorgestellte theoretische Zugang erklärt, weshalb sich so wenige Menschen nonkonform verhalten, warum sich so wenige als «Helden» eignen. Ein Held zu sein ist weder eine natürliche Begabung noch ein angeborenes Programm, wohl aber gibt es unterschiedliche Grade von Selbständigkeit, Unterschiede in der Ich-Stärke.

Optimale Entwicklung erfolgt nach der Psychologie des Selbst innerhalb einer sozialen Matrix, die Eigenständigkeit erlaubt und gleichzeitig Eingebundensein ermöglicht. Individuelle Ambitionen müssen sozial verträglich und akzeptabel sein. Die Gemeinschaft fördert persönliches Wachstum, setzt dem einzelnen dabei durchaus Schranken, bietet dafür aber auch Integration, die der einzelne braucht, um Kontinuität zu erleben und innere Stabilität zu erlangen.

Die Theorie nimmt an, daß narzißtische Ambitionen nicht «abzuschalten» sind; deshalb müssen sich Menschen, um sie befriedigen zu können, nach gegebenen Bedingungen ausrichten, wenn sie ihre Lebensumstände nicht verändern können. Um das Verhältnis des einzelnen zu seiner Umwelt – die Entwicklungsmatrix – zu beschreiben, hat Kohut den Begriff *Selbstobjekt* eingeführt. Selbstobjekte sind Menschen, Dinge oder Ideen, die für das Selbst Bedeutung haben und mit seelischer Energie «besetzt» sind. Ihre Qualität besteht nicht «objektiv», sondern entsteht aus der subjektiven Beziehung des einzelnen zu Personen, Dingen und Gedanken, d. h. aus einem innerpsychischen Prozeß. Der Begriff Selbstobjekt reflektiert das subjektive Verhältnis, welches das Selbst zu seiner Umwelt herstellt.

Als Selbstobjekt können Eltern, Freunde und Lehrer fungieren, ein Arbeitskollektiv, ein Club oder eine Partei, die von einer solchen Gruppe gepflegten Werte, Symbole und Rituale. Die Matrix solcher Selbstobjekte bestimmt die Koordinaten von Einstellungen und Verhalten. Im realen Sozialismus haben Staat und Partei versucht, die Ausrichtung emotionaler Energie durch ein System von Gratifikation und Bestrafung ideologisch zu steuern, im Sinne Kohuts eine Selbstobjekt-Matrix zu schaffen, in der sich die «sozialistische Persönlichkeit» entwickelt. Das Ideal war der «neue Mensch». Aus dieser Absicht folgte der totale Zugriff auf die Person. Deshalb maßen die Ideologen dem Kollektiv in allen gesellschaftlichen Bereichen – in Freizeit, Beruf und Erziehung – eine wesentliche Bedeutung zu. Das Kollektiv war die «Keimzelle» des vormundschaftlichen Staates, die Fürsorge und Unterordnung repräsentierte.

Psychologisch betrachtet war die Kollektivierung das Gegen-Programm zur Individualisierung der Gesellschaft. Praktisch erfolgte im Kollektiv die Sozialisation zum opportunen Konformisten, der mit der Macht umzugehen und Angebote für persönliche Ambitionen auszunutzen wußte. So fügte zum Beispiel das Arbeitskollektiv den einzelnen in die Kommandostruktur der Planwirtschaft und schützte vor Anforderungen des Staates, etwa vor zu hohen Arbeitsnormen; es funktionierte als moralische und ideologische Kontrollinstanz und bot zugleich ersehnte Gemeinschaft.[15]

Das Selbst-psychologische Modell bietet eine Erklärung, weshalb sozialistische Regime, der vormundschaftliche Staat und die führende Partei, die Entwicklung autoritärer Persönlichkeiten förderten. Obwohl das System ohne Zwang nicht entstanden wäre, reflektieren seine Entstehung und sein Bestand reale menschliche Bedürfnisse. Durch die etablierte gesellschaftliche Ordnung hemmten Staat und Partei freilich die Entfaltung des Selbst, i. e. psychische Stabilität; sie erschwerten die Bildung von Ich-Stärke. Das Regime förderte emotionale Ambivalenzen. Es bot mit seinen Institutionen und Instanzen den einzelnen Halt und Orientierung, verbot jedoch den Individuen, Sicherheiten aus sich und freigewählter sozialer Gemeinschaft zu entwickeln. Individuelle Stärke richtete sich gegen ein System, das Unterordnung durch Kollektivität erzwang.

Auch hierfür lieferte «die Intelligenz» ideologische Rechtfertigungen – Ökonomen, Soziologen und Pädagogen. Für diejenigen, die sich nicht anpassen wollten und deshalb unter psychischen Belastungen litten, standen Psychologen und Psychiater bereit, die (Re)Integration in das Kollektiv und in die sozialistische Gemeinschaft als oberstes Ziel ihrer seelischen Fürsorge verstanden. «Normalität» definierten sie aus dem sozialistischen Menschenbild, seelische «Störung» als Abweichung von dem Ideal.

In der sozialistischen Gesellschaft wurde die Entwicklungsmatrix des Selbst weitgehend von ideologischen Vorgaben beeinflußt. Das Kollektiv an sich galt als Wert, den der einzelne zu internalisieren, in seine persönliche Selbstobjekt-Matrix zu integrieren hatte. Nach diesem Prinzip gliederten Staat und Partei die gesamte Gesellschaft, wobei Individualität und persönliche Ambitionen vernachlässigt wurden und häufig nur ein schwaches Selbst entstehen ließen.

Arbeit betrachtete die sozialistische Weltanschauung als besonders charakterprägend. Ihre planmäßige Organisation sollte dem effektiven Wirtschaften und der Erziehung dienen. Tatsächlich herrschten in der sozialistischen Kommandowirtschaft Mittelmäßigkeit und Anpassung, Ineffektivität und Selbstbetrug vor. Die meisten Menschen internalisierten im «normalen» Arbeitsablauf die geforderten Einstellungen und Haltungen, ohne ideologische Anhänger des Systems zu werden.

Seit der Wende nehmen seelische Störungen unter der ostdeutschen Bevölkerung zu. Sie ist mit neuen Herausforderungen konfrontiert, die viele als Überforderung erleben. Wendestress kann zu psychosomatischen und somatopsychischen Krankheiten führen. Ob Stress als stimulierend oder bedrohlich wahrgenommen wird, hängt von den verfügbaren Coping-Strategien ab. Der vormundschaftliche Staat hatte zu individueller Hilflosigkeit erzogen, weil das eigene Schicksal oft nicht durch persönliche Anstrengung oder Kompetenz zu beeinflussen war. Der vormundschaftliche Staat kümmerte sich um fast alles: Arbeitsstellen, Studienplätze, Urlaubsorte, Wohnungen, Freizeit- und Konsumangebote. Die Lebenslagen der Bürger waren recht ausgeglichen. Nun gerät vieles durcheinander. Das soziale Gefüge der DDR-Gesellschaft stürzt ein. Die bundesdeutsche Konkurrenzdemokratie fordert andauernd individuelle Entscheidungen, verlangt persönliche Verantwortung, die früher viele nicht übernehmen mußten, die sie jetzt nicht ausüben können und am liebsten wieder los wären.

Das Tempo der Vereinigung entwertete in atemberaubender Geschwindigkeit Erfahrungen und Kompetenzen, mit denen das Leben in der DDR gut zu meistern war. Es blieb wenig Zeit, die neue Lage neu zu bewerten und zu lernen, den veränderten Anforderungen angemessen zu begegnen. Rasch erodierten soziale Beziehungen, Institutionen, Normen und Werte, und sogleich sollten die Ostdeutschen wissen, wie sie sich etablierten westdeutschen Verhältnissen anzupassen hätten. Der schnelle Beitritt zur Bundesrepublik erlaubte keine Reflexion über Unterschiede der politischen Sozialisation und keinen Diskurs über Beschwernisse und Folgen der (Wieder)Vereinigung.

Um so größer sind heute die Probleme im Osten und im Westen Deutschlands. Die Deutschen haben Schwierigkeiten mit sich selbst und ihrer nationalen Identität in einer veränderten Bundesrepublik und einer neuen Weltlage.

Eine demokratische Bürgerschaft, die sich informiert, gesellschaftliche Probleme durchdenkt, an politischen Entscheidungen teilnimmt und Aufgaben und Kompetenzen demokratischer Institutionen anerkennt, entsteht nach Jahrzehnten totalitärer Herrschaft in den neuen Bundesländern nicht automatisch durch Export von Behörden, Experten-Transfer, Währungsunion, Investitionen von Wirtschaftsunternehmen oder Geldpolitik der Bundesbank. Eine *zivile Gesellschaft* ist nicht wie eine Fast-food-Kette zu etablieren. Ihr Ausbau verlangte – in Ost und West – die Wiederentdeckung der Politik. Sie müßte mit der nüchternen Analyse der veränderten Lebenslagen beginnen.

Viele ehemalige DDR-Bürger leiden unter dem Gefühl, nicht mehr richtig gebraucht zu werden. Psychische Studien belegen, daß die Bereitschaft, sich zu verändern, oft gering ist. Beharrlich werden Mentalitäten gepflegt, mit denen die Anforderungen des neuen Alltags nicht zu bewältigen sind. So zeigen Untersuchungen, daß persönliche Handlungsspielräume oft abgelehnt werden und die Bereitschaft fehlt, Verantwortung zu übernehmen.[16]

Ein empirischer Vergleich der Ost-West-Mentalitäten hat gezeigt, daß die ehemaligen DDR-Bürger rigider strukturiert und weniger flexibel sind[17], einen stärker ausgeprägten Autoritarismus[18] aufweisen und enorme Schwierigkeiten haben, sich in der Markwirtschaft zurechtzufinden.[19] Trotz des Drucks auf dem Arbeitsmarkt lehnen Ostler Eigeninitiative und Verantwortung eher ab und entziehen sich den Anforderungen des westdeutschen Wirtschaftssystems.[20] Die neuen Verhältnisse erscheinen ihnen als unübersichtlich, unbegreiflich, unstrukturiert. Die eigenen Erfahrungen, Einstellungen und Coping-Fähigkeiten haben ihren Wert verloren. Alles scheint im Fluß, ohne Halt und Orientierung, ohne verläßliche Normen und ohne nachvollziehbaren Sinn.[21]

Arbeitslosigkeit kann das Leben völlig verändern.[22] In Ostdeutschland leiden die Menschen unter den Belastungen von (tatsächlicher oder drohender) Arbeitslosigkeit anders als ihre Landsleute aus dem Westen. Ehemalige DDR-Bürger können in der Regel mit sozialen Unsicherheiten nicht umgehen, weil sie gravierende Brüche in ihrem beruflichen Leben nie erlebt haben, nicht umlernen oder mobil sein mußten; deshalb sind sie auch weniger konfliktfähig.[23]

Viele Ostdeutsche flüchten in Krankheiten, ziehen sich sozial zurück, trinken, um den Wendestress so wenigstens emotional abzudämpfen, oder sie sehnen sich nach der Vergangenheit. Sie fühlen sich als Opfer der Vereinigung.

Erst nach und nach wird deutlich, welche psychosozialen Kosten in der Bilanz der deutschen Einheit zu veranschlagen sind.[24] Seit dem Fall der Mauer erhöht sich die Zahl seelischer Erkrankungen, wobei viele der psychosomatischen Störungen durch die veränderten Lebensumstände verursacht oder ausgelöst worden sind.

Alkoholforscher registrieren im Osten Deutschlands seit der Wende steigenden Alkoholmißbrauch.[25] Die Daten verweisen auf den Zusammenhang von Stress, Coping und Alkoholgebrauch. Sterbestatistiken zeigen in Ostdeutschland höhere Suizidraten und deutlich mehr Todesfälle durch Erkrankungen der Verdauungsorgane auf als in den alten Bundesländern. Dies sind recht eindeutige Indikatoren für Wendestress, Depressionen und psychosomatische Belastungen in weit größerem Ausmaß.

Wendestress löst körperlich und seelisch Alarm aus. Wenn die soziale Matrix, in der Identität definiert wurde, zerfällt, ist der innere Zusammenhalt eines Menschen bedroht. Er erlebt die Veränderung als Angriff auf sein Selbst. Je dramatischer der Wechsel der eigenen Lebenslage, um so heftiger der Stress – in seiner heftigsten Form trifft er als traumatischer Schock, das Selbst ist in ernster Gefahr.

Traumata erhöhen das Bedürfnis nach Kontrolle und Orientierung, wecken ein noch tiefer gehendes Sicherheitsbedürfnis. Deshalb verstärkt der Wendestress die DDR-Nostalgie, die Sehnsucht nach einem Zustand, den das Gedächtnis vornehmlich als bergend und stabil erinnert. Fehlen aktuell Bedingungen, die als ausreichend sicher empfunden werden, sucht ein fragmentiertes Selbst seine Reorganisation in der Rückwendung zur Vergangenheit. In dieser seelischen Befindlichkeit neigen Menschen dazu, Verantwortung abzugeben, zumal wenn sie in ihrem Leben lernen mußten, daß sie ihr Schicksal durch eigene Anstrengungen nicht haben verändern können. Für politisch autoritäre Lösungen sind sie besonders empfänglich.

So läßt sich ein scheinbares Paradoxon erklären. Die Befreiung vom Sozialismus wird (oft mit Verzögerung) als neue Belastung erlebt. Viele Menschen werden mit ihrem Alltag nicht mehr fertig oder befürchten, bald überfordert zu sein. Sie spüren, daß sie in der

Wende-Euphorie ihre Kräfte überschätzt und ihre Erwartungen zu hoch geschraubt haben. Um so härter trifft sie die Enttäuschung, daß die Einheit ihnen (subjektiv) kein besseres Leben beschert, sie vielmehr ungeahntem Stress aussetzt.

Vom Wendestress der deutschen Einheit profitiert politisch die PDS. Die Partei stärkt ostdeutsche Wir-Gefühle und festigt «den real existierenden DDR-Lebensverbund» (Rolf Reißig). Die Genossen bekennen stolz, daß ihre Biographie nicht erst 1989 begonnen habe, und verbreiten die Botschaft, niemand müsse sich im Osten von Leuten aus dem Westen sagen lassen, das ganze Leben in der DDR sei verpfuscht gewesen. Die PDS tritt an, ostdeutsche Identität zu retten. Sie verspricht die Kontinuität von Lebenswegen und pflegt die Illusion, daß es einen besseren Sozialismus geben könnte, eine Gesellschaft, welche die Bequemlichkeiten des totalitären Systems und die Freiheiten des bürgerlichen Staates zugleich garantiert. Die Nachfolger der SED konservieren die Sehnsüchte nach einem vormundschaftlichen Regime, das versorgt, von Verantwortung befreit und die zivile Gesellschaft nicht braucht.

Parlamentarische Demokratie denunziert die PDS, indem sie behauptet, dort gehe es nicht um wirkliche Entscheidungen. Sie mißachtet demokratische Institutionen, ist tendenziell tatsächlich eine undemokratische Partei und hemmt die Entwicklung eines republikanischen Bewußtseins im Osten Deutschlands. Nur dreizehn Prozent der PDS-Anhänger meinen, daß die bundesrepublikanische Gesellschaftsordnung es wert sei, verteidigt zu werden.[26]

Aber auch für die Westdeutschen stimmen die alten Nachkriegskoordinaten nicht mehr – ihre soziale und politische Entwicklungsmatrix hat sich wesentlich verändert. Mit dem Zusammenbruch des Kommunismus, so argumentiert der amerikanische Politikwissenschaftler Ken Jowitt, ist eine neue Weltunordnung entstanden.[27]

Geschwunden ist das Vertrauen in ständiges Wirtschaftswachstum und dauerhaften technischen Fortschritt bereits vor der Wende. Seither allerdings wird die Konkurrenz härter, der Wohlstand ist nicht mehr so gleichmäßig zu verteilen wie zuvor. Zusätzlich schlagen die Kosten der Einheit zu Buche. Die Politik hat weder West- noch Ostdeutsche auf Opfer vorbereitet. Dafür muß sie nun mit erheblichem Verlust an Glaubwürdigkeit bezahlen.

Die Individualisierung der Gesellschaft befreit von vorgegebenen Fixierungen, doch individuelle Entscheidungsfreiheiten sind oft an überfordernde Entscheidungszwänge gekoppelt. Folgen sind häufig nicht absehbar. Die Welt ist unübersichtlicher geworden. Sozialwissenschaftler wie Wilhelm Heitmeyer und Helmut Willems sehen in wachsenden Schwierigkeiten, Individualisierungsanforderungen zu erfüllen, eine wesentliche Ursache für den Erfolg des rechten Radikalismus.[28] Der Zerfall sozialer Bindungen und die Zunahme individueller Belastungen treiben zur Suche nach neuem Zusammenhalt, nach Orientierung, Gemeinschaft, persönlicher Anerkennung. Der Selbst-Erhalt zwingt, die grundlegenden Ambitionen des Selbst zu befriedigen. Gefragt sind neue Gruppen, neue Führer – und Sündenböcke. Als Protestbewegung machen diese Gruppen ihre Ziele gegen die bestehende Neu-Ordnung geltend.

Der Rechtsradikalismus breitet sich seit der Wende überall in Deutschland aus und sammelt Verlierer der Moderne. In Ostdeutschland hat er ein neues Rekrutierungsfeld gefunden. Dort hat der rechte Radikalismus ein breiteres Sympathisantenumfeld als im Westen. Obwohl in den neuen Bundesländern kaum Ausländer leben, wachsen im Osten Intoleranz und die Bereitschaft, Gewalt gegen Ausländer, Andersdenkende und Andersartige anzuwenden.

Ostdeutscher Wendestress läßt sich auch als «Individualisierungsschock» beschreiben. Traditionelle Coping-Strategien ehemaliger DDR-Bürger erweisen sich in der modernen Konkurrenzgesellschaft oft drastisch als «Wettbewerbsnachteile». Den Ausschluß von Chancen, die deutsch-deutsche Zurücksetzung, erfahren sie als persönliche Zurückweisung. Das verletzt. Viele Ostdeutsche fühlen sich zum zweitenmal betrogen, im Stich gelassen, obendrein von westlicher Arroganz und demonstrierter Überlegenheit gedemütigt. Auf Dauer wird der seelische Schmerz wohl kaum einfach «weggesteckt».

Kohut vermutete, daß das Verhalten von Gruppen strukturell einer ähnlichen Dynamik folgt wie die Entwicklung des individuellen Selbst. Auch Gruppen entstehen, um narzißtische Ambitionen, also Bedürfnisse nach Anerkennung, Erfolg und Zugehörigkeit, zu verfolgen. Ihr konstituierender Zweck kann es sein, erlebte Zurückweisungen zu kompensieren, indem angestaute Wut an anderen ausgelassen wird. In einer Gruppe ist Wut leichter und hemmungsloser zu entladen als in der Aktion eines einzelnen. Das ist bei rechtsradikalen Gruppen – in Ost und West – zu beobachten.

Auch im Westen der Bundesrepublik werden die Verlierer der Moderne abgehängt, erodiert die Kohäsion der alten BRD. Die ehemalige Bundesrepublik war die wirkliche «Nischengesellschaft». Integriert in die transatlantische Allianz, durften die Bundesbürger Wohlstand und Sicherheit genießen, ohne in der Welt viel entscheiden und verantworten zu müssen. Sie konnten eine hohe Moral pflegen, weil sie dafür nicht selbst einzustehen hatten, jetzt verlangt die Welt ihre Teilnahme an praktischer Politik, und die Deutschen kennen sich nicht mehr aus.

Für die meisten Westler steht fest, daß die Ossis nicht einfach reklamieren dürfen, jetzt auch Wessis zu sein. Daraus könnten sie Ansprüche ableiten, die ihnen die Westler nicht zugestehen möchten. Weil sie um ihren Modernisierungsvorsprung fürchten, grenzen sie sich gegenüber den neuen Bundesbürgern ab, ziehen Demarkationslinien, anstatt mit ihnen gemeinsam zu klären, wie ein «Projekt Bundesrepublik» unter veränderten nationalen Bedingungen und in einer neuen Weltlage zu definieren wäre. Hier versagt die zivile Gesellschaft West. Saturiertheit und Moral will sie durch den Verzicht auf Politik verteidigen. Das kann auf Dauer nicht gutgehen. Gefahr droht von rechts- und linksradikalen Gruppierungen, weit mehr jedoch von einer zunehmenden Gleichgültigkeit gegenüber der Demokratie.

Prägungen des totalitären Regimes

VIELE waren von dem real existierenden Sozialismus enttäuscht. Trotzdem haben sie sich nicht aufgelehnt, das SED-Regime nicht beseitigt, weil sie seinen Wahn-Sinn erkannt hätten. Die meisten Menschen haben mitgemacht, bis die DDR an sich selbst zugrunde gegangen war. Das Volk demonstrierte erst, als die Regierenden schon taumelten und nicht mehr weiterwußten. Wirtschaftlich war der Sozialismus nicht mehr überlebensfähig, das System war bankrott. Nur die Konkursrichter waren noch nicht bestellt.[1]

Eine Psychologie des Sozialismus muß erklären, weshalb (auch als die Repressionen schon nachließen) die Anpassung noch funktionierte. (...) Und sie muß aufzeigen, weshalb die Muster der alten Macht so hartnäckig in der Persönlichkeitsstruktur von vielen konserviert sind, daß sie zu einem Hemmnis für gesellschaftliche Erneuerung und individuelles Wohlbefinden werden. Es gilt, die subtilen psychischen Mechanismen zu beschreiben, die, unbewußt und unbeabsichtigt, viele Menschen dazu gebracht haben, Werte und Normen des Systems zu internalisieren, so daß sie nach wie vor Einstellungen und Verhalten prägen.

Die SED hatte ihren Führungsanspruch wirkungsvoll durchgesetzt. Auf breiter Basis schuf sie eine politische Klasse, organisierte Millionen Menschen in Parteien, Gewerkschaften und Massenbewegungen. Sie hierarchisierte die Gesellschaft nach leninistischen Prinzipien, bot Aufstiegschancen und Gratifikationen, setzte Ziele persönlicher und sozialer Entwicklung. Wer in der DDR eine bedeutende Position erreichen wollte – in einem Betrieb, einer Universität oder im Kulturleben –, mußte sich mit der SED zumindest arrangieren.

Der real existierende Sozialismus lebte (auch) von der massenhaften Loyalität und Identifikation seiner Anhänger – nicht allein von sowjetischem Oktroi. Die SED begriff sich als politische Elite und als Massenorganisation. Sie nahm über zwei Millionen Mitglieder auf, fast jeder sechste DDR-Bürger gehörte zur Einheitspartei. Ihre Kader waren die wichtigsten Funktionsträger des Systems, sie akzeptierten die Grundsätze leninistischer Machtausübung und -erhaltung und sorgten dafür, daß die politische Linie der Partei vollstreckt wurde. Sie waren mehr als nur opportune Konformisten.

Das Regime konnte nur solange bestehen, wie es genügend Mittäter gab, die den vormundschaftlichen Staat aufbauten und dessen Bestand sicherten. Wer von der Sache überzeugt war, lebte komfortabler und seelisch ausgeglichener. Der reale Sozialismus und die Gegnerschaft der Systeme brachte ihnen Vorteile – Prestige, Privilegien und Feindbilder, die Identität stifteten. Die Partei bot Ordnung, Orientierung und Vision.

Die Macht des Systems

Die SED erzog das Volk zur Anpassung. Der real existierende Sozialismus konnte auf Mustern aufbauen, die schon der Nationalsozialismus geprägt hatte. Menschen, die lange unter autoritären gesellschaftlichen Bedingungen leben, entwickeln eher starre Einstellungs- und Verhaltensmuster, an denen sie selbst nach sozialen Veränderungen noch festhalten, wenn nicht ein neues autoritäres Regime andere strikte Normen, Werte und Verhaltensmuster vorgibt und rigide Anpassung verlangt. Aus Unterwerfung kann – das ist nur scheinbar paradox – der Wunsch nach weiterer Unterwerfung entstehen.

Sekundärtugenden, wie Gehorsam, Disziplin und Unterwürfigkeit, die das Verhalten des Untertanen schon vor 1945 bestimmt hatten, wurden in der DDR erneut verstärkt und ständig positiv bestätigt. Da sie sich qua Geburtsrecht zum antifaschistischen Staat erklärt hatte, erübrigte sich die Aufarbeitung der faschistischen Vergangenheit. Die autoritären Charakterstrukturen, die Gefolgschaft und Mitläufertum in Nazi-Deutschland erst möglich gemacht hatten, wurden nicht hinterfragt und konnten deshalb in der DDR auch ungebrochen fortleben. Die alten Muster stützten die neue Macht.

> «Dreizehn Jahre nationalsozialistischer Führerstaat, autoritäre Gängelung des einzelnen, Zerstörung der öffentlichen und privaten Moral und Verlust der Realitätswahrnehmung hatten ihre Spuren hinterlassen. Die materiellen, intellektuellen und psychischen Verheerungen hinterließen in der Bevölkerung ein Trauma, das sich gleichzeitig als Zerknirschung und Benommenheit manifestierte.»[2]

Die DDR vermochte es auf ihre Weise, die Auseinandersetzung mit Schuld und Verantwortung zu vermeiden. Sie erklärte den Faschismus als Machtergreifung reaktionärer Kapital-Monopole. Hitler war demnach durch einen Coup reaktionärer Cliquen und nicht durch eine Massenbewegung an die Macht gelangt. Diese historische Sichtweise entlastete das Volk von Mittäterschaft, sie sprach es kollektiv frei.

Als nach der Wende die Archive der SED ausgewertet werden konnten, wurde erkennbar, wie schamlos das angeblich antifaschistische Regime alten Nazis Karrieren in Staat und Partei eröffnet hatte. Nach einer parteiinternen Analyse von 1954 waren republikweit mehr als ein Viertel der SED-Mitglieder durch ihre braune Vergangenheit belastet. Trotzdem stiegen sie auf in regionalen Parteileitungen, staatlichen Betrieben und in der Armee. Ehemalige Nazi-Verbrecher avancierten zu Stasi-Spitzeln. Der Berliner Historiker Armin Müller urteilt, die NSDAP habe den Einheitssozialisten geradezu als Kaderreservoir gedient.[3] Den Mitläufern gewährte die Einheitspartei «Entlastung, indem sie zur Bewährung im neuen Staat aufforderte»[4]. Loyalität gegenüber dem neuen Regime galt der SED als Läuterung und Sühne für deutsche Vergangenheit.

Ein Volk, das sich schuldig fühlte, glaubte die Partei nicht zum (Wieder)Aufbau motivieren zu können. Ähnlich dachte die politische Klasse in der Bundesrepublik. Die Deutschen im Westen schlugen sich auf die Seite der Sieger und bekämpften die Kommunisten als die wahren Feinde; das Feindbild hatten schon die Nazis entworfen. Die im Osten ließen sich von ihrer neuen politischen Führung in Antifaschisten umlügen und sollten ein Bollwerk gegen den fortwährend bedrohlichen Faschismus errichten.[5] Die politischen Lager boten sich (komplementär) entlastende Lebenslügen, die auf beiden Seiten zur offiziellen Staatsdoktrin wurden, als ideologische Spiegelbilder fungierten und gegenseitig halfen, eigene Schuld zu leugnen.

Die SED-Doktrin des Antifaschismus verlangte eine antikapitalistische Grundhaltung, denn der faschistische «Coup» von 1933 hatte der Parteilehre zufolge allein der Rettung des bankrottierenden Kapitalismus gegolten – dem wirtschaftlichen und dem politischen System. Antifaschismus bedeute deshalb zugleich Antiliberalismus. So konstituierte sich der antifaschistische Staat gegen die Bundesrepublik, gegen freie Marktwirtschaft und parlamentarische Demokratie. Kritik am real existierenden Sozialismus denunzierte die SED folglich als (substanziell) faschistischen Angriff. So geißelte sie den 17. Juni 1953 als «faschistischen Putschversuch» und pries die Mauer als «antifaschistischen Schutzwall».

Für die Kommunisten war die Niederlage des nationalsozialistischen Terrorsystems ein Sieg, doch die deutschen Kommunisten kehrten nicht als Sieger in ihre Heimat zurück, schreibt die Historikerin Antonia Grunenberg. Als Opfer der Gestapo (der Geheimpolizei Hitlers) und der GPU (der Geheimpolizei Stalins) waren sie «nurmehr Schatten ihrer selbst», sie «waren keine Himmelsstürmer, die ausgreifend die Welt gestalten wollten. Sie waren körperlich und geistig schwach, demütig, unterwürfig und empfingen die Befehle von der sowjetischen Besatzungsmacht dankbar als Geschenk.»[6] Führung wie Volk waren von Unterwerfungsmentalitäten und autoritären Strukturen geprägt.

Durch Aneignung von Macht und durch Unterwerfung unter sie, analysierte der Wiener Tiefenpsychologe Hans Strotzka, versuche das Individuum Gefühle der eigenen Nichtigkeit zu überwinden. Das Verlangen nach Selbstbestätigung durch Herrschaft sei charakteristisch für angepaßte Menschen. Ist das Ich hilflos geworden, suche dieses regredierte Ich nach Autorität, die ihm die Verantwortung für die Zukunft abnimmt.[7]

Daß totalitäre Herrschaft ohne Massenbewegung und ohne Unterstützung durch die von ihr unterdrückten Massen nicht möglich ist, hatte schon Hannah Arendt in ihrem grundlegenden Essay über den Totalitarismus herausgearbeitet.[8] Totalitäre Regime prägen Einstellungen und Verhalten, die ihre politische Herrschaft überdauern. In einer Studie von 1993 vergleicht die Psychologin Claudia Dalbert Studenten aus Tübingen mit Kommilitonen aus Jena und kommt zu dem Ergebnis, daß Autoritarismus in Ostdeutschland stärker ausgeprägt ist als in Westdeutschland. Die stärkere Neigung zu Gehorsam und Unterordnung führt sie zurück auf die Sozialisation in der DDR.[9]

Bereits in den 50er Jahren haben Psychologen und Sozialwissenschaftler von der amerikanischen Harvard-Universität erforscht, wie dauerhaft das sowjetische System Persönlichkeiten prägte. Die Gruppe um Alex Inkeles untersuchte Verhalten und Einstellungen von Russen, die es während des Zweiten Weltkrieges und kurz danach aus ihrer Heimat verschlagen hatte und die seitdem in den USA lebten. Die wenigsten waren zur Zeit der Erhebung älter als 40 Jahre. Sie waren geboren, aufgewachsen und erzogen worden in Stalins Sowjetunion, stammten weder aus besonders ungünstigen Familienverhältnissen, noch waren sie politisch verfolgt worden. Sie verstanden sich auch nicht als politische Flüchtlinge. Zufällige Lebensumstände, die Wirren des Krieges und der Nachkriegszeit hatten sie aus Rußland fortgetrieben.[10]

Die Befragten bemängelten den niedrigen Lebensstandard in der Sowjetunion und die geringen Freiheiten. Im selben Atemzug lobten sie jedoch die autoritäre Führung, die soziale Versorgung, die Verstaatlichung der Wirtschaft und die staatliche Planung. Der sowjetischen Regierung bescheinigten sie große wirtschaftliche, kulturelle und außenpolitische Erfolge.

Eigene Initiativen und selbständige Entscheidungen lehnten sie durchweg ab. In einem Test sollten sie eine spezifische Arbeit erledigen und erhielten die «Nachricht», daß notwendiges Material und Werkzeug erst mit Verspätung eintreffen werde. Während eine Gruppe von Amerikanern, mit der gleichen Situation konfrontiert, sofort einen Aktionsplan entwarf, um das Problem zu lösen, lamentierten die Russen ergebnislos darüber, ob aus der Lage für sie Vor- oder Nachteile entstehen könnten. Angst vor den (phantasierten) Konsequenzen blockierte selbständiges Handeln und Krisenbewältigung.

Initiativen, so die feste Überzeugung der Russen, müßten von den zuständigen Autoritäten ausgehen; sie sollten Richtlinien entwerfen, Orientierung und Struktur vorgeben. Eigene Kompetenz schätzten sie gering, Bedürfnisse nach Herausforderung und Kreativität äußerten sie nicht.[11]

Von der gewünschten autoritären Führung verlangten sie, sie müsse fordernd auftreten, zu Gehorsam mahnen und hart strafen, falls Anweisungen nicht eingehalten oder von Normen und Werten abgewichen würde. Die Führung müsse Individualität bändigen und strenge Disziplin verordnen. Stalins Regime kritisierten die Befragten als zu hart und willkürlich, aber sie lehnten es nicht völlig ab. An eigenen Rechten, Gesetzen, Regeln oder Prozeduren, die geeignet wären, Macht zu begrenzen, zeigten sie wenig Interesse. Die Werte bürgerlicher Gesellschaften – Gewaltenteilung, Demokratie und politische Kontrolle – lagen ihnen fern.

Obwohl die Russen bereits einige Jahre in den USA gelebt hatten, deckten sich ihre Einstellungen und ihr Verhalten noch weitgehend mit den Werten und Anforderungen der Sowjetgesellschaft. Sie bevorzugten Kommandowirtschaft gegenüber Eigeninitiative und Unterwerfung gegenüber Ich-Stärke. Zulässig scheint die Annahme, daß sie genau die Haltungen zeigten, die sie im kommunistischen Rußland gelernt und internalisiert hatten.

Als er schon längst in offener Gegnerschaft zum kommunistischen Regime stand, hielt der Dichter Alexander Solschenizyn noch immer daran fest, daß Rußland zu einer autoritären Herrschaft verurteilt sei, weil «das einfache Volk» nach Unterordnung verlange. Solschenyzin meinte, unerträglich sei nicht das Autoritäre selbst, sondern die aufgezwungene alltägliche ideologische Lüge.[12]

Autoritäre Systeme scheinen selbst bei ihren Kritikern autoritäre Haltungen zu fördern, so daß sie, wie Solschenizyn, für den Fortbestand autoritärer Strukturen argumentieren. Das Verlangen nach paternalistischer Herrschaft sieht Solschenizyn in der russischen Seele verwurzelt, die lange vor dem Kommunismus durch Zarismus und orthodoxe Religion tief geprägt worden sei.[13]

Geschichtliche Entwicklungen können ein Volk für autoritäre

Systeme prädisponieren. Nach der hier vorgestellten These schaffen autoritäre Regime psychologische Grundlagen für ihre Erneuerung und entwickeln, wenn sie sich nicht mehr halten können, bei vielen Menschen das Bedürfnis nach neuen autoritären Herrschaften. Faschistische Regime wirken vermutlich in ähnlicher Weise fort wie kommunistische.[14]

Die Argumentation dieses Kapitels bewegt sich auf zwei verschiedenen Ebenen: Zu beschreiben und zu analysieren sind die grundlegenden menschlichen Bedürfnisse (die Mechanismen, durch die seelische Strukturen entstehen) und die Besonderheiten eines gesellschaftlichen Systems. Autoritäre Herrschaften unterscheiden sich in den Techniken der Machterhaltung, in den Werten, den Normen und den Sanktionssystemen. Der Kommunismus ist nicht irgendein autoritäres Regime.

Der Leninismus spannte über die gesamte Gesellschaft ein straffes Netz der Kontrolle. Die Anerkennung des Leninismus als Weltanschauung und reales Machtgefüge wurde zum obersten Prinzip des gesellschaftlichen Lebens. Der Leninismus definierte soziale Rollen und teilte Status zu, bestimmte persönliche Freiräume und Zwänge. Die Ideologie steuerte weitgehend die Systeme von gesellschaftlicher Anerkennung, von Belohnung und Bestrafung. Die Möglichkeiten, sich diesem Zugriff auch nur partiell zu entziehen, waren in aller Regel sehr beschränkt. Überspitzt gesagt: Der totale Staat verdrängte alle Institutionen, die andere Werte vermitteln und anderen Selbst-Zusammenhalt hätte herstellen können. Die Kirche hatte ihre Selbständigkeit verloren, die Gewerkschaften unterstanden der führenden Partei, das kulturelle Leben war der Ideologie unterworfen. Andere Überzeugungen, Meinungen, Sichtweisen waren unzulässig. Einstellungen und Verhalten entwickelten sich uniform.

Bereits geringfügige Abweichungen persönlicher Einstellungen von gesetzten Anforderungen riefen deshalb leicht innere Spannungen, kognitive Dissonanzen, hervor, die unter solchen Bedingungen in der Regel nur durch Konformität abgebaut werden konnten.

Die meisten Menschen verhalten sich nicht nur konform, um Strafen zu entgehen. Kognitive Dissonanzen erleben sie als seelische Konflikte. Um psychischen Druck zu reduzieren, neigen sie dazu, ihr Werteraster zu reorganisieren und in Übereinstimmung mit dem geforderten Verhalten zu bringen. Je stärker die äußeren Anforderungen sind, um so größer werden die inneren Spannungen.[15] Für das Individuum nimmt der Anpassungsdruck zu. Hält dieser Druck lange an, verankern sich die zunächst nur äußerlich adaptierten Werte fester in der persönlichen seelischen Struktur, sie werden internalisiert. Internalisierte Werte und Normen sind (relativ) stabil und bestehen oft fort, wenn die äußeren Bedingungen, die ihre Entwicklung beeinflußt hatten, schon längst nicht mehr existieren.[16]

Versuche, die Macht der herrschenden Partei herauszufordern, hat es in der DDR nur wenige gegeben. Persönliches Aufbegehren wurde mit dem Entzug von Gratifikation bestraft, unter Umständen aber auch mit Haft oder Ausweisung. Politische Aufstände – ob in Berlin 1953, Budapest 1956, Prag 1968, Warschau 1981 – wurden niedergeschlagen und prägten als traumatische Niederlagen das Bewußtsein und die Haltung vieler Menschen.

Die Macht des Systems beruhte auch – doch nicht ausschließlich – auf Angst, die ein allgegenwärtiger (oder zumindest als allgegenwärtig phantasierter) Geheimdienst erzeugte. Die meisten Menschen haben gesellschaftliche Werte bis zu einem gewissen Grade internalisiert und sich sehr geschmeidig den Normen und Erwartungen der Macht angepaßt.

Menschen wollen, gleich in welcher Gesellschaft sie leben, in ihrer Umwelt Anerkennung und Zugehörigkeit finden und Ablehnung und Vereinzelung vermeiden. Anders können sie kein inneres Gleichgewicht finden, keinen seelischen Zusammenhalt bewahren. Wir müssen uns, wenn auch in Grenzen, der Welt, die uns umgibt, und ihren Bedingungen anpassen. Die Gesellschaft gibt uns eine Matrix für die Entwicklung unserer seelischen Strukturen vor, aus der wir nicht einfach «aussteigen» können. Unsere grundlegenden Bedürfnisse nach Selbstachtung und Selbstwert können wir nur innerhalb dieser Matrix befriedigen.

Eine offene Gesellschaft räumt ihren Bürgern vielfältige Möglichkeiten ein, ihre natürlichen narzißtischen Ambitionen (Kohut) zu verfolgen. Das Rollenangebot ist vielfältig; Machtstrukturen sind differenziert; bürgerliche Rechte fixieren einklagbare Ansprüche; Bildungschancen sind breit gestreut. Natürlich gibt es auch dort Ungerechtigkeiten, Zwänge und Abhängigkeiten. Nie deckt sich die Wirklichkeit mit dem Ideal. Doch die Unterschiede zu einer totalitären Gesellschaft sind eklatant.

Totalitäre Regime verweigern dem einzelnen eindeutig definierte Rechte, die er einfordern und gegen Autoritäten durchsetzen könnte. In der DDR entschied der Staat über alle gesellschaftlichen Belange und über sehr viele private Angelegenheiten, meist ohne zu begründen, nach welchen Kriterien welche Entscheidungen getroffen wurden. Behörden regierten mit Willkür. Der einzelne erlebte beständig seine Hilflosigkeit. Das Regime hat Selbständigkeit erschwert oder sogar verhindert, es verlangte Untertanengeist. Unterwürfigkeit erschien als das einzige angemessene Verhalten, um persönliche Interessen gegen den Staatsapparat durchsetzen zu können. Es waren die Regeln des servilen Auftretens, des untertänigen Bittstellens, die gelernt und verinnerlicht werden mußten, um im (DDR-)Alltag bestehen zu können.

Zur analytischen Redlichkeit gehört es, diesen Tatsachen Rechnung zu tragen, um bestimmen zu können, was das Besondere der Konformität im real existierenden Sozialismus gewesen ist, denn die besonderen politischen Zwänge, die Sozialisation, die Mechanismen von Belohnung und Bestrafung, Anerkennung und Demütigung haben seelische Folgen, und zwar für den einzelnen und für die Gesellschaft, vermutlich selbst noch für die nächste Generation, die schon unter anderen gesellschaftlichen Verhältnissen lebt.

Die Partei hat immer recht

Die klassenlose Gesellschaft, die Marx prophezeite, sollte frei von Ausbeutung und Unterdrückung sein – psychologisch gesehen, versprach sie ewige Harmonie und ungestörtes Glück. Der erst im Kommunismus wirklich vergesellschaftete Mensch sollte in der neuen Gesellschaft von allen grundlegenden Konflikten erlöst sein, in einem anhaltenden Zustand des inneren Gleichgewichts und dauernden Seelenfriedens leben. Nur ein Gegner, erklärte Marx, wäre für das Glück aller zu beseitigen: die Bourgeoisie. Das Übel erhielt Namen und Gestalt, die politische Bewegung ein Ziel, der Vernichtungswille eine moralische Legitimität.

Wo die Theorie auf historische Gesetzmäßigkeit baut, die sich unabhängig von dem Willen einzelner vollzieht, wird die Individualität von Menschen eliminiert. Im Klassenkampf stehen sich nach Marx nur «Charaktermasken» gegenüber, die Bourgeoisie als «herrschende Klasse», das Proletariat als «revolutionäres Subjekt». Feindbilder sind um so leichter zu entwerfen, je mehr von der konkreten Existenz des Gegners abgesehen wird. Um die Arbeiterklasse zum Hoffnungsträger idealisieren zu können, der schließlich die gesamte Menschheit befreit, mußte Marx in seiner Theorie allerdings zu einer gedanklichen Konstruktion greifen, die zu erklären vermochte, warum die Ambitionen und Ziele von Individuen, Gruppen und Klassen nicht mit den von ihm georteten abstrakten Menschheitsinteressen übereinstimmten. In seinem Werk *Das Kapital* argumentierte er, die Arbeiter könnten ihre wirklichen Interessen nicht erkennen, weil die Mystifikationen kapitalistischer Produktion notwendigerweise zu einem falschen Bewußtsein führten. Die Arbeiter könnten nämlich nicht verstehen, daß sie mit dem Lohn nur den Preis für ihre Arbeitskraft, nicht jedoch den Wert ihrer Arbeit erhielten. Sie verstünden nicht, wie sie den Mehrwert schüfen, den die Kapitalisten sich deshalb unbemerkt aneignen könnten. So würde die Ausbeutung der Arbeitskraft verschleiert.

Nach Marxscher Lehre hegt die Arbeiterklasse Interessen, von denen sie nichts wissen kann. Ihr falsches Bewußtsein verhindert, daß die Arbeiter ihre wirkliche Lage erkennen. Sie mögen sich zwar in Gewerkschaften zusammenschließen, gegen das Kapital antreten und bessere Arbeitsbedingungen fordern. Doch letztlich stellten sie nach Marx so nur die Herrschaft des Kapitals stets aufs neue her. Als Klasse allerdings könnten sie sich ihrer historischen Mission nicht entziehen. Das Ziel der Arbeiterbewegung sei durch die gesellschaftlichen Bedingungen unausweichlich vorgegeben. Aus ihrer teleologischen Weltsicht sagten die Klassiker des wissenschaftlichen Sozialismus voraus, als Klasse sei das Proletariat zur «Empörung gegen diese Unmenschlichkeit» des kapitalistischen Systems «gezwungen»:

> «Es handelt sich nicht darum, was dieser oder jener Proletarier sich vorstellt. Es handelt sich darum, was es ist und was es diesem Sein gemäß geschichtlich zu tun gezwungen sein wird. Sein Ziel und seine geschichtliche Aktion ist in seiner eigenen Lebenssituation wie in der ganzen Organisation der heutigen bürgerlichen Gesellschaft sinnfällig, unwiderruflich vorgezeichnet.»[17]

Subjekt der notwendigen politischen Auflehnung wird das Proletariat jedoch erst, wenn es zur Einsicht in die Notwendigkeit gelangt. Die Verkündung der Wahrheit, die Erlösung der (möglichen) Erlöser schreibt der wissenschaftliche Sozialismus als Aufgabe und Chance der kommunistischen Avantgarde zu.

> «Die Kommunisten sind also praktisch der entschiedenste, immer weitertreibende Teil der Arbeiterparteien aller Länder; sie haben theoretisch vor der Masse des Proletariats die Einsicht in die Bedingungen, den Gang und die allgemeinen Resultate der Proletarischen Bewegung voraus.»[18]

Ohne die Kommunisten kann die Arbeiterklasse ihre historische Mission nicht erfüllen. Sie sind es, die die Einsicht in die Gesetzmäßigkeiten der Geschichte und den Gang der revolutionären Bewegung ermöglichen. Schon die Marxsche Lehre lieferte die theoretische Rechtfertigung, Andersdenkende einer politischen Strategie zu unterwerfen – die wahren Interessen sind angeblich wissenschaftlich erkannt, so verhilft Unterwerfung dem widerspenstigen oder unbedarften einzelnen zu seinem Glück. Seine tatsächlichen Bedürfnisse muß das Individuum opfern, wenn sie den «objektiven» Interessen entgegenstehen. Denn eine Gesellschaft, so Marx, könne «naturgemäße Entwicklungsphasen weder überspringen noch wegdekretieren»[19].

Unterwirft sich der einzelne nicht freiwillig, muß er gezwungen werden. Das Dogma legitimiert Gewalt, die doch nur eingesetzt wird, um die Menschheit von ihren Übeln zu erlösen. Solange das Himmelreich auf Erden nicht besteht, bleibt die Gewalt theoretisch legitimiert. Die Diktatur des Proletariats (praktisch die Diktatur der Kommunisten) hat nicht erst Lenin dekretiert. Die theoretischen Rechtfertigungen des kommunistischen Terrors sind schon bei Marx zu finden. Lenin vollstreckte nur das von Marx vorgedachte Revolutionskonzept, indem er die Diktatur des Proletariats zur Diktatur der *Kommunistischen Partei* umdefinierte. Mit den utopischen Versprechungen der Marxschen Lehre, den Hoffnungen und Sehnsüchten, die sie in vielen Menschen ansprach, bereitete Lenin seinen Weg zur Macht. Er reklamierte erfolgreich die Ideale, um damit seine Anhänger zu rekrutieren und die Unterwerfung der ganzen Gesellschaft unter die Diktatur einer selbsternannten Avantgarde zu rechtfertigen. Der Leninismus ist im Kern die Strategie zur Eroberung und zum Erhalt der kommunistischen Macht. Wo (Sozialismus oder) Kommunismus nicht nur als Utopie, sondern als politisches System verstanden wird, erscheint der Leninismus als dessen Essenz.

Alle Führer, von Stalin bis Gorbatschow, von Ulbricht bis Honecker, pflegten den Mythos des Leninismus und legitimierten mit ihm ihre Macht. Der Leninismus war die eigentliche Verfassung des sozialistischen/kommunistischen Staates, Gesetz und Religion zugleich. Breschnew hat es einmal so formuliert:

> «Der Leninismus ist eine ewig lebende, sich entwickelnde Lehre. Sie war, ist und wird immer der Kern der Partei-Ideologie bleiben. Er ist die Grundlage für alle revolutionär-verändernden Aktivitäten. Zu der Bedeutung des ideologischen Erbes von V. I. Lenin ist zu sagen, daß Partei es als ihre wichtigste Aufgabe ansieht, Lösungen für die gegenwärtigen Probleme beim Aufbau des Kommunismus auf der Grundlage leninistischer Ideen und leninistischer Methodologie zu finden.»[20]

Die Preisungen des Leninismus haben die Parteiführer nicht daran gehindert, die Ideologie so auszulegen, wie es ihnen nützte und wie es ihrem persönlichen Stil und Intellekt entsprach. Allerdings haben sie das Wesen des Leninismus, die Essenz der Ideologie, stets bewahrt: den Anspruch, über die absolute Wahrheit zu verfügen, und das Recht, damit die Gesellschaft der Diktatur der Partei zu unterwerfen.

Die Wirklichkeit verschleißt Heilslehren um so schneller, je eindeutiger sie den Himmel auf Erden versprechen. Botschaften, die das Glück erst im Jenseits vorsehen, haben es leichter. Solange die Lehre glaubhaft machen kann, (irgendwann) ihre Versprechungen einlösen zu können – wenn die entscheidenden Hindernisse aus dem Weg geräumt sind –, erneuert sie aus diesem Versprechen beständig ihre Kraft. Im Grundsatz trifft Krockows Bemerkung zu:

> «Als reines Prinzip zeigt sich die Utopie unangreifbar, denn sie ist ihrem Wesen nach erfahrungsresistent. Sie spricht von einer Zukunft, in der noch niemand war; daher kann es auch keine Erfahrung geben, die sie bestätigen oder widerlegen. Doch der Versuch, den Traum in die Wirklichkeit umzusetzen, ändert alles.»[21]

Seit Lenin war die kommunistische Partei der Hüter der weltanschaulichen Ideale. Mit der Partei schuf er die «charismatische Unpersönlichkeit» der Institution.[22] «Die Partei hat immer recht», lautete der Schlachtruf der Kommunisten. Sie verkörperte Wahrheit und Ewigkeit. Deshalb war es verboten, sie in Frage zu stellen, vor allem aber durfte sie nicht an sich selbst zweifeln. Die Wirklichkeit ist für geschlossene Gedankensysteme immer irritierend.

Schon bei Marx und Engels hatten Zweifel und Zufall in der eigenen Theorie keinen wirklichen Platz. Nach der Logik der Ideologie folgte die Politik nur der «Einsicht in die Notwendigkeit», sie vollstreckte Geschichte.[23] Die Vordenker des wissenschaftlichen Sozialismus beanspruchten, die Bewegungsgesetze erkannt zu haben, «die auch in der Geschichte die scheinbare Zufälligkeit der Ereignisse beherrschen».[24] Sie glaubten fest, das Unvermeidliche vorherzusagen. Den politisch vitalen Kapitalismus erklärten Marxisten-Leninisten als «historisch» erledigt, die von der Prophezeiung abweichende Wirklichkeit zum Irrtum der Geschichte. Die Theorie lieferte gläubigen Anhängern die Gewißheit, daß (irgendwann) die Weltrevolution erfolgen mußte.[25]

Einen grundlegenden Irrtum in der Lehre durfte es nicht geben. Mit dem Eingeständnis wäre das gesamte Denkgebäude in sich zusammengefallen. Politische Fehler konnten nur aus subjektiv falschem Denken, also dem Unverständnis der historischen Gesetze, aus «Subjektivismus» oder «Individualismus» entstehen. Da die Partei als Institution die Gesetzestafeln, den Marxismus-Leninismus, bewahrte, verfügte sie über die letzte Gewißheit, die dem einzelnen zwischenzeitlich verlorengegangen sein mochte. Die Partei konnte nicht irren.

Sobald Theorie zum unerschütterlichen Glauben verkommt, der

Zweifel ausschließt, entzieht sie sich jedem Einwand. Die kommunistischen Parteien verlangten von ihren Mitgliedern (und vom Volk) nicht Erkenntnisse, sondern Bekenntnisse. Eigenes Denken wäre Herausforderung gewesen und somit zur Gefahr geworden. Die Partei ignorierte oder unterdrückte Individualität. Wer selbständig dachte, wich von der Parteilinie ab und mußte ausgeschlossen werden. Das galt notwendigerweise für einzelne und Gruppen. Gruppenbildung war ohnehin untersagt, Fraktionen hätten Abweichler vereinigt und gestärkt. Die Parteilinie definierte das kollektive Ich, dem sich alle unterzuordnen hatten. So versagten sich die «wahren» Kommunisten der (wissenschaftlichen) Debatte. Selbst im innersten Zirkel der Macht durfte sie nicht stattfinden. Theorie verkümmerte zur Phrase. Die Lehre geronn zum erfahrungs- und erkenntnisresistenten Glauben.

Für ihre Mitglieder besaß die Partei kirchliche Autorität. Weil sie als Institution der Wahrheit galt, wurden ihre Führer zu Verwaltern der Wahrheit. Der Generalsekretär erschien unantastbar wie der Papst. Um ihn gruppierten sich die Mitglieder des Politbüros wie Kardinäle. Die Sekretäre der Provinzen walteten wie Bischöfe. Befehle wurden von oben nach unten durchgestellt. Die jeweils untere Ebene mußte der nächst höheren gehorchen. Der demokratische Zentralismus regierte als eisernes Prinzip, die Dogmen waren absolut, die Strenge der Partei unerbittlich.

Jede Kirche regelt die Auf- und Teilnahme ihrer Mitglieder durch Rituale. Die katholische Kirche zum Beispiel verlangt die Taufe, vor dem Empfang des heiligen Sakramentes die Unterweisung im Kommunionsunterricht und später (immer wieder) die seelische Läuterung. Auch die kommunistische Partei verordnete ihren Anhängern eine Zeit der Prüfung. Zunächst wurden Bewerber, die als geeignet erachtet wurden, «Kandidaten» der Partei. Erst nach untadeliger Führung nahm die Organisation sie als Mitglieder auf. Als Kaderpartei war die KP nie für alle da. Vornehmlich wählte sie ihre Kandidaten selbst aus.

In regelmäßigen Abständen «säuberte» die Führung ihre Organisation, verlangte die Rückgabe der Parteibücher, prüfte Kaderakten der einzelnen Mitglieder, holte Auskünfte in den entsprechenden Parteigliederungen ein, verweigerte stets einer gewissen Zahl die Wiederaufnahme und beschränkte insgesamt die Mitgliedschaft. «Genosse» zu werden mußte etwas Besonderes sein. Und auch Genosse zu bleiben hatte als Verdienst zu gelten, das ständig neu erworben werden mußte. Anhänger, die in emotionaler Bedürftigkeit von der schutzbietenden Partei abhängig waren, erlebten diese Reinigungsrituale als latente Bedrohung, als potentiellen Angriff auf ihr fragiles Selbst. Die Angst, ausgeschlossen zu werden, verstärkte die Konformität mit den Werten und Normen der Partei.

In aller Regel waren die Parteiführer und Apparatschiks die unnachgiebigsten Wächter der Ideologie und der daraus begründeten Machtstruktur. Aber nicht einmal mit schärfster Repression konnten sie ein solches Abrücken von der Parteiidentität völlig verhindern. Bisweilen gab es selbst in den höchsten Parteigremien heftige Auseinandersetzungen. So knüppelte die SED in den 50er Jahren mehrfach führende Genossen aus ihren Ämtern. Immerhin hatten «Reformer» es geschafft, sich bis in das Zentralkomitee und das Politbüro hochzuarbeiten. In der ČSSR mußten die Reformkommunisten von den vereinten Bataillonen des Warschauer Paktes aus der Staatsführung geschossen werden. Wenn die Parteibürokraten ihre Macht herausgefordert sehen, tendiert der Apparat in der Regel dazu, die Abweichler mit Argwohn zu betrachten und zu unterdrücken. Die SED-Elite führte die Partei zuletzt rigider als Gorbatschow die sowjetische KP. Die Ostberliner Ideologen begründeten ihr strafferes Regiment mit größerer «Prinzipientreue» und «verschärften internationalen Klassenkämpfen».

Die Wächter der Ideologie verlangten, die gestanzten Formeln der (offiziellen) kommunistischen Lehre, ihre politischen Phrasen in Versammlungen, Zeitungen und im Fernsehen zu wiederholen. Die Partei diktierte die offizielle Sprache in allen Bereichen der Gesellschaft, ihr genügte nicht (wie westlichen Bürokratien) die Eroberung der Amtssprache. Sie strebte nach sprachlicher Uniformität.

Das Politbüro, die zuständigen Sekretäre und Kommissare achteten streng darauf, daß kein Journalist von den wortwörtlichen Vorgaben der Abteilungen für Agitation und Propaganda abwich. Die öffentliche Wiederholung der Phrasen bestätigte in den Vorstellungen der Parteielite ihre Richtigkeit, verlieh ihnen zusätzliches Gewicht und beschenkte die Parteikader mit der Illusion, daß öffentliche Äußerungen gleich öffentlichen Meinungen wären.

Um ihren Wahrheitsanspruch nicht aufgeben zu müssen, schottete sich die Führung der Partei von der Wirklichkeit ab. Zunehmende Realitätsferne war eine notwendige Konsequenz der marxistisch-leninistischen Weltanschauung, nicht die Folge einer falschen Anwendung einer an sich richtigen Theorie. Die Führungseliten entzogen sich der Wirklichkeit sogar körperlich. Sie lebten in eigenen, fernen Siedlungen, kauften in gesonderten Läden, fuhren in gepanzerten Limousinen mit zugezogenen Vorhängen und achteten stets darauf, daß ihnen das Volk nicht zu nahe kam, vor allem nicht spontan und unkontrolliert. Jeder öffentliche Auftritt war bis ins Detail durchorganisiert und wurde bis zur Perfektion geprobt. Die Parteieliten litten unter sozialer Phobie.

Viele Anhänger des Kommunismus unterwarfen sich freiwillig dem Führungsanspruch der leninistischen Partei, weil sie glaubten, so am besten für eine bessere Welt kämpfen zu können. Viele wurden gezwungen, sich der Gewalt zu beugen. Der Kommunismus hat unendliche Geschichten von Demütigung und Verletzung, Verfolgung und Tod geschrieben. Trotzdem hat die Ideologie über Jahrzehnte Überzeugungen erneuert, obschon die Kraft zu begeistern erheblich nachgelassen hatte. Günter Schabowski, bis zuletzt im Politbüro der SED und einer der wenigen Führungskader, die heute zur radikalen Auseinandersetzung mit der eigenen Biographie fähig sind, notiert selbstkritisch:

> «Wir hatten es nicht gelernt, über uns selbst prinzipiell zu reflektieren. Unsere Praxis war so unbezweifelbar richtig wie die Theorie, die sie ja zu bestätigen hatte.»[26]

Das Weltbild des Kommunismus war nahezu geschlossen. Die Theorie erschien eben als die Erkenntnis der Wirklichkeit und die Politik als bloße Vollstreckung der richtigen Theorie. Der gedankliche Zirkelschluß, daß die Praxis die Theorie bestätigen mußte, erlaubte es loyalen Kommunisten in einer sicheren und überschaubaren Welt zu leben – sie durften sich nur von der Wirklichkeit nicht stören lassen.

Als die DDR mit dem Einheitsvertrag schon in der Bundesrepublik aufgegangen war, reiste der Analytiker Tilmann Moser durch die neuen Bundesländer, führte mit verschiedenen Leuten lange und intensive Gespräche und bemerkte voller Staunen, wie viele Menschen die Ideale der Ideologie noch immer bewahrten:

> «Und wie sich dieses Ideal gehalten hat! Es leuchtet bei manchen noch heute aus Urtiefen heraus, selbst wenn sich ganze Schichten von Abraum und Giftschlamm der Erniedrigung darübergelegt haben. Der Sozialismus, das war für so viele die Geburtslaterne im verschütteten Stollen.»[27]

Moser nutzt einen Begriff aus der psychoanalytischen Praxis, um diesen Bewußtseinszustand zu diagnostizieren: «ekklesiogene» Neurosen – ein Begriff, der seelische Störungen beschreibt, wie sie beispielsweise bei Strenggläubigen vorkommen. Noch immer (oder wieder) funktioniert die Weltanschauung als in sich geschlossenes Glaubenskonzept, das hilft, gegen die Wirklichkeit zu bestehen. Selbst für so gründliche Denker wie Schabowski diente damals noch alle Auseinandersetzung nur einem Ziel, «daß der Sozialismus wieder Utopie sein kann».[28]

Der Kommunismus war eine Kopfgeburt. Über ihren Rationalismus bemerkt der polnische Philosoph und Schriftsteller Leszek Kolakowski:

> «Es handelte sich darum, alles im Leben der Gesellschaft zu vernichten, was Gegenstand einer separaten Loyalität war, und nur die Loyalität gegenüber dem System zuzulassen... Das Wissen, die Wissenschaft, sollte auf dem Thron sitzen, und damit war endgültig der totalitäre Despotismus in einer monströsen Parodie des Rationalismus begründet. Die Diktatur der Partei wurde als Diktatur der Wahrheit eingesetzt.»[29]

Nichts von dem, was einmal galt, durfte Bestand haben. Das war nur konsequent, denn Ansprüche auf absolute Wahrheit müssen nicht nur die Zukunft, sondern auch die Vergangenheit besetzen; schließlich muß alles, was vor der Entdeckung der Wahrheit gedacht wurde, falsch gewesen sein.

Ohne eine zentralistische Partei, so Lenin, sei der Kampf gegen «die Mächte und Traditionen der alten Gesellschaft» nicht zu gewinnen. Wiederholt forderte er «strengste», «eiserne» Disziplin, vor allem von der Partei, der Avantgarde, die als Vorbild gelten und getreu dem Leninismus erziehen und umerziehen sollte. Um diese Aufgabe zu erfüllen, mußte ein Kommunist nicht nur ideologische Festigkeit beweisen, sondern auch alle Schliche kennen, mit allen Wassern gewaschen sein. Lenin mahnte, er

> «muß zu jedwedem Opfer entschlossen sein und sogar – wenn es sein muß (...) die Wahrheit verschweigen und verheimlichen».[30]

Die Ideologie hatten viele so lange idealisiert und das Gebot der Disziplin so sehr als Tugend verinnerlicht, daß sie im Auftrag der Partei, nur der Idee zu dienen und ihrer Verwirklichung nicht entgegenzustehen, sich selbst verleugnet, angeklagt und Stalin ans Messer geliefert haben. Der georgische Schlächter wußte sehr genau, zu welch blindem Gehorsam Lenin seine Anhänger erzogen hatte. Die kommunistische Kaderpartei verlangte, eigenes Denken aufzugeben, und zwang zur Verleugnung jeder Individualität. «Abweichung» war oft gar nicht berechenbar. Die Partei hielt ihre Mitglieder in dauernder Abhängigkeit und ließ inhaltliche Auseinandersetzung nicht zu. Damit erstickte sie jeden Impuls, sich zu regenerieren. Sie verbrauchte lebenswichtige Energie, um die Organisation in ein statisches Gleichgewicht zu zwingen.[31]

Daß sich die Ideologie als Wissenschaft gerierte, erhöhte die Bereitschaft (besonders der Intellektuellen), sich dem Kommunismus anzuschließen, und erleichterte die Pflicht zur geistigen Loyalität. Doch mit dem Leninismus hörte das selbständige Weiter-Denken auf. Marx hatte das alte Testament geschrieben, Lenin das neue. Die Lehre war zum Abschluß gebracht, das Dogma in Gesetzestafeln gemeißelt. Danach gab es nichts Wesentliches mehr zu sagen. Die Intellektuellen durften nur noch Intellektuelle im Dienste der Partei sein, d. h. die Partei-Ideologie nachdenken. Sie waren gezwungen, ihre Intellektuellität und damit sich selbst zu verleugnen. Sie verwandelten sich kollektiv in Funktionsträger des Systems. Sie wurden zur «Intelligenz».

Wer zur «Intelligenz» aufsteigen und dort die Anerkennung der Macht genießen wollte, mußte in den von der Partei vorgeschriebenen Kategorien denken und die dazugehörige Sprache beherrschen. So ersetzte die Phrase auch das Denken an allen Schulen und Universitäten. Lernende und Lehrende mußten die hohle Semantik der Partei verinnerlichen.

«Falsche» Sprache, Abweichungen von der vorgegebenen Phraseologie verrieten eigenes Denken – in den Augen der Parteikommissare ein Sakrileg, das als Abweichung, als Verrat gebrandmarkt werden mußte und in den Zeiten der stalinistischen Verfolgung Deportation und Liquidierung nach sich zog.

Die Intelligenz als Komplize

Der Leninismus hat die Intellektuellen stets umworben. Die Intelligenz im real existierenden Sozialismus, so meint der Molekularbiologe Jens Reich in seinem Buch *Abschied von den Lebenslügen*, war bis zuletzt «Gehilfe und Komplize» der Macht, weil sie glaubte, zum Vormund eines unmündigen Volkes berufen zu sein.[32] Die meisten Vertreter der Intelligenz hätten geglaubt, daß das Gesellschaftssystem trotz seiner Geburtsfehler und Schwächen «eine Epoche weiter» als Demokratie und Marktwirtschaft gewesen sei. Die Intelligenz habe strukturell den Machtapparat unterstützt, sie war «eingebaut in einen Kopfentwurf der Gesellschaft» und sorgte für deren Bestand – der Lehrstuhlinhaber «Wissenschaftlicher Kommunismus» offensichtlich, der Universitätsdozent für Innere Medizin auf subtilere Weise. Die Gesellschaftswissenschaftler erfüllten eine unmittelbare ideologische Funktion, sie «kreierten das Weltbild».[33] Die schöpferische Intelligenz schuf die Illusionen, Wirtschafts- und Verwaltungsintelligenz erfüllte die Kommandos. Ebenso übernahmen Techniker, Beamte, Juristen und Lehrer funktional die Aufgaben, die der SED-Staat ihnen stellte. Die Beschreibung will Reich als «globale These» verstanden wissen, nicht als «genaue Analyse des individuellen Verhaltens und noch weniger des subjektiven Erlebens».[34]

Ohne das systemkonforme Handeln der Intelligenz hätte sich der real existierende Sozialismus nicht erhalten können, und doch waren ihre Vertreter, so Reich, zugleich auch Geprellte. Das Regime enthielt ihnen intellektuelle Freiheiten vor und hemmte sie in ihrer

Entfaltung. Doch der Widerspruch zwischen Intelligenz und Politbürokratie «war in Wahrheit der zwischen der herrschenden Klasse und ihrem hegemonialen Stand. Er ist analog dem Widerspruch zwischen absolutistischem Hof und dem armen Kleinadel»[35].

Konträr dazu steht die Beschreibung, die der Dresdner Psychiater Otto Bach von dem Verhalten der Intelligenz gibt. Er glaubt, zwischen (An)Schein und Wirklichkeit, offizieller Propaganda, dem Selbstverständnis des Systems und dem tatsächlichen Alltag unterscheiden zu können. Wissenschaftler, meint Bach, hätten ihre Arbeit nur im Sinne der Staatsdoktrin etikettiert, doch mit diesem formalen Zugeständnis ihre inhaltliche Unabhängigkeit bewahrt. Zustimmung zum DDR-System habe nur «deklamatorisch» stattgefunden. Die Auflage, sich in der Forschung von ideologischen Dogmen leiten zu lassen und als Hochschullehrer zur kommunistischen Persönlichkeit zu erziehen, habe man so faktisch ignoriert.

> «Wir haben im Strome des Widersinnigen das Vernünftige zu realisieren versucht und uns den Teufel darum geschert, wenn es von der nächst höheren Leitungsebene als Patriotismus, als Kampfbereitschaft für den Sozialismus und sonst einen hohlen Zauber an die nun wiederum nächst höhere Ebene verkauft wurde.»[36]

Bach resümiert, so seien zwar vernebelte Bilder von der Wirklichkeit entstanden, doch die meisten Wissenschaftler hätten das durchschaut. Lippenbekenntnisse hätten ausgereicht, um unbehelligt zu bleiben und ungestört eine Wissenschaft zu betreiben, die keinen äußeren Zwecken unterlegen gewesen sei. Die Vernunft, meint Bach an anderer Stelle, habe sich in einer «Gesellschaft auf Tauchstation» durchgesetzt.[37] Der Bachschen These zufolge existierten zwei Welten unabhängig voneinander; in der einen hätte die Ideologie, in der anderen, subversiv, die Wahrheit regiert.

Allerdings muß Bach selbst einräumen, daß Autonomie in manchen Bereichen, etwa der Juristerei oder Philosophie, kaum gegeben war und Opportunismus der Preis gewesen sei, «um in der Heimat weiter leben zu können».[38] Zumindest von den Fächern, die zur ideologischen Erneuerung des Systems beizutragen hatten, verlangte der Staat die Unterordnung des Geistes.

Bachs These, daß nicht nur Intellektuelle, sondern auch viele andere Bürger der DDR durch ihre innere Distanz zum System eine «Staatsferne» praktiziert hätten, in deren Folge «am Ende das System zusammengebrochen (ist), weil viele staatsfern waren» [39], ist nicht nur aus psychologischer Sicht angreifbar. In Bachs Beschreibung wird der real existierende Sozialismus der DDR zur großen Bühne, auf der die meisten nur eine Rolle gespielt, bewußt an einem Schauspiel des Systems teilgenommen haben, bei dem sie sich jedoch zunehmend dem Regime verweigert und letztlich der Inszenierung des Sozialismus die Bühne entzogen haben. Nachträglich wird so die Anpassung zum subversiven Widerstand umgedeutet.

Wie bereitwillig Wissenschafter ihr Denken der Ideologie unterworfen haben, dokumentiert, beispielhaft, das Lehrbuch «Sozialpsychologie», verfaßt von einem «Autorenkollektiv» unter Leitung der Jenaer Professoren Hans Hiebsch und Manfred Vorwerg.[40] Bereits im Vorwort ihres Standard-Werkes versichern die Autoren, ihren Text «zu Ehren des IX. Parteitages der Sozialistischen Einheitspartei» fertiggestellt zu haben. Solche Demutserklärungen waren keineswegs verlangt, sie erfolgten freiwillig. Das Forscher-Kollektiv wollte damit demonstrieren,

> «daß es bewußt die wissenschaftliche Arbeit auf dem Gebiet der Psychologie, besonders der Sozialpsychologie, in den Dienst der großen Sache – der weiteren Gestaltung der sozialistischen Gesellschaft und damit der Schaffung grundlegender Voraussetzungen für den allmählichen Übergang zur kommunistischen Gesellschaft – stellen möchte.»[41]

Die Autoren bekannten, «entscheidende Anregungen und Zielvorstellungen» aus dem Parteiprogramm der SED erhalten zu haben. Als Sozialpsychologen wollten sie Erkenntnisse darüber beisteuern, wie die (Um)Erziehung der Menschen zu «sozialistischen Persönlichkeiten» gelingen könnte. Entsprechend der marxistisch-leninistischen Weltanschauung erklärten sie, dies sei nur durch die Organisierung des einzelnen im «Kollektiv» möglich.

Der Begriff «Kollektiv» meinte – in Politik und Psychologie – etwas wesentlich anderes als «Gruppe» oder soziale Gemeinschaft.

Eine Gruppe wurde zum Kollektiv, indem sie Ziele verfolgte, die mit den Werten der sozialistischen Gesellschaft übereinstimmten. Dem Kollektiv war die Aufgabe zugeschrieben, diese Werte gegen den einzelnen durchzusetzen. Weitgehende Kollektivierung der sozialen Beziehungen sollte für weitgehende Konformität sorgen. Sozialpsychologie hatte funktional zu sein. Die Jenaer Autoren verwiesen auf die «Kontrollfunktion» des Kollektivs und betonten, die Kontrolle müsse «sowohl auf das tatsächliche als auch das mögliche Verhalten ausgerichtet» sein.[42] Schon der Gedanke an abweichendes Verhalten sollte unterdrückt werden.

Selbstverständlich erkannten Hiebsch, Vorwerg und Kollegen das «Prinzip des demokratischen Zentralismus» an. In den Kollektiven, so formulierten sie, müßten die von Partei und Staat eingesetzten Leiter durch «Belehrung», «Erziehung» und «Sanktionen» Einstellungen des einzelnen den herrschenden Werten und Regeln anpassen. Die «Zielsetzung», so schließen sie, «besteht in einer effektiven Verinnerlichung der gesellschaftlichen Normen».[43] Sozialpsychologische Lehre und Forschung sollte die reibungslose Anpassung fördern. Das Menschenbild, das dem Denken der Autoren bei der Bestimmung der «sozialistischen Persönlichkeit die Richtung vorgab, war der Untertan.

«Wie alles in seinem Herrschaftsbereich hat der reale Sozialismus auch die Wissenschaft unter flächendeckende Aufsicht genommen», urteilt der Sprachforscher Manfred Bierwisch, ehemals Mitglied der *Akademie der Wissenschaften der DDR*.[44] Er resümiert: Ein entscheidendes Mittel der Aufsicht war die Kaderpolitik, sie diente der Partei dazu, den Wissenschaftsapparat auf allen Ebenen der Hierarchie zu überwachen. Treue Funktionäre hätten dafür gesorgt, daß Themen der Forschung und Inhalte der Lehre, Stellenbesetzungen und Karrieren strikter Parteikontrolle unterworfen waren. Zwar gab es «einzelne Inseln», die sie auf die eine oder andere Weise der Verfügung des SED-Apparates entzogen; dabei waren persönliche Courage und Hartnäckigkeit immer das Entscheidende. Doch «die allgemeine Bevormundung der Wissenschaft, die fest zum Programm der Partei gehörte, wurde durch solche Einzelfälle nicht aufgehoben».[45]

Bierwischs Analyse geht tiefer. Er argumentiert: Ein tragendes

Moment im Führungsanspruch der Partei war die prätendierte Wissenschaftlichkeit ihrer Ideologie. Sie wurde «in den Rang kanonischer Schriften erhoben, deren Exegese an die Stelle des unabhängigen wissenschaftlichen Diskurses trat».[46] Der Marxismus-Leninismus hat die Wissenschaft trivialisiert, die Moral gespalten und zum Verlust rationaler Verbindlichkeit geführt. Beflissen, unehrlich und achtlos haben viele eigenständiges Denken der parteilichen Wissenschaft unterworfen. Einmischungen von oben ergänzten sie durch angestrengte Gläubigkeit und vorauseilenden Gehorsam. Mit zunehmender Sklerose des SED-Staates verloren die ideologischen Eingriffe und Rituale ihre aufdringliche Selbstgefälligkeit, aber «der Verzicht auf Authentizität, den sie in den offiziellen Wissenschaftsbetrieb gebracht hatten, bestimmte dessen Charakter bis zum Ende»[47].

Viele Intellektuelle haben die Erwartung der Partei bereitwillig erfüllt und sind ihren Vorgaben ergeben gefolgt. Über die ostdeutschen Soziologen schreibt der Sozialwissenschafter Johannes Weiss, sie hätten fast ausnahmslos den Herrschafts- und Wahrheitsanspruch der SED «nach innen und außen, schriftlich und mündlich... nicht selten in vorauseilendem Gehorsam» verteidigt und im eigenen Verantwortungsbereich durchgesetzt. Weiss diagnostiziert eine «durchgehende Partei-, Staats- und Staatssicherheitstreue der Gesellschaftswissenschaftler in der DDR». Über die Ursachen schreibt er:

> «Die Angst vor Repressalien und vor dem Verlust der kleineren und größeren Wohlverhaltensprämien mag eine große, bei manchem / mancher eine ausschlaggebende Rolle gespielt haben. Fast alle, womöglich ausnahmslos alle, waren zugleich, wie mir schien, von der prinzipiellen Richtigkeit und Überlegenheit der DDR-Ordnung überzeugt, und diese Überzeugung umgriff offenbar auch die unüberbietbare Legitimation dieser Ordnung durch die – als «wissenschaftlich» qualifizierte – Weltanschauung des Marxismus-Leninismus.»[48]

Bierwisch weist darauf hin, daß die verschiedenen Bereiche der Wissenschaft sehr unterschiedlich von ideologischer Bevormundung betroffen waren. Die SED betrachtete die Gesellschaftswissenschaften als ihre Domäne. Dort gab der Leninismus Richtung und Resultate von Forschung und Lehre vor. In den Naturwissenschaften gestattete die Partei, wenn auch eher widerwillig, Freiräume. Allerdings unterlagen auch sie allgemeinen Restriktionen. Der sozialistische Staat schottete die Intelligenz von Westkontakten und damit von internationaler wissenschaftlicher Diskussion weitgehend ab. Zu Kongressen durften meist nur ausgesuchte Kader reisen. So belohnte die Partei Loyalität. Die finanzielle Ausstattung von Hochschulen, Instituten und Akademien war beschränkt. In aller Regel gab es kaum Zeitschriften und Bücher, die im Westen nur gegen Devisen zu haben gewesen wären. Grundlagenforschung fand nur wenig statt. Der Staat forderte direkte Verwertbarkeit, woraus die Unterordnung der Wissenschaft unter Planvorgaben, Inkompetenz und Entscheidungswillkür der Bürokratie folgte. Der Lehrbetrieb an den Universitäten war verschult, die Disziplinierung der Studenten hatte Vorrang vor wissenschaftlichem Lernen.

Wer im Wissenschaftsbetrieb bestehen wollte, mußte die Reglementierung durch die SED hinnehmen. Viele haben sich schließlich in der Unmündigkeit eingerichtet, denn ein solches Leben bot schließlich Bequemlichkeiten. Die Unterordnung der Wissenschaft (also der Wissenschafter) unter die Politik beschränkte persönliche Entfaltung und Qualifizierung. In der Abschottung des realen Sozialismus mag die Abkoppelung vom wissenschaftlichen Diskurs nicht so deutlich spürbar geworden sein. Seit der Wende, nun internationaler Konkurrenz ausgesetzt und an ihr gemessen, spüren viele aus der sozialistischen Intelligenz schmerzlich ihre Defizite.

Plausibler als die Hypothesen von Bach über die heimliche «Staatsferne» der Intelligenz und die subversive «Gesellschaft auf Tauchstation» scheint die Annahme, daß der reale Sozialismus sich durch seine immanente Ineffektivität selbst erledigt hat. Das System konnte seine (sozialen) Versprechungen immer weniger einhalten. Irgendwann war der kollektive Selbstbetrug nicht mehr aufrechtzuerhalten. Damit schwand auch in der Bevölkerung die Loyalität gegenüber dem System. Weil das Regime seinen eigenen Wertmaßstäben nicht mehr gerecht wurde, erodierte die politische Treue seiner Bürger, die sich lange aus der Hoffnung genährt hatte, einen scheinbar deformierten Sozialismus immer noch reformieren zu können.

Die Intelligenz in kommunistischen Gesellschaften war keine homogene Schicht. Doch die Utopie des Sozialismus, die Ideologie im wissenschaftlichen Dekor zog viele Intellektuelle in den Bann. Trotz der Kritik an seinen Mängeln hielt sie dem Regime zugute, die (im Prinzip) bessere Gesellschaft zu sein, zumindest ein lohnenswertes Wagnis, ein anzustrebendes Ideal. Auch waren viele gefesselt vom Mythos des Antifaschismus; den Regenten des SED-Staates rechneten sie hoch an, daß sie gegen den Nationalsozialismus Widerstand geleistet und ihr Leben riskiert hatten. Die DDR erschien ihnen als das bessere Deutschland. Aus dieser Anerkennung zogen Staat und Partei moralischen Kredit für ihren Gegenentwurf zum Kapitalismus und zur Demokratie.

Die SED etablierte durch die ideologische Überhöhung des Antifaschismus besonders in der Intelligenz einen breiten antikapitalistischen Grundkonsens und verschaffte so dem sozialistischen Entwurf grundsätzliche Zustimmung. Viele Intellektuelle glaubten, es könnte einen Sozialismus mit menschlichem Antlitz geben, eine sozialistische Gesellschaft ohne die Erziehungsdiktatur einer Partei. Die Illusion spaltete ihre Loyalität. Sie hingen ihren Idealen nach und wollten eben deshalb nicht mit dem Staat (und der Partei) völlig brechen. Die Verinnerlichung des antifaschistischen Erbes, schließt Antonia Grunenberg, habe «bei den Teilen der Intelligenz, die in den siebziger und achtziger Jahren zur politischen Gegenelite hätten werden können», zu nachhaltigen Denkblockaden und zu hemmender Ambivalenz geführt – sie übten Kritik am Staat und hielten doch an dessen antifaschistischer Legitimation fest.[49]

Als das SED-Regime schon zusammengebrochen war, träumte vornehmlich die intellektuelle Opposition noch von sozialistischer Erneuerung. Stefan Heym und Friedrich Schorlemmer warnten vor der raschen Vereinigung der beiden deutschen Staaten. Das Volk hat sie damals geschmäht und wollte von ihrem Aufruf «Für unser Land» nichts wissen. Heym fand späte Genugtuung, als er 1994 für die PDS in den Bundestag zog – er gewann sein Mandat in Ostberlin als Direktkandidat gegen Wolfgang Thierse, einen der wenigen ostdeutschen Sozialdemokraten, die nach der Vereinigung in der Gesamt-SPD den Aufstieg geschafft haben. Diesmal entschied sich die Mehrheit der Wähler für «ihr» Land – aus ihrer Sicht gegen eine Bundesrepublik, die die DDR vereinnahmt hat, und gegen die Bonner Parteien, die den Ostdeutschen ihre Geschichte nehmen wollen.

Der Leninismus bot der Intelligenz Privilegien. Er mußte seine Eliten aus dieser Schicht rekrutieren und köderte mit Prestige, mehr noch als mit materiellen Vorteilen. Gerade von den Intellektuellen wollte die Partei mehr als die Anpassung an äußere Zwänge, sie wollte überzeugte Mitstreiter und erwartete ihrerseits Zuspruch und Bestätigung, nur keine grundsätzliche Kritik.

Die Loyalität der Intellektuellen honorierten alle sozialistischen Regime in besonderer Weise. Intelligenzler rückten auf in Vorhöfe der Macht. Ihnen eröffneten sich Karrieren. Sie bezogen die besseren Wohnungen und die komfortableren Datschen. Das Regime behandelte sie mit mehr Respekt als andere. Die Partei zahlte mit öffentlicher Anerkennung, häufig auch mit einem Reisepaß.

Vladimir Schlapentohk, ein in die USA emigrierter russischer Politikwissenschafter, weist darauf hin, daß nach Stalins Tod im März 1953 der Druck auf die Intellektuellen, sich mit dem Regime öffentlich zu identifizieren, stetig abnahm. Trotzdem, so stellt er fest, haben sie Staat und Partei nicht mutiger widersprochen. Mehr noch als andere Gruppen in der Gesellschaft, argumentiert er, seien die Intellektuellen von dem Bedürfnis nach Prestige und Anerkennung getrieben.[50]

Über Karrieren und öffentliches Ansehen entschied die politische Elite, sie befriedigte narzißtische Bedürfnisse. Wer den Leninismus nicht ehrte, versank (gesellschaftlich) in Bedeutungslosigkeit. Intellektuelle tauschten öffentliche Anerkennung und Privilegien gegen Treue und Gehorsam gegenüber dem Regime. Wenn überhaupt, klagten sie in privaten Zirkeln, aber sie klagten nicht öffentlich an. Schlapentohk vermutet, daß sich ihre Auffassungen nach und nach in feste Überzeugungen gewandelt haben – auch Kritiker des Systems konnten kognitive Dissonanzen (auf Dauer) nicht aushalten. Der Kult des «reinen Professionalismus», den die Intellektuellen vielfach pflegten, erlaubte ihnen die Illusion, sie seien mehr ihrem Beruf verpflichtet als den gesellschaftlich und politisch vorgegebenen Werten; tatsächlich aber waren sie weitgehend funktional in den ideologischen «Überbau» der Gesellschaft integriert und trugen bei zum Bestand der kommunistischen Herrschaft.

Die Partei als «ensemble folie»

Die kommunistische Partei unterdrückte Individualität und entlastete von den Anforderungen des individuellen Daseins. Sie offerierte ein geschlossenes Weltbild, erklärte den Sinn des Lebens und gab dem Handeln ein Ziel. Sie befreite von Unsicherheit und Vereinzelung, bot dem einzelnen Stärke durch ideelle Verschmelzung mit dem kollektiven Ich. Der einzelne mußte sein Ich aufgeben, vom Individuum zum Parteimitglied und schließlich zur Mitgliedsnummer degenerieren, um diesem kollektiven Ich zugehören zu können. Zugehörigkeit zur Partei nahm die Angst vor der eigenen Individualität, befreite von Zweifeln, als einzelner in einer bedrohlichen Welt bestehen zu können.

Die Partei bediente die Sehnsucht nach Gewißheiten. Um diese Sehnsucht erfüllen zu können, mußte sie Zweifel an der marxistisch-leninistischen Weltanschauung ausschließen. Vorstellung und Verteidigung absoluter Gewißheiten waren für die Partei konstituierende Zwecke. Die Wächter der Parteilehre hielten die Organisation zusammen und erfüllten so auch ihren psychologischen Auftrag. Um die Wahrheit zu verteidigen, entzogen sie die Ideologie dem Einfluß wirklicher Erfahrung und kritischer Reflexion. So geriet die Theorie zur wahnhaften Idee, die Partei zur Wahngemeinschaft.

Der Psychiater Müller-Suur vermutete, daß wahnähnliche Erlebnisse auftreten, wenn der Mensch sich seiner Individualität emotional bewußt wird, sein Anderssein erfährt. Aus wahnähnlichen Erlebnissen entwickelten sich Wahnsysteme, wenn ein Mensch seine Einzigartigkeit und Einmaligkeit nicht aushalten, seine Individualität nicht annehmen könne.[51] Der Wahnkranke verstehe sich nie aus sich selbst, sondern immer nur über andere, also uneigentlich.

Das persönliche Selbst ist demnach zu schwach, verfügt nicht über ausreichenden Zusammenhalt und kann die Erfahrung von Individualität nicht zulassen. Dem Wahn, meinte der Psychiater Eugen Bleuler, liege ein affektiv gesteuertes «Wahnbedürfnis» zugrunde. Die Wahnideen, argumentiert er, haben ihr normales Analogon nicht im Irrtum, sondern eher in irrationalen Überzeugungen eines einzelnen oder «in gefühlsgetragenen und unbeweisbaren Bekenntnissen ganzer Gruppen»[52].

Während die Psychiatrie früher annahm, daß Menschen im Wahn rationale Erkenntnis durch unbegründete Glaubensinhalte ersetzen, vermutet die anthropologische Psychiatrie gerade umgekehrt, daß der Wahn aus einem Mangel an Glauben, Vertrauen und Zutrauen erwächst. Die Flucht in den Wahn ist nach dieser Annahme die Suche nach rationaler und objektivierbarer Erkenntnis. Paul Matussek, einer der führenden Vertreter der anthropologischen Psychiatrie, argumentiert, der Wahn-Sinnige versuche, glaubenslosen Zweifel durch ein beweisbares Wissen zu ersetzen oder zumindest zu beruhigen.

> «Der Wahnkranke hat keineswegs zu viel Glauben, auch setzt er keine ‹unbegründbare Glaubenserkenntnis› an Stelle einer rationalen Erkenntnis. Vielmehr verhält es sich gerade umgekehrt. Der Kranke hat zu wenig Glauben und Vertrauen und versucht, diesen Mangel durch rationale, auf objektivierbaren Kriterien aufbauende Erkenntnis zu ersetzen.»[53]

Wahnideen können scharfsinnig durchdacht, logisch (oder paralogisch) organisiert sein. Der Philosoph und Psychiater Karl Jaspers hat solche Ideen wahnhaft genannt.[54] Wahnhafte Ideen verwandeln das «Realitätswissen». Sie beherrschen die Wahrnehmung der Welt. «Der Wahn zeigt sich im *ganzen* erst als der Tatbestand, der dem Träger eine Welt gestaltet.»[55] Aus der Wahnidee wird durch Wahnarbeit, die systematisierende Suche nach Zusammenhang, das Wahnsystem. Dessen innerer Zusammenhang mag verständlich erscheinen, unverständlich bleiben womöglich die ursprünglichen Quellen der Wahnidee.

Die Fälschung bei Wahnideen, so Jaspers, liege im Material, das formale Denken könne völlig intakt sein. Der Wahn teile sich in letzten Schlüssen und unumstößlichen Urteilen mit. Wahnideen bildeten das konstituierende Element. Der Unterschied von Wahnideen zu unbeweisbaren Überzeugungen von Gesunden, bemerkt Bleuler, sei nicht absolut. Wahnideen seien kein Zeichen von allgemeiner geistiger Schwäche – Gedächtnis, Orientierung, Aufmerksamkeit sind intakt. Die Wahnideen könnten logisch aufgebaut sein, beruhten allerdings auf «falschen Prämissen». Der Wahn-Sinnige verteidige sie durch «Absperrung der Kritik»[56]. Der Wiener Wahnforscher Peter Berner notiert:

> «Unter Wahn versteht man ein komplexes Ideengebäude, in welchem Wahnideen untereinander und mit anderen, ‹normalen› Gedanken verknüpft sind.»[57]

Etwas Mögliches kann zur Wahnidee werden, wenn das nur Mögliche als etwas Zwingendes, Unabweisbares erscheint. Die Erkenntnis des Möglichen kann aus klarer, vernünftiger Analyse entstehen, aus scharfsinniger und durchdachter Wahnarbeit. Wer alle möglichen Indizien sammelt und begründete Spekulationen, etwa über einen Ehebruch, zur fanatischen Gewißheit verdreht, leidet unter Eifersuchtswahn. Wer Konkurrenz unter Kollegen rational wahrnimmt, jedoch aus einzelnen Rangeleien die unumstößliche Sicherheit zieht, ein Komplott werde vorbereitet, ist gepackt vom Verfolgungswahn. Jede Geschichte mag sich plausibel anhören, sie ist vorstellbar, sie kann wahr sein. Die Idee an sich ist nicht verrückt.

Aus einer formal stimmigen, vordergründig wissenschaftlichen Weltanschauung kann ein Wahnsystem entstehen, sobald die entworfene Theorie durch den Ausschluß jeden Zweifels unerschütterliche Gewißheit verspricht. Der Marxismus-Leninismus trägt, psychopathologisch gesehen, in seiner teleologischen Konzeption immanent Züge des Wahns. Seine Lehre zwingt zu der Schlußfolge: Die Widersprüche zwischen den Klassen sind antagonistisch, deshalb muß der Klassenkampf zur Revolution treiben, die wiederum die klassenlose Gesellschaft herbeiführt, in der Harmonie herrscht und die Menschheit von allen Fesseln befreit ist.

Der Übergang in den Wahn erfolgt, wenn die Person gegen alle vernünftigen Einwände an der falschen Idee als unumstößliche Wahrheit festhält und alle anfänglichen Zweifel tilgt. Die subjektive Gewißheit und deren Unbeeinflußbarkeit durch Erfahrung und Schlüsse definierte Jaspers als das entscheidende Merkmal für die Diagnose des Wahns. Als «Wesen» der subjektiven Gewißheit nennt Berner «den Ausschluß des Zufalls»[58].

Bleuler empfiehlt allerdings, mit der Wahndiagnose zurückhaltend zu sein, wenn religiöser Glaube oder eine Weltanschauung zu beurteilen sind. «Man darf die Irrtümlichkeit einer wahnverdächtigen Idee nicht an der eigenen weltanschaulichen Überzeugung messen.»[59] Deshalb habe ich die marxistisch-leninistische Theorie immanent betrachtet. Eine gewisse Zurückhaltung im Urteil bleibt bestehen, wenn die Ideologie im folgenden nicht als Wahn, sondern als wahnähnliche Idee bezeichnet wird.

Wahnideen, so darf also spekuliert werden, repräsentieren die Sehnsucht nach Gewißheit und seelischem Zusammenhalt. Sie sind der Versuch, unzureichende seelische Stabilität zu kompensieren, das Selbst zu stabilisieren und mit der Bedrohung durch die eigene Individualität fertig zu werden. Sie sind der Versuch, Zweifel durch beweisbares Wissen zu ersetzen.

Die Flucht in eine Gemeinschaft, die dem Zweifelnden und innerlich Zerrissenen stärkeren Glauben und aufbauende Erkenntnis anbietet, nimmt dem einzelnen die Bedrohung einer Individualität, mit der er (oder sie) nicht fertig werden kann. So entsteht eine emotionale Abhängigkeit der einzelnen von dieser Gruppe. In der kommunistischen Weltanschauung hat das Kollektiv eine wesentliche Bedeutung: Es hebt Individualität auf (unterdrückt Andersartigkeit). Die Idealisierung des Kollektivs mildert die Störung der mitmenschlichen Begegnung und nimmt der Individualität ihre Bedrohlichkeit.

Es mag sogar der (unbewußt) konstituierende Zweck einer Gruppe sein, mangelnde seelische Struktur der einzelnen, die Unfähigkeit, Individualität anzunehmen, durch formale rationale, dem Inhalt nach jedoch phantastische Ideen zu kompensieren. Sofern für eine Gruppe die Befriedigung solcher Bedürfnisse ein wesentliches Element des Zusammenhaltes ist, schlage ich den Begriff wahnhafte Gemeinschaft vor. Sie tritt sozusagen auf als ein *ensemble folie*.

Um einer Gruppe solche Perspektiven zu bieten, müssen die wahnähnlichen Ideen von vielen einzelnen emotional besetzt werden können, d. h., sie müssen offeriert werden und zugänglich sein. Dargeboten werden sie (zu Beginn) durch charismatische Führer. Die Führer müssen idealisierbar sein, verfügbar für die Übertragung seelischer (nach Kohut narzißtischer) Energie. Ihr Charisma entsteht gerade aus der emotionalen Bindung, aus der Annahme der angebotenen Gefolgschaft.

Für die Kommunisten war der Marxismus-Leninismus eine Religion, Lenin (sogar Stalin) ein Gott. «Falsche Götter», schreibt der Psychoanalytiker Arno Gruen, «sind beides: Zeugnis wie auch Erzeuger einer vergeblichen Suche nach Identität, die uns rettet.»[60] Charismatische Führer treten als starke Lichtgestalten auf. Sie schieben Zweifel beiseite, geben Orientierung und versprechen Sicherheit. «Es ist das Bedürfnis nach Struktur, nach der Autorität der Strukturen, die dem Menschen ohne eigenes Selbst Identität gibt, die Sicherheit eigner Bedeutung.»[61]

Der Marxismus-Leninismus bedient das menschliche Bedürfnis nach Vereinfachung und prophetischer Versicherung, argumentiert Mihaly Csikszentmihalyi, ein amerikanischer Psychologe, dessen Familie aus Ungarn vor dem Kommunismus geflohen war.[62] Er fokussiere in einer komplexen Welt ein Grundproblem – den Gegensatz der Klassen. Mit der Bewältigung dieses Gegensatzes sollen alle anderen Probleme gelöst werden. Die einfache gedankliche Ordnung entlastet die Psyche, die Welt scheint durchschaubar, also verständlich.

Der Marxismus-Leninismus korrespondiert, wie jede fundamentalistische Lehre, mit realen gesellschaftlichen Entwicklungen. Nach einem Wort von Marx drängt der Gedanke zur Wirklichkeit und die Wirklichkeit zum Gedanken. Seine Theorie stellte als Kritik an dem sich gerade entfaltenden Kapitalismus einen Gegenentwurf vor, ein Konzept für eine andere Moderne.

Die neuen Produktionsverhältnisse zerstörten verwurzelte soziale Beziehungen, unterwarfen die meisten Menschen neuen Härten, schwerer und schlecht bezahlter Industriearbeit, gesundheitlichen Gefahren, neuen Anforderungen und Abhängigkeiten. Zu Zeiten des Manchester-Kapitalismus nutzten die Kapital-Besitzer ihre wirtschaftliche Macht rücksichtslos zum eigenen Vorteil aus. An demokratische Veränderungen war lange nicht zu denken.

Der Marxismus versprach den Massen mit der kommunistischen Revolution Linderung ihrer materiellen Not und politische Befreiung. Die Utopie blühte auf dem Boden frühkapitalistischer Unterdrückung. In der klassenlosen Gesellschaft sollte jeder nach seinen Bedürfnissen und Fähigkeiten leben können. Je mehr sich freilich die Lage der Arbeiter verbesserte, wirtschaftlich und politisch, desto geringer wurde ihr Bedarf nach Marxscher Heilslehre. Bereits die russische Revolution 1917 war der brutale Coup einer bolschewistischen Minderheit gewesen, die ihre Diktatur erst gegen das Proletariat errichten mußte. Attraktiv blieb der Marxismus allerdings für viele Intellektuelle, auch im Westen, weil er deren faustisches Bedürfnis nach Welterklärung und ihr Verlangen nach Religion bediente.

Das Maß einer Selbstsicherheit beeinflußt das Verlangen nach autoritärer Führung. Je schwächer das Selbst, desto größer der Bedarf nach Autorität und um so stärker der Wunsch, sich einer höheren und beständigen Macht unterzuordnen. Diese Macht kann eine Kirche sein oder eine kommunistische Partei.

Eine Wahngemeinschaft kann als Sekte bestehen oder als Bewegung auftreten. Soll sie Bestand haben, als Gemeinschaft den charismatischen Führer überleben können, muß sie sich institutionalisieren. Die Institution, für die Kommunisten die Partei, kann als unsterblich gedacht werden und die Angst beruhigen, die aus dem Bewußtsein menschlicher Endlichkeit erwächst.

Verrat und «Säuberung»

Die Kommunisten – gleich ob in Moskau, Berlin, Budapest oder Prag – wähnten sich stets von Feinden umstellt. Für sie bestand die Welt aus Klassenfeinden, durch die kommunistische Politik ständig bedroht wurde. Die Kommunisten litten unter der dramatischen Vision, entweder glorreich zu siegen oder in der Barbarei unterzugehen.

Matussek spekuliert, das paranoide Syndrom sei eine Folge mangelhaften Glaubens, ein vitaler Zweifel, der jedem intellektuellen Zweifel vorangehe und eine ständige Bedrohung des Selbst darstelle.[63] Im Feind ist der Zweifel als Bedrohung personifiziert und rationalisiert. So wäre zu erklären, weshalb kommunistische Parteien als Kampfparteien entstanden sind und durch Feindbilder ihre Vitalität erhalten haben. Nur im Kampf gegen Feinde kompensierten sie Glaubensverlust.

Ist aber der Mangel an Glauben und Vertrauen Ursache des Wahns, nimmt die Wahnidee im paranoiden Syndrom nur ihren Verlauf: Die Existenz des Feindes ist latent und muß stets aufs neue «bewiesen» werden. Je nach Verhältnissen erfanden die kommunistischen Parteien neue Feindbilder und Verschwörungstheorien, um alte Zweifel durch neues «Wissen» zu ersetzen. Sie sahen sich abwechselnd von Rechts- und Linksopportunismus bedroht, dann wieder von Trotzkismus, Subjektivismus, Imperialismus, Individualismus oder Zionismus. Wie der vom Eifersuchtswahn Befallene vom anderen das Eingeständnis des Betruges zu erzwingen sucht, so «identifizierten» die Kommunisten dauernd «Verräter» und verlangten von ihnen Bekenntnisse der Schuld.

Oft war die Anklage willkürlich, der Zweifel mußte um jeden Preis ausgeschlossen werden. Renegaten bedrohten die Partei allein schon durch ihre Stärke, aus eigener Überzeugung das kollektive Ich abzulehnen. Sie wagten Individualität und ließen sich häufig auch durch Drohungen und Strafen nicht einschüchtern. Diese Individualität mußte die Partei brechen.

Da Opposition, nach der Logik einer Theorie, die nur den historischen Gesetzen zu folgen behauptete, nicht aus der Erkenntnis entstehen konnte, daß die Partei auf dem falschen Weg war, mußte der «Abweichler», der an dem Wahrheitsmonopol der Partei zweifelte, von außen eingedrungen sein. Die Partei mußte den inneren Feind «entlarven» und «ausmerzen».

Periodische «Säuberungen» der Partei dienten als Unterwerfungsritual. Individualität hatte sich dem mythologisierten Kollektiv ergeben. Die eigene Depersonalisierung, so der Historiker Reinhard Müller, wurde noch als «Kartharsis» gepriesen.[64] Als einziges Mittel, die eigene Zuverlässigkeit zu beweisen, galt die Denunziation. Loyalität gegenüber Freunden war verdächtig. Sie hatte hinter der Treue gegenüber der Partei zurückzustehen.

Die Identifikation mit dem kollektiven Ich der Partei prädestinierte Kommunisten sowohl für die Rolle des Täters als auch des Opfers. Die Ideologie definierte kommunistische Politik als historische Mission – als Befreiung der Menschheit von aller Knechtschaft. Das Ziel legitimierte Gewalt gegen jene, die sich der Partei widersetzten. Wer als Abweichler dennoch an den geschichtlichen Auftrag glaubte, war gefordert, den eigenen Idealen durch Selbstbezichtigung zu dienen. Wer sich als ungläubig denunzierte und sich der Partei unterwarf, erkannte ihren Wahrheitsanspruch an und stärkte ihre Autorität.

Unter Stalin, so Reinhard Müller, erzeugten das repressiv-terroristische Herrschaftssystem und die individuelle Ohnmachtserfahrung reumütige Unterwerfung und wechselseitige Denunziation als «unmenschlich-menschliche Überlebensstrategie»[65]. Durch den Kampf vor allem gegen den inneren Feind festigte die Partei die Verschworenheit ihrer Mitglieder und stärkte mit der Emotionalität des Sieges über die Abweichler den inneren Zusammenhalt. Die Sieger durften den Kampf als Befreiung und Glück erleben. «Säuberungen» hielten die Angst vor Abweichung aufrecht und strafften zugleich die innere Disziplin. Noch nach Stalins Tod versuchte die SED in ihren Prozessen gegen ihre politischen Gegner öffentliche Selbstanklagen zu erzwingen. Der im März 1957 wegen Bildung einer «staatsfeindlichen Gruppe» verurteilte Wolfgang Harich bezichtigte sich in seinem Schlußwort vor Gericht:

> «Ich möchte einen Dank abstatten, und zwar an die Staatssicherheit der DDR... Ich war politisch ein durchgebranntes Pferd, das mit Zurufen nicht mehr aufzuhalten war... Wenn man mich nicht festgenommen hätte, dann wäre ich heute nicht reif für die zehn Jahre, die der Herr Generalstaatsanwalt beantragt hat, sondern für den Galgen.»[66]

«Säuberungen» erfolgten in allen kommunistischen Parteien. Der «Sozialdemokratismus», aus dem die kommunistische Bewegung historisch hervorgegangen war, galt als permanenter Feind. Sozialdemokraten machten Kommunisten potentiell den Führungsanspruch streitig, weil sie (trotz aller Unterschiede) ähnliche Ziele wie die Kommunisten verfolgten und sich mitunter sogar auf Marx beriefen.

In großem Stil und mit offener Brutalität «säuberte» die KP ihre Reihen zuletzt in den frühen 50er Jahren, als gezielt jüdische Intellektuelle verfolgt wurden. Verdächtig waren all jene, die Westkontakte hatten, insbesondere Verbindungen zum *American Jewish Joint Distribution Comitee*, kurz Joint genannt. Die Wohlfahrtsorganisation hatte seit Kriegsende Kleidung und Lebensmittel verteilt und bei der Suche nach Angehörigen geholfen. Im kalten Krieg galt Joint den Regierenden von Moskau bis Ostberlin als «Agentenzentrale». Der Vorwurf lautete auf Sabotage und Spionage im Dienste des «US-Imperialismus».

Der Verdacht dehnte sich schließlich gegen alle aus, die vor den Nazis ins westliche Ausland geflüchtet waren. In Schauprozessen verurteilte die politische Justiz Angeklagte willkürlich, am spektakulärsten in der ČSSR. Rudolf Slansky, ehemals Generalsekretär der tschechoslowakischen KP, und zehn ausschließlich jüdische Mitangeklagte wurden im Dezember 1952 als Hochverräter verurteilt und gehängt.

Im Januar 1953 bezichtigte die Prawda «eine terroristische Ärztegruppe», die meisten Juden, im Auftrage von Joint versucht zu haben, die Kreml-Führung zu ermorden. Psychopathologisch betrachtet, offenbart die Verschwörungstheorie eindeutige Zeichen von Verfolgungswahn. Die Kommunisten werteten die antisemitischen Parolen als Direktive aus Moskau: Die Jagd war freigegeben. Die SED diskutierte eifrig die «Lehren aus dem Slansky-Prozeß». Voller Angst flüchteten Tausende Juden in Nacht-und-Nebel-Aktionen aus der DDR. Erst als Stalin starb, hörte die Verfolgung von Juden auf.[67] Der Verfolgungswahn bestand fort. Abweichende Meinungen und Andersartigkeit blieben für die Verwalter der sozialistischen Staatsmacht immer bedrohlich.

Antisemitismus haben sämtliche kommunistische Parteien bewahrt (vielleicht am wenigsten in Bulgarien) und mit ihrer feindlichen Politik gegenüber dem Staat Israel bis zuletzt erneuert. Allgemein galt die Formel, daß die Existenz des Staates Israel aggressiven Zionismus repräsentiere, der nichts anderes als aggressiver Imperialismus sei.

Der SED-Führung verlangte diese Haltung eine besondere Bewußtseinsspaltung ab. Anders als die Bundesrepublik, die, wenn auch verspätet, seit den 60er Jahren den Holocaust thematisierte, tabuisierte die DDR die Frage der deutschen Schuld. Das Tabu stützte die Strategie, seelische Energie in den Aufbau des Sozialismus zu kanalisieren. Mit dem staatlichen Freispruch von Verantwortung mußte das Volk nicht mehr soviel Kraft zur Verdrängung von Schuld binden.[68]

In der Vorstellung der SED-Führung waren ohnedies die Kommunisten die eigentlichen Verfolgten der Nazis. Die Schulbücher der DDR handelten Auschwitz mit wenigen Zeilen ab, die Vernichtung der Juden war im Unterricht kein großes Thema. Geschichtsschreiber verfaßten ihre Epen ausschließlich auf den kommunistischen Widerstand.

Als ich Erich Honecker am 9. November 1988, am fünfzigsten Jahrestag der Reichskristallnacht, gefragt habe, welche Lehre er an diesem Tage an die Jugend weitergeben wollte, antwortete er, «daß sich der Kampf für den Sozialismus gelohnt hat». Honecker sah sich als Vollstrecker der historischen Mission, die den Holocaust zur Nebensächlichkeit degradierte. Deutsche Schuld an den Juden, so glaubte der Staatsratsvorsitzende, hatte der DDR-Sozialismus getilgt.

Die SED hielt sich regimetreue jüdische Gemeinden, die dem Staat Ergebenheitsadressen schickten und so taten, als hätten sie das wahre Jerusalem in Ostberlin gefunden. Sie übernahmen die Legende von der führenden Rolle der Partei im antifaschistischen Widerstand und zollten dem Mythos des antifaschistischen Staates Tribut. Erst spät in den 80er Jahren regte sich in den jüdischen Gemeinden ein gewisser Unmut über die aggressive Politik der SED gegenüber Israel. Die Loyalität der Gemeinden blieb jedoch bis zum Schluß unerschüttert.

Die Mäßigung des Terrors gegenüber inneren und äußeren Feinden nach Stalins Tod schwächte die innerparteiliche Disziplin. So gesehen schadete Milde der Partei; sie verlor revolutionären Elan. Die einsetzende Entspannungspolitik trieb die Erosion weiter voran.

Als der Ostblock begann, wirtschaftliche Zusammenarbeit mit dem Westen und Anerkennung als Weltmacht gegen friedliche Koexistenz zu tauschen, beschädigten die kommunistischen Parteien das für sie identitätsstiftende Feindbild. Außerdem unterschrieben sie die KSZE-Akte, die auch Regimekritikern das Recht auf freie Meinungsäußerung bescheinigte.[69]

Die kommunistische Idee konnte durch die Aufgabe der Konfrontation nicht mehr so konsequent geschützt werden. Nun begann tatsächlich die ideologische Aufweichung, vor der die Wächter der reinen Lehre immer gewarnt hatten. Wenn anderes Gedankengut nicht mehr zu verteufeln war, weil dessen fleischlicher Träger, plötzlich und unerwartet, nicht gestorben ist, sondern sein teufliches Wesen abgelegt hatte wie ein altes Kostüm, wer soll dann noch wissen, wo die Grenze zwischen Himmel und Hölle verläuft?

In der DDR erschütterte schließlich 1987 das gemeinsame Papier von SED und SPD das Seelenleben gestandener Kommunisten. In der Schrift erkannten beide Seiten das Bestehen zweier Ideologien und das Recht auf Meinungsstreit an. Letzteres war noch schlimmer als ersteres. Wer Meinungspluralismus akzeptierte, mußte den eigenen Wahrheitsanspruch in Frage stellen lassen.

Kann etwas anderes auch wahr sein, ist über ein und dieselbe Sache auch das Gegenteil zu behaupten, greift dieses (freilich ungewollte) Eingeständnis die Gerüste der eigenen wahnhaften Gewißheit an. Muß der Inhalt der Ideen angezweifelt werden, erfüllt das Wahnhafte nicht mehr seine seelische Funktion. Der Wahn-Sinn wird unzuverlässig. Genau das ist passiert und brachte die SED in Bedrängnis.

Nur wenige kritische Genossen wagten, das gefährliche Papier in der Partei zu zitieren; eine Glasnost- und Perestroika-Opposition gab es nicht, die meisten Parteimitglieder bewahrten ihre Weltsicht oder waren einfach zu uncouragiert, die Ideologie-Debatte zu eröffnen. Es waren eher Kirchenleute, die das Dokument hochhielten und von der SED forderten, Kritik an ihrer Politik zur Kenntnis zu nehmen. Folglich sah die Staats- und Parteiführung die Kirche von Feinden des Regimes unterwandert. Doch auch in der Kirche war Zivilcourage nicht die Tugend aller Gläubigen.

Von Wahn, wahnähnlichen Ideen und Paranoia befallen, waren zuletzt vornehmlich die Altkommunisten und treue Funktionäre. Die späten kommunistischen Führer waren keine Theoretiker; die Herren (und die beiden Damen) im SED-Politbüro bildeten keine

Ausnahme. Schon zu lange hatte der Herrschaftsapparat das geistige Leben unterdrückt.

Die jüngeren Parteimitglieder waren kaum mehr feurige Weltverbesserer, eher berechnende Karrieristen, meist mit dürftigen Idealen. Sie internalisierten die Normen und Werte des real existierenden Sozialismus aus praktischen Gründen: um persönlich vorwärtszukommen und dabei im Einklang mit dem bestimmenden sozialen Umfeld zu leben. Auch so sicherten sie sich Macht und Prestige, materielle Vorteile und der Partei die Herrschaft über die Apparate und das Volk.

Die Stasi als psychotherapeutische Institution

Die Stasi sah sich als die wahre Elite der DDR. Die Gralshüter des Leninismus saßen im MfS. Sie folgten prinzipientreu der Ideologie – konsequenter als der Rest der Partei. Die Stasi glaubte, besser zu wissen, wie ein realer Sozialismus aufzubauen, gegen äußere Bedrohungen und innere Feinde zu verteidigen wäre.

Die Staatssicherheit strebte danach, die Ideale des «Kollektivs» und der «sozialistischen Persönlichkeit» zu verkörpern. Ihre Mitglieder hat sie nicht nur politisch geschult, sondern auch psychologisch ausgebildet und betreut. Die Stasi war Kaderschmiede, Kampfverband und psychotherapeutische Institution. Wie sie die Welt wahrgenommen hat, was die Staatssicherheit für die DDR und ihre Mitglieder sein wollte, offenbart das Lehr- und Studienmaterial der Hochschule des MfS in Potsdam – damals deklariert als «Vertrauliche Verschlußsache», die nur als persönliches Exemplar an Kader verteilt wurde, die zum Studium delegiert waren.

An der Fakultät «Operative Psychologie» studierten sie den «Faktor Mensch». Stasi-Agenten sollten lernen, kognitive Prozesse, Einstellungen und Gefühle psychologisch zu analysieren, «um das differenzierte menschliche Erleben und Verhalten unter den Bedingungen der tschekistischen Tätigkeit richtig zu erkennen und beeinflussen zu können».[70] Operative Psychologie sollte helfen, «operative Aufträge» besser zu erfüllen. Geleitet von marxistisch-leninistischer Weltanschauung, erklärten die Stasi-Psychologen, im Gegensatz zur bürgerlichen Gesellschaft biete der Sozialismus an sich optimale Bedingungen für die Entwicklung aller Menschen; einzelne könnten jedoch in Widerspruch zu der gesellschaftlichen Ordnung geraten, falls sich in der individuellen Umgebung die sozialistische Lebensweise noch nicht durchgesetzt hätte oder nur zögernd vorankomme.

Aus ideologischer Sicht waren dies grundsätzlich überwindbare Schwierigkeiten, Verzögerungen beim Aufbau des Sozialismus, die entweder international verschärften Klassengegensätzen, negativen gegnerischen Einflüssen oder noch rückständigen Einstellungen vereinzelter Bürger geschuldet sein sollten. Durch Einsichten in den «Faktor Mensch» wollte operative Psychologie die komplizierte Lage überschaubar machen und angemessene Gegenmaßnahmen ermöglichen:

> «Wirtschaftliche Störtätigkeit, Spionage, Ausübung politisch-ideologischer Diversion, Staatsverbrechen und sonstige Straftaten realisieren sich durch menschliche Handlungen. Die politisch-operative Arbeit verlangt von vorneherein im Interesse der Bekämpfung, aber mehr noch im Interesse der vorbeugenden Verhinderung der Feindtätigkeit, sich mit den Plänen, den Zielen und Absichten, den Motiven und Einstellungen, dem Verantwortungsbewußtsein, dem Denken und Fühlen solcher Menschen in Zusammenhang mit ihren Handlungen zu befassen.»[71]

Aus dieser «Erkenntnis» wurden an die operative Psychologie weitgehende Ansprüche gestellt. Sie sollte dazu beitragen, die ideologisch Schwankenden «zu gewinnen» und die Feinde des Sozialismus «zu entlarven» und «auszumerzen». Die Stasi wollte operative Psychologie zur «Erziehung» und als «Waffe» im Klassenkampf anwenden. Die Analyse der feindlichen Psyche dürfe bei keinem operativen Vorgang ausgelassen werden.

> «Je besser wir wissen, wie der Feind denkt, wodurch seine Urteile und Schlußfolgerungen beeinflußt sind, um so besser ist es möglich, in seine Strategie und Taktik einzudringen und seine Aktivitäten vorherzusehen...
> Das Studium der Psyche des Feindes – sowohl im generellen als auch im einzelnen – ist ein wichtiger Bestandteil bei der Vervollkommnung unseres Feindbildes und erhöht dessen Wirksamkeit.»[72]

Feinde vermutete die Stasi überall. Bis in die 80er Jahre diagnostizierte sie immer wieder verschärfte internationale Klassenauseindersetzung, wegen der NATO-Nachrüstung oder Reagans Klassifizierung der Sowjetunion als «Reich des Bösen». Ständig rechnete sie mit einem «Generalangriff auf die materiellen und geistig-kulturellen Errungenschaften der Menschheit». Immer raffinierter, so wähnte das MfS, versuchten feindliche Agenten, «negativ-feindliche Kräfte» in der DDR zu organisieren. Diese Kräfte zeigten jedoch nicht ihr wahres Gesicht, sondern arbeiteten mit konspirativen Methoden im Untergrund, warnte das MfS seine Mitarbeiter und verordnete ständige Wachsamkeit.

Die paranoide Standardfrage lautete: «Wer ist wer?» Der Verfolgungswahn suchte stets nach Hinweisen, die den «wahren» Charakter eines Menschen offenbaren, seine «wirklichen» Absichten dekuvrieren könnten. Daß es eine Psyche gibt, beunruhigte die Stasi, weil das Seelenleben nicht unmittelbar sichtbar ist. Sie versuchte, jede Handlung genau zu deuten, darin geheime Wünsche und versteckte Motive zu erkennen. Die Psyche, so hatte schon Lenin erklärt, könne nur «widerspiegeln», was, «objektiv» vorhanden sei.

Der Gedanke beruhigte, denn er transportierte die Gewißheit, letztlich «wahre» Absichten aus Taten erschließen und mit den gesellschaftlichen Veränderungen auch die Seele umformen zu können. Dazu mußte man jedoch an «die Wahrheit» glauben, sicher sein, über sie zu verfügen. Wer an den Sieg des Sozialismus glaubte, konnte an der Entwicklung der «sozialistischen Persönlichkeit» nicht zweifeln, schließlich sollte das Sein das Bewußtsein bestimmen. Aus den neuen Verhältnissen mußte der «neue Mensch» erwachsen. Doch mit der Gründung der DDR war der Sieg nicht endgültig errungen. Die Welt erschien bedrohlich, das Erreichte in ständiger Gefahr. Diffuse Angst stärkte das Bedürfnis nach (Staats)Sicherheit, dort wurde Angst rationalisiert und zur Abwehr «des Feindes» mobilisiert. Die Bedrohung begann mit Abweichungen von Werten und Normen des realen Sozialismus. Feindschaft zeigte sich schon in Andersartigkeit.

Stasi-Mitarbeiter sollten sich durch einen unerschütterlichen ideologischen Standpunkt auszeichnen. Sie glaubten an die Kraft des Kollektivs, denn nur dort, so lehrte die marxistisch-leninistische Sozialpsychologie, sollte die «sozialistische Persönlichkeit» reifen können, würden die Beziehungen der einzelnen Mitglieder «dem sozialistischen Wertesystem entsprechen»; die Theorie unterstellte «die prinzipielle Übereinstimmung persönlicher und gesellschaftlicher Interessen».[73]

Im realen Sozialismus definierte grundsätzlich die SED, was die «gesellschaftlichen Interessen» waren. Im Kollektiv unterwarf sie das Individuum den Beschlüssen der Partei; in der DDR konnte sich niemand der Vereinnahmung durch Kollektive entziehen. Der Kollektivismus herrschte als gesellschaftliches Organisationsprinzip. Die Erziehung zur «sozialistischen Persönlichkeit» forderte – in letzter Konsequenz – von jedem die freiwillige Aufgabe des Selbst. Die Stasi verfolgte dieses Ziel besonders geradlinig. Die «Besonderheit des tschekistischen Kollektivs besteht in der straffen, exakten, durch Befehle und Weisungen genau festgelegten Organisation», Mitarbeiter des MfS hatten «jede von Partei und Regierung gestellte Aufgabe zu übernehmen».[74] Im absoluten Gehorsam realisierten sie das Leitbild der «sozialistischen Persönlichkeit».

Vom Volk fühlte sich «die Firma» verachtet und von der Partei oft enttäuscht, weil die meisten Genossen die Stasi nicht als wahre Elite anerkannten. Doch sie war von ihrer historischen Mission überzeugt. Wenn es im realen Sozialismus (noch) keine totale Konformität geben konnte, so wünschte sie sich zumindest totale Kontrolle.

> «Wir müssen uns vor allem mit solchen Gruppen beschäftigen, die sich der Kontrolle der Gesellschaft entziehen, deren Normen und Ziele von denen der Gesellschaft abweichen.»[75]

Der totalitäre Überwachungsstaat brauchte die Staatssicherheit als Massenorganisation. Allein während der letzten vier Jahre des SED-Regimes beschäftigte sie 260 000 Inoffizielle Mitarbeiter. Für die Zusammenarbeit mit den IM empfahl die operative Psychologie den OM, den Operativen Mitarbeitern,

> «anzustreben, daß der IM dem OM volles Vertrauen entgegenbringt, während der OM in seinem Verhältnis zum IM, das in der Regel durch ein begründetes Vertrauen in die Ehrlichkeit und Zuverlässigkeit des IM charakterisiert ist, vor allem den Sicherheits- und Kontrollaspekt nicht außer acht lassen darf».[76]

Die psychologischen Lehrbücher des MfS empfahlen personelle Kontinuität in der Betreuung, und sie schrieben vor, wie der OM ein solches Vertrauensverhältnis prüfen sollte. So mußte der IM uneingeschränkt Aufträge übernehmen, selbst wenn er nicht von deren Richtigkeit überzeugt war; seine Arbeit hatte er «termin- und qualitätsgerecht» zu erledigen; er mußte auch über Verwandte und Freunde berichten und «diese gegebenenfalls belasten»; erwartet wurde, daß der IM mit dem OM «über persönliche Probleme» sprach.[77] Verlangt war mehr als eine feste ideologische Überzeugung. «Der Sache» zu dienen bedeutete, den eigenen Willen aufzugeben, sich von eigenen Werten zu verabschieden. Persönliche Loyalität hatte allein gegenüber dem MfS zu gelten, alle sonstigen Beziehungen sollten die Mitarbeiter emotional entwerten. Die Stasi forderte alle bindenden Gefühle für die Institution. Über das psychologisch gesteuerte Verhältnis von Führern und Geführten schuf sie persönliche Abhängigkeiten.

Während die «operativ interessierende Person» zum IM volles Vertrauen entwickeln sollte, mußte der IM lernen, innerlich auf Distanz zu bleiben und Vertrauen nur vorzutäuschen: Gerade in diesem Verhältnis sei die «Einseitigkeit des Vertrauens unbedingt zu wahren»[78]. Die operative Psychologie entwarf für Stasi-Mitarbeiter, die in oppositionelle Gruppen eingeschleust waren, genauere Verhaltensregeln: Die IM mußten die dort geltenden Gruppennormen scheinbar übernehmen, um nicht in Außenseiterpositionen zu geraten. Dennoch sollten sie «eigene Meinungen» äußern, weil sonst auf Dauer keine Beachtung zu finden wäre. IM sollten gezielt Eitelkeiten der Gruppenmitglieder und deren Bedürfnisse nach sozialer Anerkennung bedienen, möglichst spezielles Wissen einbringen, als zuverlässig und unentbehrlich erscheinen. Gehörte ein IM schließlich zum Kern der Gruppe, sollte er vorsichtig versuchen, zum Beispiel Desinformationen zu lancieren, durch ausschweifiges Diskutieren Entscheidungen zu blockieren oder durch sachliche Warnungen vor möglichen Gefahren Aktionen zu verhindern.

Die Stasi wußte, was sie von ihren Mitarbeitern verlangte, in welche Konflikte sie ihre Informanten womöglich stürzte. Deshalb empfahlen die Vordenker der operativen Psychologie den Führungsoffizieren Strategien zur seelischen Stabilisierung. Sie müßten dafür sorgen, daß sich der IM «hinreichend gewürdigt fühlt» – «dem Bedürfnis nach sozialer Anerkennung (ist) Rechnung zu tragen».[79] Die Stasi suchte Überzeugungstäter, sie wollte keine Mitläufer. Manche Mitarbeiter köderte sie mit kompromittierenden Informationen, doch auf Erpressung allein wollte sie sich nicht verlassen. «Die Sicherheit» förderte Identifikation mit der Institution und den Aufträgen des jeweiligen IM. Schließlich sollte er die Stasi-Werte und -Normen internalisieren und sich stets als «zum MfS gehörig fühlen».

Führende Kader waren angehalten, ihre Mitarbeiter so zu behandeln, daß sie sich als Person ernstgenommen und akzeptiert fühlten. Daß propagandistische Phrasen und Schönrederei nicht ausreichten, erkannte die Stasi besser als die Agitationsabteilung der SED. In «parteilicher Offenheit» sollte auch «über Erscheinungen in der sozialistischen Gesellschaft, die berechtigten Anlaß zur Kritik geben», diskutiert werden:

> «Es gilt, den IM auch Gelegenheit zu bieten, sich beim Treff aussprechen zu können. Dabei gilt es, ihnen dort, wo es notwendig und möglich ist, zu helfen, d. h. nicht nur zu fordern und zu nehmen, sondern in einem solchen Falle auch zu geben.»[80]

Die Stasi kalkulierte mit grundlegenden menschlichen Bedürfnissen, mit Gefühlen und emotionalen Bindungen. Bei der Erarbeitung seiner «Verhaltenslinie» für den operativen Einsatz sollte der Mitarbeiter beteiligt werden und aus dieser Zusammenarbeit «Selbstwertgefühl» entwickeln.[81] Gute Arbeitsergebnisse, mahnten die Stasi-Psychologen, sollten «nicht als selbstverständlich» hingenommen, sondern «angemessen anerkannt und gewürdigt» werden. Positive Verstärkung nutzten die Führungsoffiziere, um das Selbstwertgefühl ihrer IM weiter aufzubauen. Besondere Leistungen würdigte das MfS mit besonderen Auszeichnungen,

Orden, Urkunden oder Geschenken. Ideelle Anerkennungen verstärkten eher als materielle Zuwendungen die emotionale Bindung der Mitarbeiter an die Instituion. Das Gefühl dazuzugehören erhöhte Einsatzbereitschaft und Pflichtbewußtsein.

Ein IM sollte spüren, daß die Stasi ihn brauchte, ihn schätzte, wenn er etwas leistete. Seinen Einsatz konnte er als bedeutsam erleben. Die mächtige Institution befriedigte narzißtische Ambitionen, gab dem einzelnen Mitarbeiter Orientierung und Sicherheit, das Gefühl, an der Macht beteiligt zu sein und zu einer verschworenen Gemeinschaft zu gehören. So wurde von einem IM berichtet, der das Verhältnis zu seinem OM als kameradschaftlich schilderte und hervorhob, daß der Offizier immer Zeit für ihn hatte, seine persönlichen Probleme ernst nahm, «daß ich nie das Gefühl hatte, ich werde lediglich als Informant benutzt».[82] Dieser Vorzeige-IM resümierte seine Erfahrungen folgendermaßen:

> «Ich weiß, daß ich als inoffizieller Mitarbeiter des MfS einer Gemeinschaft gleichgesinnter Menschen angehöre, zu denen ich unbedingtes Vertrauen haben kann. Das Gefühl der Geborgenheit in dieser Gemeinschaft ist sehr wichtig für mich.»[83]

Die operative Psychologie riet führenden Kadern, bei ihrer Tätigkeit stets auf Atmosphäre zu achten, im Kollektiv für ausgeglichene «gute» Stimmung zu sorgen und Gefühlsausbrüche zu vermeiden. Stasi-Mitarbeiter sollten ihren Gefühlen eine Richtung geben,

> «daß sie mit leidenschaftlichem Haß auf den Feind und leidenschaftlicher Liebe und Begeisterung für die tschekistische Arbeit ihre Aufgaben erfüllen».[84]

Für Treffen mit IM gaben die psychologischen Lehrbücher detaillierte Ratschläge, wie deren Gefühle positiv beeinflußt werden könnten. Operative Mitarbeiter sollten gegenüber dem IM aufmerksam und geduldig sein, die Gespräche ruhig führen und zweideutige Bemerkungen unterlassen, um den IM nicht zu verunsichern. Dem OM wurde empfohlen, die richtige Kleidung zu wählen – salopp oder formell, Rollkragenpullover oder ein Hemd mit Krawatte. Sein Äußeres sollte insgesamt auf die jeweilige Person abgestimmt und der Situation angemessen sein. Die Literatur verwies auf Haarschnitt und Maniküre. Der IM sollte sich möglichst wohl fühlen, nach Bedarf auch bewirtet werden oder rauchen können. War der IM Nichtraucher, sollte auch der OM nicht rauchen. Scheinbare Randbedingungen, so lernten die Stasi-Kader durch die operative Psychologie, konnten Emotionen erheblich beeinflussen. Jedes Treffen sollte genutzt werden, durch eigenes Auftreten und Verhalten den IM gefühlsmäßig noch enger an die Institution zu binden.

Unter Umständen allerdings, so lernten die Stasi-Kader, mußte auch straff geführt, auf Autorität gesetzt und die Forderung in strengem Ton gestellt werden. Wer einmal zum MfS gehörte, sollte nicht wieder ausscheren, selbst wenn ihn Zweifel überkamen. Daß es kein Zurück mehr gab, wurde mit einem rituellen Pakt besiegelt – der Verpflichtungserklärung, bei deren Unterzeichnung vielen wohl doch unheimlich war.

> «So haben z. B. operative Mitarbeiter, die schon eine Vielzahl von Werbungen durchführten, festgestellt, daß manchem IM-Kandidaten gerade beim Schreiben der Verpflichtung die Hände zitterten oder daß sie an der Stirn, am Hals oder an den Händen transpirierten.»[85]

Von ihren Führungskadern verlangte die Stasi Einfühlungsvermögen und psychologisches Wissen, um die individuell verschiedenen Fähigkeiten, Temperamente, Bedürfnisse und Erwartungen ihrer Mitarbeiter zu verstehen und «für die Sache» auszunutzen. Sie sollten deren Gefühlsschwankungen, Unsicherheiten und Schwächen kennen, um ihnen keine Aufgaben zu übertragen, an denen sie womöglich scheiterten. Wohl keine Institution in der DDR hat über die Psyche und die Bedürftigkeit des einzelnen so gründlich nachgedacht wie das MfS. Die operative Psychologie zielte auf Manipulation und Unterwerfung der Stasi-Mitarbeiter. Ihre Wirksamkeit bezog sie aus der Einsicht, daß dies nur gelingen konnte, wenn die Institution gleichzeitig seelische Fürsorge leistete und persönliche Ambitionen bediente.

Auch der Psychoanalytiker Tilmann Moser beschreibt die Stasi als «psychotherapeutische Großinstitution». Die DDR-Propaganda habe zwar stets die Bedeutung der Gemeinschaft gepriesen, doch seien die Kollektive nicht «bergend» oder kooperativ, sondern bemächtigend, voller Mißtrauen, Kontrolle und Indoktrination gewesen. Die Gesellschaft habe Ambitionen des einzelnen unterdrückt, ihm erschwert, mit Verletzung fertig zu werden, habe also persönliche Entwicklung vielfach blockiert:

> «Die Alternative zu Individuation und Reifung, zu Aufarbeitung, Trauer, Neuentwicklung von Autonomie und wahrem Selbst ist immer der narzißtische, sexuelle, anaklitische und machtmäßige Mißbrauch anderer Menschen, um eigene Demütigungen, Haß, Zustände der Leere und der Angst abzuwehren. Es muß also einen fast suchtartigen Bedarf nach seelischer Machtausübung gegeben haben, um mit inneren Wunden fertig zu werden».[86]

Das totalitäre Regime in der DDR bot viel umfassender als jede bürgerliche Gesellschaft institutionelle Möglichkeiten, Macht zu mißbrauchen, Gewalt, ja, Sadismus politisch zu legitimieren, den Verrat als Notwendigkeit um der politischen Sache willen auszugeben. Die Staatssicherheit zog Menschen mit solchen Bedürfnissen an, verstärkte ihre Ambitionen und schuf Gelegenheiten, sie auszuleben. Über solche Bedürfnisse reproduzierte sich ein Teil des Unterdrückungsapparates.[87]

Hundertausende schnüffelten freiwillig für die Staatssicherheit. Und doch gab es auch viele Menschen, die die Anwerbungsversuche entschieden zurückgewiesen haben, was meist dazu führte, daß die Stasi sie auch in Ruhe ließ. Einige meiner Freunde, die standhaft geblieben sind, haben sich nachher gewundert, wie leicht das gewesen war.

Manche wurden mit peinlichen Informationen aus dem Privatleben erpreßt, etwa einer außerehelichen Affäre. Mit ein bißchen Courage und Offenheit wäre dies zu bereinigen gewesen, doch vielen fehlte der Mut. Für den Geheimdienst zu spionieren, fiel ihnen leichter, als Scham oder Schuld einzugestehen. Aus dem gleichen Grund leugnen auch heute noch so viele, selbst wenn die Beweise erdrückend sind.

Sehr viele Menschen aber haben bei der Staatssicherheit mitgemacht, weil sie sich dort anerkannt, betreut und aufgehoben fühlten. Die Staatsschützer hatten ein feines Gespür dafür, wer seelisch labil war, wem Zuspruch fehlte und wer nach (verschworener) Gemeinschaft suchte. Solche Charaktere begaben sich beim MfS in seelische Abhängigkeit, avancierten zu den eifrigsten Mitarbeitern und skrupellosesten Denunzianten.

Ibrahim Böhme, der erste Vorsitzende der Ost-SPD nach der Wende, ist dafür ein prominentes Beispiel: Der Junge wächst in lieblosen Verhältnissen auf, die Eltern leben getrennt, keiner kümmert sich richtig. Er landet im Heim, bricht aus, nachdem ein Freund ihn in der Schule denunziert hat, weil er heimlich gegen die Lehrer aufbegehrt. Er geht auf Trebe, schließt sich einer Jugendbande an, lebt in Baracken, stiehlt auf dem Bahnhof. Schließlich fängt die Polizei ihn ein. Der Junge muß zurück ins Heim.

Von Freunden enttäuscht, denunziert er nun selbst. Die Schande fliegt auf, er kriegt Prügel, Klassenkameraden mißtrauen ihm, weisen ihn zurück. Später tritt Böhme in die SED ein. Er schwärmt für Lenin. Das Poster des Revolutionsführers hängt an seiner Wand, eine Lenin-Anstecknadel trägt er immer am Revers, neben dem Parteiabzeichen.

Der junge Böhme idealisiert den Bolschewiken-Führer als Über-Vater. Er lernt Russisch, kleidet sich wie Lenin, immer korrekt mit Anzug und Krawatte. Einige Jahre ziert ihn ein Lenin-Bart. Böhme lebt spartanisch, liest wie ein Besessener, studiert bis in die Nacht die Lehren des wissenschaftlichen Sozialismus. Noch nach der Wende sagt er: «Ich bin ein ganz Roter.»

Böhme war auf der ständigen Suche nach Anerkennung. Er wollte gemocht werden, am liebsten von allen. Später in den Oppositionszirkeln war er immer zuvorkommend, freundlich, höflich, ein wenig verklemmt, nicht der große Wortführer, der er dann nach der Gründung der Ost-SPD wurde.

Aber wenn ihm einer zuhörte, redete er, ohne ein Ende zu finden, über Menschen, Geschichte, Literatur, politische Strategien. Ein einmal gelockerter Mitteilungsdrang schien nicht mehr zu versiegen. Ich hatte oft das Gefühl, ein zweites Böhme-Selbst höre seinen Reden zu und bestätige wohlwollend seine Ausschweifungen und die barocke Sprache. Er war ein Schauspieler, wechselte dauernd die Rollen, um sich jedesmal voller Überzeugung in der zu inszenieren, die er für den Moment gewählt hatte.

Damals hatte er wirkliche Freunde in der Bürgerbewegung. Sie kannten seine Schwächen, sahen sie ihm nach, sogar mit einer gewissen Sympathie. Sie mochten den Schauspieler. Als sein Aufstieg in der Ost-SPD begann, zweifelten Mitstreiter wie Markus Meckel an Böhmes Ernst und erlebten staunend, wie der «Schwadroneur» mit seinen Geschichten die Genossen auf seine Seite zog. Eine Legende als tapferer Widerständler hatte er sich längst zurechtgelegt und konnte sie überzeugend erzählen.

Böhme hatte Angst vor großen Auftritten. Zuvor rannte er alle fünf Minuten auf die Toilette, irrlichterte an Freunden vorbei, als wolle er sich versichern, daß sie für ihn da sind. Er rauchte unaufhörlich, trank literweise Kaffee, wenn alles vorbei war, Alkohol. Als Parteiführer gewann er ein gewisses Charisma. Das Amt und die Zustimmung befriedigten seinen Narzißmus.

Trotzdem blieb die Angst. Seine Freunde konnten das damals nicht verstehen. Irgendwann, als alle Prognosen der Ost-SPD in den ersten freien Wahlen einen deutlichen Sieg voraussagten, wollte ich bei einem entspannenden Spaziergang, ganz unter uns, von ihm wissen, ob er sich vorstellen könne, in wenigen Wochen Ministerpräsident der DDR zu sein. Die Frage traf ihn, für mich überraschend, wie ein Schock. Ich nahm an, daß er sich mit dieser durchaus denkbaren Lage schon beschäftigt haben mußte. Heute vermute ich, Ibrahim Böhme spürte, daß das Spiel bald vorbei sein würde.

In seinem Leben hatte er viel Prügel einstecken müssen, Demütigungen und Verletzungen. Da hat sich die Stasi seiner angenommen. Der Führungsoffizier konnte zuhören, und er brachte ein Tonband mit. Böhme redete ihm übersprudelnd ins Mikrofon. Soviel konnte keiner so genau mitschreiben. Die Stasi bot ihm Zugehörigkeit zu einer starken Organisation, mächtiger vielleicht sogar als die Partei.

Eifrig erfüllte Böhme seine konspirative Pflicht, bespitzelte ohne Rücksicht Leute, die ihn mochten, ihm halfen, zu ihm hielten, für ihn eintraten. In seine Protokolle für die Staatssicherheit diktierte er mit Stolz, wie wenig seine Opfer ahnten.

Durch den Verrat konnte er Macht ausüben. So rächte sich Böhme für die selbst erlittenen narzißtischen Verletzungen. Werden narzißtische Ambitionen, Bedürfnisse nach Selbstachtung und Zugehörigkeit schwerwiegend unterdrückt, so Kohut, wird das Selbst in seiner Entwicklung blockiert, dann kann der seelische Schmerz zu einem rücksichtslosen Streben nach Grandiosität treiben; die Gier nach Anerkennung kann unstillbar geworden sein. Das Selbst ist fragil, zerfallen in einzelne Sektoren. Dem Selbst fehlt Integrität, übermäßige Wertschätzung soll die fragmentierte seelische Struktur zusammenhalten.

Der amerikanische Psychologe und Psychotherapeut R. J. Lifton vermutet, daß Menschen durch traumatische Erlebnisse aus der Bahn geworfen werden und den Schock als radikalen Bruch innerer Kontinuität erfahren. Das Selbst verliert den inneren Zusammenhalt. Ohne ausreichenden inneren Zusammenhalt gerate das (funktionale) Selbst in einen Zustand von Hilflosigkeit, die zu Selbstvorwürfen und schließlich Selbstverdammung führen kann. Sozialer Rückzug sei ein Versuch, den seelischen Schmerz zu betäuben. Eine andere häufige Reaktion bezeichnet Lifton als Doppelung des Selbst *(doubling)*.

> «Sie führt zur Bildung eines Teil-Selbst, das schließlich zu einem eigenen, in gewisser Weise unabhängigen Selbst wird.»[88]

Das zweite Selbst kompensiert den gefährdeten Zusammenhalt des ursprünglichen Selbst. Es entsteht ein neues inneres Gleichgewicht, unter Umständen durch die Entladung von Wut, die sich durch die Verletzung des Selbst angestaut hat. Wut, die gegen andere gerichtet werden kann, richtet sich nicht mehr zerstörerisch gegen das Selbst. Sie ist nicht mehr selbstzerstörerisch. Die Gewalt gegen andere wird als Erleichterung, als gutes Gefühl empfunden.

Das zweite Selbst, so Lifton, könne als ganzes Selbst funktionieren. Deshalb sei es anpassungsfähig, möglicherweise aber auch gefährlich. Die Doppelung des Selbst befähige gewöhnliche Menschen, eigene (Todes)Ängste zu überwinden, indem sie Aggression und Gewalt gegen andere richten. Gleichzeitig würden durch das *doubling* Schuldgefühle vermieden. Das eigene Gewissen könne auch auf eine Gruppe oder einen Führer übertragen werden. Persönliches Gewissen verwandele sich in Pflichtgefühl, das einem äußeren Kommando unterliege. Lifton erklärt aus dieser seelischen Transformation, weshalb so viele scheinbar harmlose Leute brutale, treue und von Zweifeln freie Nazis geworden sind.

Seine Analyse stützt er auf über dreißig Jahre empirischer Langzeituntersuchungen. Sie erscheint mir als brauchbares theoretisches Konzept, um tiefenpsychologisch Prozesse zu erklären, die wir auch in unserer Alltagssprache «Bewußtseinsspaltung» nennen – ein Begriff, mit dem wir ein so (scheinbar) widersprüchliches Verhalten wie das eines Ibrahim Böhme zu beschreiben versuchen.

Möglicherweise wollte Böhmes «ursprüngliches» Selbst seine Opfer nicht ans Messer liefern, zumindest war das wohl nicht sein einziges Motiv. Denn auch bei ihnen warb er unaufhörlich um Anerkennung und Aufnahme. Böhme wollte das Unmögliche, geliebt werden von allen, von den Oppositionellen und deren Verfolgern. Er suchte Zugehörigkeit zu einer verschworenen Gemeinschaft. Freilich galt der mächtigen Stasi die übergeordnete Loyalität seines schließlich dominierenden zweiten Selbst. In der «Bewußtseinsspaltung» erlebte er Spannungen, Konflikte und Scham, aber Schuld konnte er wohl nicht empfinden.

Die Enthüllungen über seine Spitzelei waren ihm peinlich. Böhme erfand tausend Geschichten, um neue Wahrheiten zu erlügen, die aufkommende Beweise widerlegen sollten. In seinem Kopf hatten sie als separate Wahrheiten Bestand. Bis heute kann er nicht zugeben, daß er Verrat begangen hat. Er ist Täter und Opfer des Systems. «Genosse Judas» nannte Birgit Lahann ein Buch über ihn. Böhme beschreibt sie als

> «einen Narziß, der sich ehrfurchtsvoll vor sich selbst verbeugt, eine gespaltene Persönlichkeit, in der sich die ganze Schizophrenie der untergegangenen DDR widerspiegelt».[89]

Das System verlangte, das Lügen zu lernen und Demütigungen hinzunehmen. Davor konnte nicht einmal die totale Identifikation mit der Macht schützen, denn die Macht bestand nur durch den Verrat. Vielen hat sie das Rückgrat gebrochen, manche waren durch ihre persönliche Lebenslage dazu prädestiniert. Nicht für jede menschliche Verfehlung läßt sich «das System» verantwortlich machen. Aber der diktatorische Anspruch der Macht hat die Entfaltung des Selbst systematisch unterdrückt, seelischen Zusammenhalt beständig angegriffen.

Wer heute Stasi-Protokolle liest, mag sich wundern, wie freiwillig viele über intimste Gedanken und innerste Konflikte von engsten Freunden und Ehepartnern berichteten, oft, ohne daß die Stasi danach gefragt hätte. Knut Wollenberger bespitzelte seine Frau. Monika Haeger ihre Freundinnen Bärbel Bohley und Katja Havemann. Rainer Dietrich berichtete der Stasi über Ralf Hirsch.

Die IM hatten sich in seelische Abhängigkeit begeben. Ihr Selbstbewußtsein, ihre Identität entwickelten sie aus ihrer Arbeit für das MfS. Die Stasi investierte in sie Aufmerksamkeit und Anerkennung. Als therapeutische Institution bot sie Sicherheit und persönlichen Rückhalt. Deshalb erfüllten die Inoffiziellen Mitarbeiter über Jahre (gewissenhaft) ihre selbstauferlegte Pflicht, schrieben seitenlange Dossiers, hörten mit dem anschwärzenden Schwätzen nicht mehr auf, berichteten über politische Meinungen, sexuelle Probleme, berufliche Ambitionen, Ängste, Hoffnungen und Depressionen ihrer engsten Umgebung. Die Akten der Bürgerrechtler sind voller Geschichten des persönlichen Verrats.

Der vormundschaftliche Staat

JEDER DDR-Bürger wußte, wie sehr Propaganda und Wirklichkeit auseinanderklafften. Fernsehen und Zeitungen berichteten mit penetranter Monotonie von den Fortschritten des Wohnungsbaues, während, sichtbar für alle, die alten Innenstädte zerfielen. Statt Häuser mit guter Bausubstanz kostengünstig zu renovieren, verpulverte der Staat Unsummen in Plattenbau-Architektur. Was der Krieg nicht zerstört hatte, zerstörte der Sozialismus. Die Zentren von Görlitz, Pirna oder Halle, 1945 noch unbeschädigt, sahen 40 Jahre später aus wie nach einem Granatenangriff.

In den Werkhallen kündeten Losungen vom unaufhaltsamen wirtschaftlichen Aufschwung, während es in den Läden immer weniger zu kaufen gab. Die Zeitungen druckten spaltenweise «Leserbriefe», in denen «Werktätige» die Einheit von Wirtschafts- und Sozialpolitik, die Beschlüsse der Partei und vor allem Honecker lobten, obwohl in den Betrieben ganz offensichtlich das Geld für dringende Investitionen fehlte. Proteste blieben aus.

In der Gedankenwelt des Erich Honecker ließen sich die verleugneten Widersprüche der Wirklichkeit alle wiederfinden. Der späte Staatsrats- und Parteivorsitzende suchte, psychiatrisch gesprochen, Zuflucht zu Wahnideen. Mit verklärtem Blick und sich überschlagender Stimme rief er, nur ein Jahr vor seinem Untergang, dem Volk entgegen:

> «Heute ist unsere Deutsche Demokratische Republik schöner denn je aus den Ruinen des zweiten Weltkrieges auferstanden. Ja, ich möchte, im Gegensatz zu manchem verantwortungslosen Gerede von Leuten, die es besser wissen müßten, sagen, daß das Antlitz des Sozialismus auf deutschem Boden noch nie so menschlich war wie heute.»[1]

Peinlich berührt, verdrehten sogar manche Genossen die Augen, aber nur zu Hause vor dem Fernseher. Das Personal auf der Redner-Tribüne dagegen nickte zustimmend, unten klatschten die Claqueure frenetisch, die DDR-Journalisten zitierten begeistert. Niemand rief Honecker die Wahrheit entgegen.

Der leninistische Staat mischte sich in alles ein und erklärte sich für alles zuständig. Apparate, Behörden, Institutionen kontrollierten und reglementierten, aber gleichzeitig boten sie den Bürgern geschätzte Bequemlichkeiten, indem sie dem einzelnen Entscheidungen und Verantwortungen abnahmen. «Der vormundschaftliche Staat», wie ihn der DDR-Autor Rolf Henrich schon vor der Wende genannt hatte, unterstellte seinen Untertanen, sie seien nicht reif genug, selbständig zu handeln. Damit bediente das Regime ein tatsächliches Bedürfnis:

> «Wenn staatliche Autorität, wie wir sie erleben, in ihrer paternalistischen Form überhaupt noch möglich ist, dann hängt das ebenso mit frühkindlichen Empfindungen der Hilflosigkeit zusammen wie mit massenhaften Regressionen des Selbstwerterlebens, die das praktisch erlittene Schicksal der Ohnmacht bei den Machtunterworfenen auslöst. Viele dürstet geradezu nach der Sicherheit und Geborgenheit versprechenden Autorität.»[2]

Auferlegte Ohnmacht weckt das Bedürfnis nach weiterer Unterwerfung unter Autorität, weil das Selbst nicht genügend Stärke entwickeln kann, um den Anforderungen des Lebens ohne zusätzliche Stütze standzuhalten. Autoritäre Regime unterdrücken das Wachstum der psychischen Struktur, fixieren die Abhängigkeit eines ständig destabilisierten fragilen Selbst. Sie erziehen zur Unmündigkeit und Unselbständigkeit, züchten, wie der Arzt und Psychoanalytiker Erwin Ringel bemerkte, die Bereitschaft zum «devoten Dienen» und «vorauseilenden Gehorsam». Der Unterwürfige erahnt und erfüllt Befehle, noch ehe sie ausgesprochen sind.[3]

Konformität und Anpassung

Seit der Machtübernahme Gorbatschows, meint der Leipziger Psychologe Harry Schröder, habe es in den kommunistischen Staaten durchaus Chancen «geistiger Neuorientierung» gegeben. Die Menschen seien nicht nur einem «Wechselbad zwischen Hilflosigkeit, Wut, Scham und Galgenhumor» ausgesetzt gewesen. Mit etwas Mut hätten sie viele zuvor «enge Verhaltensgrenzen» überschreiten können. In der DDR, stellt Schröder nüchtern fest, gingen manche weiter, doch die meisten blieben hinter den Möglichkeiten deutlich zurück:

> «Neben den mit der Ideologie und dem Machtapparat echt identifizierten normativen Konformisten gab es bis in die letzten Tage des DDR-Regimes nur wenig eindeutig positionierte Non- bzw. Gegenkonformisten, die neben partieller Anpassung mit Aktionen und kritischen Werken hervortraten. Die Majorität der DDR-Bürger bildeten opportune Konformisten. Sie hatten mit den Machtstrukturen umzugehen gelernt, paßten sich ein, machten sich nicht selten auch die Bedingungen zunutze und stabilisierten von daher den Erhalt des Staatswesens.»[4]

Heute, klagt Schröder, bestehe die Neigung, Mitverantwortung an stigmatisierte Gruppen zu delegieren – zum Beispiel SED-Funktionäre, führende Mitglieder der Blockparteien oder staatliche (Betriebs)Leiter –, die früheren Lebensverhältnisse in der DDR als inhuman extrem zu verzerren und sich dennoch gegenseitig kritische Haltung und mutiges Handeln zu attestieren.[5]

Nach der Wende veröffentlichte Walter Friedrich vom *Zentralinstitut für Jugendforschung* in Leipzig die Ergebnisse einer Langzeituntersuchung über die Einstellung der Jugend in der DDR. Danach hatten sich in den 70er Jahren «sozialistische Überzeugungen» deutlich konsolidiert; von Jahr zu Jahr wuchs die Zustimmung zu den Zielen und Werten des Systems. Erst ab 1985 rückte die Jugend von der Staatsideologie ab; kritische Haltungen verbreiteten sich dabei eher unter Lehrlingen als unter Studenten.[6]

Noch im Mai 1989 identifizierten sich 81 Prozent der Studenten (stark oder mit Einschränkungen) mit dem Marxismus-Leninismus; ihre Zustimmung war fast doppelt so hoch wie bei den Lehrlingen. 64 Prozent der Studenten identifizierte sich zu diesem Zeitpunkt mit der SED; bei den Lehrlingen waren es 47 Prozent. Noch wenige Monate vor dem Zusammenbruch des Regimes erklärten 85 Prozent der Studenten, stolz auf die DDR zu sein. Friedrich betont, daß es für ihn keine Zweifel an der Glaubwürdigkeit der Daten gebe.[7]

«Das auffälligste Symptom», schreibt der Hallenser Therapeut Hans-Joachim Maaz, sei, «daß wir duldsam geschwiegen und weggeschaut haben».[8] Maaz hält es für eine Lebenslüge, wenn heute behauptet wird, die Bürger der DDR hätten in den letzten drei Jahrzehnten oktroyierter «stalinistischer» Gewalt gehorchen müssen.

> «Aus meiner Erkenntnis ist es (...) nicht richtig zu behaupten, wir seien nur von einem Unrechtssystem unterdrückt, verbogen und geschunden worden. Das ist zwar leider auch wahr, doch dieser Staat war auch ein Abbild unserer psychischen Strukturen und setzte etwas äußerlich ins Bild, was wir in unserem Innersten nicht sehen und wahrhaben wollten.»[9]

Die meisten Bürger im Ostblock nahmen die kommunistische Herrschaft hin wie ein unabweisliches Schicksal. So war es, bis auf Polen, in allen Staaten. In der Sowjetunion lehnte das Volk die Dissidenten offen ab. In der CSSR forderte zwar die *Charta 77*, eine Gruppe mutiger Intellektueller, die Einhaltung der Menschenrechte, die Bevölkerung verhielt sich indes loyal gegenüber dem System. In Ungarn führten die Kommunisten, genaugenommen eine Minderheit in der kommunistischen Partei, die Bürger zu radikalem Wandel, erlaubten schließlich freie Wahlen, erst dann stimmte eine Mehrheit (heimlich) gegen das Regime.[10] Selbstkritisch notiert Jens Reich über das Leben in der DDR:

> «Wir waren alle zugleich Zöllner und Pharisäer, die Komponenten unterschiedlich gemischt. Wir waren Opfer, Mitwisser und Täter; wir waren klebrige, widerspenstige Masse, kein wirkliches Widerlager.»[11]

In nahezu jedem Land des Ostblocks gab es einzelne oder gar kleine Gruppen, die offen gegen die Unterdrückung auftraten, das Unrecht anprangerten und gegen Menschenrechtsverletzungen protestierten. Die meisten aber haben sich angepaßt, manche mehr, manche weniger geschmeidig. 98 Prozent, klagt der Wittenberger Prediger Friedrich Schorlemmer, waren «willfährige Stabilisatoren des Systems». Fast jeder hätte Angst gehabt, «im totalen Staat» etwas zu verlieren, wenn er irgendwie aus der Reihe tanzte: «Eine Öffentlichkeit hatte es in der DDR ebensowenig gegeben wie eine Opposition.»[12] Mit dieser Verantwortung, meint Schorlemmer, könne das Volk heute nur fertig werden, indem es in die Krankheit flüchte, «in die individuelle und gesellschaftliche Amnesie über das Verhalten von gestern».[13]

Zunächst waren kritische Intellektuelle die Führer des Umbruches in der DDR. Keiner von ihnen hat die Wiedervereinigung gewollt. Sie träumten von einer anderen sozialistischen Republik. Die Überzeugung, im «besseren Deutschland» zu leben, die bei vielen Intellektuellen in der Nachkriegszeit die Entscheidung für die DDR begründet hatte, bestand noch immer. Rainer Eppelmann, für die SED seit der Entstehung der Friedensbewegung der Staatsfeind Nr. 1, später Gründer des Demokratischen Aufbruchs, heute Abgeordneter der CDU im Deutschen Bundestag, schreibt über die damaligen Ziele:

> «Wir bekannten uns in unserer Grundsatzerklärung zur Vision einer sozialistischen Gesellschaft. Es gab damals kaum einen Oppositionellen, der nicht für einen so oder so gearteten Sozialismus eintrat... Die Ideale des Sozialismus hatten erstaunlicherweise noch immer einen guten Klang.»[14]

Diese Haltung beherrschte auch die kritischen Geister in der Evangelischen Kirche. In ihren Einrichtungen konnte offener debattiert werden als überall sonst. In den 80er Jahren schufen Pfarrer, Bischöfe und engagierte Laien in der Kirche das Forum für Auseinandersetzung mit dem Staat. Die Opposition ging von der Kirche aus. Aber nicht die Kirche war Opposition. Die Formel, die das Verhältnis zum Staat beschreiben sollte, lautete *Kirche im Sozialismus.* Freilich interpretierten die Beteiligten sie recht unterschiedlich. Die SED leitet daraus den Anspruch ab, auch die Gesellschaftspolitik der Kirche zu bestimmen. Die Kommunisten hielten die Institution am Gängelband. Dort kolaborierten viele willig, auf allen Ebenen, selbst Bischöfe dienten sich der Partei an.

Noch in den 50er Jahren hatte die SED Christen, wo es nur ging, unter Druck gesetzt. Wer sich offen zu Gott bekannte, spürte schnell die Rache des atheistischen Regimes. Im Beruf war der Aufstieg verbaut. Lehrer machten Kinder aus christlichen Elternhäusern in der Schule das Leben schwer. Junge Christen durften kaum auf einen Studienplatz hoffen. Erst in den 60er Jahren entspannte sich langsam das Verhältnis zwischen Kirche und Partei. Die Benachteiligung hörte auf, solange die Führungsrolle der Partei und die von ihr diktierten Werte und Normen hingenommen wurden. Für die SED galt: Teile und herrsche.

Seit dem Beginn der Ost-West-Entspannungspolitik, Ende der 60er, Anfang der 70er Jahre, hatte der Kommunismus für seine Bürger einigen Schrecken verloren. Auch wenn der Führungsanspruch der Partei gegen alle, die ihn anzweifelten, immer noch mit Gewalt verteidigt wurde, regierte doch nicht mehr der blanke stalinistische Terror, sondern die alltägliche Schikane. Anträge auf Familienbesuche in Westdeutschland blieben unbearbeitet liegen, schon versprochene Wohnungen durften nicht bezogen werden, Prüfungskommissionen wiesen Dissertationen zurück, Betriebsleiter stoppten Beförderungen, Schüler flogen von der Schule.

Wenn fünfzig Jugendliche auf dem Alexanderplatz gegen Wahlfälschung demonstrierten, sperrten Hundertschaften der Stasi die halbe Innenstadt ab. Oppositionelle wurden bisweilen «zugeführt», von der Stasi verhaftet, manchmal für einige Tage ins Gefängnis gesteckt. Aber sie verschwanden nicht einfach. Das Westfernsehen berichtete stets in großer Aufmachung über ihr Schicksal, strahlte seine Nachrichten fast in die gesamte DDR. Die Bürger Ostdeutschlands konnten vor dem Fernsehapparat verfolgen, daß Protest nicht mehr existentiell gefährlich war.[15]

Als Gorbatschow Mitte der 80er Jahre mit Glasnost und Perestroika das monolithische Parteigefüge durcheinanderbrachte, kam der im Ostblock prominenteste Dissident Andrej Sacharow frei. Für die kommunistische Welt war das ein Signal. Politische Repression hörte nicht auf, aber sie ließ erheblich nach. Die Psychiatrie wurde nicht mehr schamlos mißbraucht, um politische Gegner auszuschalten.

Gorbatschow wollte einen besseren Kommunismus, aber keinen

grundlegenden gesellschaftlichen Umbau, auch wenn er dies behauptete. Der Generalsekretär der KPdSU strebte zurück zu Lenin, dessen «ursprüngliche» Lehre er als theoretische Orientierung für seine Perestroika nutzen wollte. Zur Erneuerung von unten waren die sowjetischen Kommunisten unfähig, weil sie zu sehr die Prinzipien des «demokratischen Zentralismus» verinnerlicht hatten.

Das SED-Politbüro hielt nichts von sozialistischer Erneuerung und stellte sich trotzig gegen Moskau. Auch in der DDR waren die Mitglieder der Partei gewohnt, auf Veränderungen von oben zu warten, sie wagten nicht, sich gegen den Apparat aufzulehnen. Russische Verhältnisse betrachteten viele zwar als vorbildlich, doch plötzlich galt die jahrzehntelang beschworene Parole «Von der Sowjetunion lernen heißt siegen lernen» nicht mehr.

Das Handeln der über zwei Millionen SED-Mitglieder war mehr von Disziplin und Gehorsam gegenüber der eigenen Parteiführung bestimmt als von Erkenntnis der Wirklichkeit. Diese «Sekundärtugenden» der leninistischen Organisation waren emotional besetzt und siegten über die Vernunft. Selbst als eine Mehrheit des Politbüros es endlich (und viel zu spät) geschafft hatte, Honecker zu stürzen, spendeten die Genossen dem gescheiterten Generalsekretär in Versammlungen noch stürmischen Beifall.

Seit dem Beginn der Entspannungspolitik allerdings konnten die Despoten nicht mehr so unumschränkt herrschen, wie sie wollten – weder in Ostberlin noch in Moskau. Schon waren die kommunistischen Staaten zu abhängig von wirtschaftlichem Handel mit dem Westen, um internationale Abkommen über Menschenrechte einfach ignorieren zu können. Die friedliche Koexistenz weichte den östlichen Machtblock auf. Das Rüstungsprogramm überforderte die Wirtschaft.

Das Alltagsleben blieb zwar mühsam und war oft genug Schinderei, aber eben nicht mehr nur Elend, Unterdrückung oder gar nackte Gewalt. Die Bürger wurden aufsässig. Sie schimpften in den Läden, wenn die Versorgung nicht funktionierte, wie sie es erwarteten. Arbeiter meckerten in den Betrieben, daß die Löhne zu niedrig waren. Mitte der 80er Jahre sprachen schon viele offen aus, was ihnen auf die Nerven ging – die schlechte Qualität der

Konsumgüter, die ständige Rennerei um Ersatzteile, die Abhängigkeit von «Vitamin B». Beziehungen mußte man haben, sonst lief so gut wie gar nichts. Besonders beklagt wurden die Reisebeschränkungen.

Doch öffentliche politische Debatten oder gar laute Kritik an Staat und Partei galten bis zum Fall des Regimes als Tabu. Und selbst der politische Witz verletzte nicht die Loyalität zum Staat. Viele Pointen schlossen mit einer gewissen Nachsicht für die Führungsriege, so als wären die leitenden Genossen genauso bedauernswerte Opfer bürokratischer Sachzwänge wie das Volk. So witzelte man über die Tücken des Systems, ohne den real existierenden Sozialismus in Frage zu stellen.

Nicht jedes Verhalten konnte erzwungen werden. So gab es Freiheiten, die meist jedoch nicht genutzt, sondern durch eilige Devotion oder schlichte Bequemlichkeit freiwillig aufgegeben wurden. 1968 räumte die SED-Führung der Bevölkerung die Chance ein, den DDR-Sozialismus ohne große Rebellion offen abzulehnen. Die Partei legte den Entwurf für eine neue Verfassung vor und ließ darüber in über 750 000 Veranstaltungen diskutieren und anschließend in einer Volksbefragung abstimmen. Während die alte Verfassung aus dem Jahre 1949 den Konstitutionen Westeuropas ähnelte, schrieb der neue Text stalinistische Strukturen fest. In Artikel 1 definierte die SED die DDR als «sozialistischen Staat deutscher Nation» und formulierte den Führungsanspruch der «marxistisch-leninistischen Partei».

Nach dem offiziellen Ergebnis stimmten am 6. April 94,5 Prozent der Bevölkerung für die neue Verfassung. Man darf annehmen, daß die SED die Resultate manipuliert hat. Doch die Gelegenheit, das Regime eindrucksvoll abzulehnen, ließ die übergroße Mehrheit ungenutzt. Jeder hätte mit Nein stimmen oder sich erst gar nicht an der «Befragung» beteiligen können.

Über all die Jahre herrschte in den kommunistischen Ländern wenig Zwang, sich an den politischen Wahlen zu beteiligen. Sie waren eine Farce und dienten doch dem Regime zu seiner Legitimation. Jeder wußte das. Niemand glaubte, mit seiner Stimmabgabe irgend etwas zu beeinflussen. Doch nur wenige nutzten die Möglichkeit, den Herrschenden einen Denkzettel zu verpassen, indem sie nicht zur Wahl gingen. Sie machten mit und hatten immer die Entschuldigung parat, daß sie oder ihre Kinder Nachteile erleiden würden, falls sie sich dem Ritual verweigerten.

Der Verdacht spielte sich meist im Kopf ab. Beweise für die Vermutung gab es wenige. Eher versicherte man sich gegenseitig des Vorurteils, als danach zu fragen, was wirklich passieren würde, falls man sich der lächerlichen Staatszeremonie entzog. Je mehr Menschen den Wahlen ferngeblieben wären – ganz unspektakulär, ganz friedlich, gar nicht heldenhaft –, um so weniger hätte der Staat dagegen ankommen können. Sarkastisch schreibt der Ostberliner Mathias Wedel:

> «Wenn von Lügen der Wiedervereinigung die Rede ist, dann darf nicht allein Kohls «Keinem wird es schlechter gehen», dann müssen auch Lüge und Selbstbetrug der ostdeutschen Mitläuferschaft genannt werden. ... In freien Wahlen und Volksentscheiden haben sich die OMs (die ostdeutschen Mitläufer, M. S.) dutzende Male für das System entschieden, und zwar regelmäßig mit überwältigender Mehrheit, auch wenn der Staat die letzten drei bis fünf Prozent selber ausgefüllt haben mag. Statt den Urnen der Nationalen Front fernzubleiben, putzte man die Kindchen heraus zum Singen vor dem Wahllokal und ging in heiterer Demut falten.»[16]

Millionen haben mitgemacht, wenn die Partei sie zu kommunistischen Feiertagen auf die Straße rief, etwa zum Ersten Mai oder zum Tag der Staatsgründung. Zu solchen Anlässen wurden Transparente getragen, deren Parolen der politischen Führung huldigten, oder Plakate mit den Bildern der Partei- und Staatschefs wie Heiligenbilder hochgehalten. Für die Parteiführer waren diese Massenprozessionen eine willkommene Möglichkeit zur propagandistischen Demonstration nach außen, aber auch der illusionären Selbstinszenierung nach innen. Ohne schwerwiegende Folgen wäre es möglich gewesen, sich solchen sakralen Ritualen zu entziehen. Wedel meint über seine Landsleute:

> «Daß die DDR sich diesen Sozialismus nicht in D-Mark leisten konnte, darin allein bestand für sie die Diktatur. Und daß diese Diktatur einige härter traf als andere, machte aus der gemütlichen Republik das SED-Unrechtsregime.»[17]

Es hätte – zumindest in den letzten Dekaden der kommunistischen Herrschaft – nicht allzu großen Mutes bedurft, dem Regime zu zeigen, daß man sich nicht mehr mit ihm identifizieren wollte. Ein wenig Zivilcourage hätte gereicht. Daß die kaum entstehen konnte, war allerdings begründet in den spezifischen Strukturen und Prägungen der totalitären DDR-Gesellschaft.

Selbst wer sich innerlich auflehnte, schreibt die Jenaer Psychiaterin Irene Misselwitz, habe sich in der DDR zumindest äußerlich angepaßt, Selbstkontrolle ausgeübt und Doppelzüngigkeit gelernt:

> «Dieses unwürdige Doppelleben hat uns in unserem Selbstwertgefühl verletzt, oft Initiativen und Kreativität gehemmt und uns mit Schuldgefühlen beschwert. Viele zur Zeit auftretende Gesundheitsstörungen haben, wenn auch von manchen nicht eingestanden, mit dem Zusammenbruch unserer zwiespältigen realitätsfernen DDR-Identität zu tun, mit der Scham, den Schuldgefühlen, und mit der Erkenntnis, einen unwiederbringlichen Lebensabschnitt nicht optimal gelebt zu haben.»[18]

Ein «sozial gesichertes Leben ohne Sorgen und Verantwortung für die eigene materielle Existenz», argumentiert Misselwitz im Rückblick, wurde von den DDR-Bürgern mit «Entmündigung» bezahlt; das System sorgte für «hilflose Infantilität»:

> «Vater Staat und Mutter Partei beherrschten und bestimmten alles: Was gut und böse, was richtig und falsch war, was zu tun und was zu lassen war, was gedacht, gefühlt und gewünscht werden durfte und was nicht, wer Freund und wer Feind war, was normal und unnormal, was erlaubt und nicht erlaubt war... Eigenes Denken, Selbstbestimmung und Auflehnung wurden bestraft, Kontrolle, Überwachung, Angsterzeugung, Einsperren und Fernhalten von Fremdeinflüssen waren die Haupterziehungsmethoden.»[19]

Misselwitz erinnert daran, daß Individualist in der Erziehung als Schimpfwort galt. Die jetzt unter Ostdeutschen verbreitete Angst und Hilflosigkeit angesichts der neuen Freiheiten und der neuen Probleme läßt sie an «mißhandelte Kinder» denken – trotz bitterster Erfahrungen könnten die (infantilisierten) ehemaligen DDR-Bürger bis heute den Verlust der bösen Eltern nicht verkraften und sehnten sich nach deren Rückkehr.

Demokratien greifen mit Regeln und Normen entscheidend weniger in den persönlichen Bereich ein als totalitäre Regime. Diktaturen streben geradezu danach, die Distanz zwischen öffentlicher und privater Sphäre so gering wie möglich zu halten. Unabhängige Institutionen, die politische Gegengewichte und unabhängige soziale Gemeinschaften hätten schaffen können, sind nicht zugelassen.

Der real existierende Sozialismus unterdrückte, trotz aller Bekenntnisse zur Demokratie, die *zivile Gesellschaft*. Die SED verlangte Gefolgschaft und verweigerte Partizipation. Sie ersetzte Information durch Propaganda, schon deshalb konnte nie eine vernünftige politische Debatte stattfinden. Bürgerliche Rechte konnte niemand einklagen. Gewaltenteilung hat das Regime nur vorgetäuscht. Jede Initiative, die nicht von der Partei ausging, wurde vom Staat verfolgt. Politisch verordnete Strukturen bestimmten umfassend und weitreichend das persönliche Leben. So entschied die Partei darüber, wer welche Wohnung erhielt, wer was studieren durfte, ob jemand einem Sportverein beitreten konnte, wer beruflich gefördert wurde, welche Bücher gedruckt, welche Filme gezeigt, welche Forschungen betrieben wurden, wer verreisen durfte und wer auf politischen Demonstrationen marschieren mußte.

Auch wenn Regeln, Normen und Werte von einem totalitären Staat verordnet werden, haben sie unterschiedliche «Reichweite». Von totalitären Absichten kann deshalb nicht unmittelbar auf gesellschaftliche, gruppendynamische oder gar individuelle Wirkungen geschlossen werden. Die totalitäre Ideologie bildet sich nicht «im Verhältnis eins zu eins» in Gruppen oder Individuen ab. Umgekehrt darf jedoch der politische Einfluß nicht bis zur Bedeutungslosigkeit relativiert werden, wenn er nicht unmittelbar offensichtlich ist.

Gesellschaftliche Systeme erhalten sich über Konformität. Sie beruhen auf der Internalisierung von Normen und Werten, sonst hätten sie keinen Bestand. Die Vorstellung, aus innerer Distanz könnte ein zweites, unabhängiges Wertesystem geschaffen werden, subversiv als Gesellschaft gegen den Staat, ist aus psychologischer Sicht nicht haltbar.

Das Kollektiv als Kontrollinstanz

Die Diktatur der Partei war wesentlich Erziehungsdiktatur. Die «sozialistische Persönlichkeit» galt ihr als idealer Bürger, ein Widerspruch in sich, weil das «sozialistische» Element in der Erziehung, die Unterordnung des einzelnen unter das Kollektiv, die Entwicklung von Persönlichkeit geradezu verhinderte. Bereits Kinder wurden gedrillt, zu Unterordnung und Gehorsam erzogen. Der Hallenser Therapeut Hans-Joachim Maaz beschreibt, wie schon in den Kinderkrippen Aktivität und Kreativität unterbunden wurden. Die Erzieher traten autoritär und repressiv auf und unterbanden jedes Aufbegehren. Die Schule war «Zuchtanstalt der Nation». Kinder und Jugendliche, so Maaz, wuchsen auf mit schwersten seelischen Verletzungen und litten unter «Gefühlsstau». Vielen fehlte Liebe, und gleichzeitig wußten sie nicht, wohin mit ihren Enttäuschungen und mit ihrer Wut. Damit reinszenierten die Kinder, was ihnen die Eltern vorlebten. Maaz bemerkt:

> «Gegen den Drill und Anpassungsdruck der Schule haben Eltern daher so gut wie nie protestiert. Sie haben sich eher mit den Lehrern gegen die Kinder verschworen, vor allem wenn es um die Disziplinierung ging. Eine schlechte Beurteilung des Betragens der Kinder war den meisten Eltern so unangenehm und peinlich, daß sie eher die Kinder dafür beschimpften und bestraften, als sich gegen ein kinderfeindliches System aufzulehnen.»[20]

In seiner Biographie, die den Titel «Fremd im eigenen Haus» trägt, beschreibt Rainer Eppelmann seine Zeit an einer Ingenieurschule. Bald schon habe er den Eindruck gehabt, die Studenten sollten zu Staatsfunktionären, aber nicht zu Baufachleuten ausgebildet werden. Mit großem ideologischem Eifer und mit erbärmlichem intellektuellem Niveau seien die Lehrer ans Werk gegangen:

> «Ich wollte überzeugt werden und diskutieren und nicht mit ewigen Wahrheiten vollgepumpt werden. Doch das war der Stil an der Ingenieurfachschule. Dort sollten unsere Lehrer uns zu Gläubigen des realen Sozialismus erziehen.
>
> In vielen Fällen ist ihnen dies an dieser und an den anderen Schulen gelungen. Wie viele Kinder sind von solchen Lehrern verbogen

worden, und wieviele Lehrer stellen sich heute ihrer Schuld? Es war nur eine Minderheit, die sich bemühte, die Interessen der Kinder wahrzunehmen.»[21]

Eppelmann hat versucht, als Schüler und Student dem ständigen Druck und der Indoktrination standzuhalten. Nach einigen Wochen an der Ingenieurschule wurde er magenkrank. Seine Mutter unterstützte ihn; als er den Druck nicht mehr aushalten konnte, ging er von der Schule. Doch einfach «aussteigen», weil einem das System nicht paßt, das ging auch nicht. Als die Lehrer seine Gründe durchschauten, verwiesen sie ihn «wegen Unzuverlässigkeit» von der Schule.

Ich habe bei Freunden in der DDR gesehen, wie sie ihren Kindern beigebracht haben, sich so verhalten zu können, daß sie in der Schule nicht bestraft wurden. Zum häuslichen Lernprogramm gehörten die Regeln der schulischen Disziplin und die Phraseologie, wie sie zum Beispiel im Geschichts- oder Staatsbürgerkundeunterricht verlangt war. Offene Konfrontation scheuten die Eltern, weil sie fürchten mußten, ihre Kinder der wütenden Rache provozierter Lehrer oder Schulleiter auszusetzen.

Niemand wurde gezwungen, Lehrer zu werden. Wer den Beruf wählte, mußte ein ausreichendes Maß an ideologischer Überzeugung und Loyalität zum Staat mitbringen, auch die Bereitschaft, vermutlich sogar ein Bedürfnis, als autoritärer Erzieher aufzutreten. Die Schulleiter führten ihre Ausbildungsstätte an straffen Parteizügeln. Das zuständige Ministerium für Volksbildung, beherrscht von Margot Honecker, der Frau des Staatsratsvorsitzenden, galt selbst unter SED-Mitgliedern als dogmatischer Kampfverband.

In der Wendezeit schrieben junge DDR-Pädagogen, die noch an die Idee des Sozialismus glaubten, eine kritische Bewertung des ostdeutschen Schulsystems.[22] Unterricht habe «Angepaßtheit, Untertanengeist und absoluten Konformismus» gefördert.[23] «Erzwungene weltanschauliche Bekenntnisse führten dazu, daß erzieherische Verhältnisse zu reinen Machtverhältnissen deformiert wurden.»[24]

Der Unterricht habe «Variantendenken», «Entscheidungs- und Handlungsspielräume» eliminiert.[25] Lehrer hätten das Wunschbild einer konfliktfreien Gesellschaft vermittelt, zur Dankbarkeit gegenüber der sozialistischen Partei erzogen und die Existenz der DDR «als die einzig mögliche Konsequenz und Endpunkt der gesamten Nationalgeschichte» erklärt.[26]

Die Kinder aus Familien, die sich um Distanz zu den Werten und Normen des Staates bemühten, lernten ihr Selbst zu spalten. Von dem Bedürfnis, in der Schule anerkannt, von Klassenkameraden und Lehrern geachtet und gelobt zu werden, konnten sie sich nicht befreien, doch ganz unterwerfen wollten sie sich auch nicht. Seelisches Gleichgewicht entwickelten sie so nicht. Erhielten sie aus dem Elternhaus außerordentlich starken emotionalen Rückhalt, und das war selten der Fall, hatten sie zumindest eine Chance zurechtzukommen.

Heute verdrängen viele Eltern, wie sehr sie sich rausgehalten und wie rückhaltlos sie oft ihre Kinder dem realsozialistischen Erziehungssystem ausgeliefert haben. Zur Auseinandersetzung mit diesem Teil ihrer persönlichen Geschichte sind sie nicht fähig. Sie versuchen, über die eigene Vergangenheit hinweg zu schweigen. Die Analytikerin Anita Eckstaedt hat über Jahre erforscht, wie solches Verhalten den Erziehungsstil von Eltern prägen und die Entwicklung der Kinder beeinflussen kann. Sie untersuchte den Nationalsozialismus in der «zweiten Generation» und zeigte auf, wie Eltern durch unreflektierte Haltungen ihren Kindern Wege in die Individuation versperren und die Entfaltung von Ich-Stärke behindern können.

> «Diese Eltern, die sozusagen die «erste Generation» bildeten, blieben ihren Kindern gegenüber stumm, auch dann, wenn diese sich intensiv mit ihrem eigenen Schicksal und dem ihrer Eltern auseinandersetzten. ... Sie konnten ihren Kindern nicht mehr unbefangen gegenübertreten; denn sie hatten sich im ‹Dritten Reich› Lebensziele aufoktroyieren lassen, hatten eine Ideologie mitgetragen und waren so in das Scheitern ganz konkret eingebunden, eine Tatsache, die sie zumeist später nicht mehr zugaben. Als Vorbilder und Erzieher fürchteten sie wohl, unmöglich zu werden. So wurde das Geschehene weder bekannt noch bedauert. Das Fehlen des Bekenntnisses und des Bedauerns schließt eine konstruktive Veränderung der Zukunft aus.»[27]

Ostdeutsche Psychologen und Therapeuten wie Hans-Joachim Maaz und Harry Schröder stellen bei Bürgern der ehemaligen DDR ähnliche Haltungen und Verhaltensweisen fest, wie sie Eckstaedt beschreibt. Eltern, die sich nie aufgelehnt, sondern immer «mitgemacht» haben, erklären Opportunismus zur einzig möglichen Überlebensstrategie. «Es war nicht alles schlecht», rechtfertigten sie ihre Anpassung vor sich selbst und gegenüber ihren Kindern und geben auf diese Weise die Prägungen des totalitären Regimes weiter an die «zweite Generation». Nicht auszuschließen ist, daß ihre Kinder dennoch eines Tages die Auseinandersetzung mit dem realen Sozialismus einklagen, mit Anpassung und Verantwortung. Wenn die Eltern dann ihr angegriffenes Selbst abschirmen, nichts erklären, sondern weiter verdrängen, kann der Streit zwischen den Generationen eskalieren und familiären Zusammenhalt zerstören. Die westdeutsche Nachkriegsgeschichte hat gezeigt, welch explosive Gewalt unter der Decke des Schweigens und Verdrängens entstehen kann.

In der Erziehungsdiktatur der SED galt jeder Mensch als charakterlich formbar. Wer ideologisch (noch) nicht überzeugt war, sollte sich wenigstens anpassen. Anpassung wurde belohnt, Abweichung bestraft, stigmatisiert oder psychiatrisiert. Für überzeugte Kommunisten war es lediglich eine Frage der Zeit, wann die bürgerlichen Einstellungen und Verhaltensweisen überwunden und der «neue Mensch», die reine Verkörperung der sozialistischen Ideale, geschaffen sein würde. Da Erziehung Unterwerfung bedeutete, gehörten zur Erziehung ständige Demütigung und dauernde Verletzung. Selbst wer sich anpaßte oder zu lügen lernte, blieb davon nicht verschont.

An der Universität setzte sich die Unterwerfung unter die ideologischen Leitlinien fort. Nach Stalins Tod minderten die kommunistischen Parteien zwar die Reglementierung der Naturwissenschaften, doch frei von Ideologie durften auch sie nicht forschen und arbeiten. Der Atomphysiker Gabriel Berger gibt ein aufschlußreiches Beispiel: Im Zentralinstitut für Kernforschung Rossendorf bastelten zwei Elektroniker einen Computer, der weitaus einfacher und billiger herzustellen war als der im Dresdner Kombinat Robotron entwickelte Rechner; außerdem war das Gerät der

Freizeitforscher wesentlich leistungsfähiger als das offiziell gefeierte Staatsprodukt. Die Existenz des Kleincomputers mußte streng geheim bleiben.

> «Selbst in unserem Institut wurde diese großartige Leistung nur hinter vorgehaltener Hand gewürdigt, denn sie stellte nicht nur die Leistungsfähigkeit der vom Staat eingerichteten Großforschungszentren in Frage, sie war geeignet, unseren Glauben an die Kraft des Kollektivs, mithin das sozialistische, an unserer Arbeit zu untergraben.»[28]

Solchen Glauben an das Kollektiv sollte insbesondere die Psychologie fördern. Für Sozial- und Verhaltensforscher waren die Auflagen klar und streng. Das letzte Ziel der Psychologie, so formulierte die sowjetische Forscherin Shorokhova getreu der ideologischen Vorgabe, sei es, dazu beizutragen, daß «der Neue Mensch» geschaffen werden könne.[29]

Die beiden Moskauer Psychologen Lomov und Kol'tsova stellten eine Reihe von «Forschungsergebnissen» vor, die die Überlegenheit des Kollektivs gegenüber dem einzelnen beweisen sollten. Erst im Kollektiv, so Lomov und Kol'tsova, entstünde Motivation; eine eigene ursprüngliche Motivation des Individuums stritten sie ab. Das Kollektiv galt ihnen als alleiniger Ursprung von Leistung, Vergnügen und Harmonie – Feindschaft würde darin aufgehoben, das Interesse an Partnern wachse, zwischenmenschliche Konflikte würden ausgeglichen.[30]
Der Ansatz ist repräsentativ für die sowjetische Psychologie, die der Psychologie und der Pädagogik in anderen Ländern des real existierenden Sozialismus die Leitlinien vorgab. Individualität spielte in der kommunistischen Sozialforschung keine Rolle; der einzelne wurde lediglich als unbedeutendes Teil einer gesellschaftlichen Maschine betrachtet.[31]

Falls die Methode nicht sicherstellte, daß am Ende Ergebnisse herauskamen, die schon zuvor als gewünscht avisiert waren, fälschten «Forscher» notfalls auch die Fakten. So beschrieben Leontjev und seine Kollegen, immerhin die führenden Theoretiker der sowjetischen Psychologie, wie taubstumme Kinder sprechen und schreiben lernten und schließlich erfolgreich eine akademische

Karriere starteten. Mittlerweile hat jedoch zumindest eine der «Versuchspersonen» enthüllt, daß sie gar nicht taubstumm war und schon schreiben konnte, bevor Leontjew und Co. das «Experiment» begannen.[32]

Arbeit als kollektiver Selbstbetrug

In seiner Schrift *Die Deutsche Ideologie* schrieb Marx, Arbeit sei das Merkmal, das den Menschen vom Tier unterscheide. Frei von Klassenausbeutung sollte deshalb Arbeit dem Menschen zur freien Entfaltung seiner Persönlichkeit gereichen.[33] Marx war fasziniert von der hohen Organisation kapitalistischer Betriebe, doch in der Anarchie des Marktes glaubte er die Übel der freien Wirtschaft zu erkennen. Die «Vergesellschaftung» der Produktionsmittel sollte die Planlosigkeit der Ökonomie überwinden. Wie diese Umwandlung zu vollziehen, wie die Wirtschaft zu planen, Angebot und Nachfrage zu bestimmen wären, darüber finden sich bei Marx keine Angaben.

Der real existierende Sozialismus maß der Arbeit höchste Bedeutung bei. Die Propaganda betonte den besonderen Nutzen kollektiver Planwirtschaft für den raschen ökonomischen und gesellschaftlichen Fortschritt. Gleichermaßen vertraute die Partei auf die erzieherischen Funktionen dieser Arbeitsorganisation. Die KPdSU erklärte, «Arbeit bildet die wesentliche Grundlage der kommunistischen Persönlichkeit».[34] In höchsten Tönen pries sie die «kollektive Moral». Sie sei «unvereinbar mit Egoismus, Selbstsucht und Eigeninteresse», sie verbinde hingegen harmonisch «nationales, kollektives und persönliches Interesse».[35]

Tatsächlich mußte das persönliche Interesse dem Interesse des Arbeitskollektivs untergeordnet werden, das Interesse des Arbeitskollektivs wiederum unterstand dem Betrieb, dessen Interessen jedoch den übergeordneten nationalen Interessen. Über all diesen Interessen rangierte das Interesse der Partei. Mögliche Interessengegensätze leugnete die Ideologie.

In der Kommandowirtschaft funktionierten häufig die einfachsten Produktionsabläufe nicht. Oft stockte die Arbeit, weil notwendiges Material nicht geliefert wurde, die Maschinen kaputtgingen und Ersatzteile nicht zu beschaffen waren. Die allgemeine Knappheit und die ständigen Pannen erforderten Improvisationstalent – davon schwärmt heute noch so mancher in schönster Verklärung. Meist bremsten solche alltäglichen Widrigkeiten Kreativität schon im Ansatz. Der Planungsapparat, gewohnte bürokratische Abläufe und selbst geschaffene Sachzwänge lähmten Eigeninitiativen und verhinderten die Lösung von Problemen.

Die sozialistischen Planwirtschaftler glaubten, die wirtschaftliche Entwicklung genau festlegen und vorherbestimmen zu können. Zentrale staatliche Kommissionen entwarfen Pläne über Kapazitäten, Produktionsziele, Verteilung und Investitionen. Zu entscheiden hatten jedoch nicht die Experten oder Technokraten. Die Partei verordnete Planungsrichtlinien und kontrollierte deren Einhaltung. Ohne abschließende Bestätigung durch sie konnte kein Plan in Kraft treten. War er schließlich verabschiedet, galt er wie ein Gesetz. Planvorgaben und bürokratische Kontrolle wurden zum permanenten Hindernis für eine effektive und effiziente Entfaltung der menschlichen und der materiellen Ressourcen.

In den letzten Jahren vor ihrem Niedergang erlaubte die SED in bescheidenem Maße die Gründung kleiner privater Handwerksbetriebe. Die Arbeiter dort waren, wie ich immer wieder sehen und hören konnte, zufriedener, fleißiger, kreativer und besser bezahlt als ihre Kollegen in den Staatsunternehmen. Sie merkten, daß ihre Leistung anerkannt wurde. Sie wußten, daß es darauf ankam, unter schwierigen Bedingungen, wie zum Beispiel dauernder Materialknappheit, Probleme durch originelle Improvisation zu lösen. Sie wollten ihre Arbeitszeit nicht in stupider Routine «abreißen» und vor Schwierigkeiten «abtauchen».

Handwerksmeister bemühten sich geschickt um qualifizierte Leute, entdeckten Quellen, aus denen Ersatzteile zuweilen schneller als üblich zu besorgen waren. Sie teilten ihre Arbeit selber ein und betreuten ihre Kunden besser (ließen sich von ihnen auch einiges «schwarz» zahlen, weil jeder wußte, daß guter Service knapp war). Doch letztlich hingen auch die kleinen Privatbetriebe an den Versorgungsleinen der staatlichen Bürokratie. Sie verschafften sich gewisse Freiräume im System, aber sie konnten dessen Zwänge nicht überwinden. Niemand legte sich mit «den staatlichen Stellen» an. Die hätten sonst, ganz unspektakulär, gar nicht als Repression erkenntlich, die Materialzufuhr gesperrt und das Geschäft zugrunde gerichtet.

In den meisten anderen sozialistischen Ländern gab es nicht einmal die kleinen Fluchten des privaten Handwerks. Die Sowjetunion erlaubte (wie andere Staaten auch) auf bescheidener Fläche private Landwirtschaft, zum Beispiel Hühnerzucht, Gemüse- und Obstanbau. Die Produktivität der privaten Produzenten war um ein Vielfaches höher als die der staatlichen Genossenschaften. Doch aus politisch-ideologischen Gründen bremsten die Regierenden die Entwicklung – ein starker privater Sektor hätte zu deutlich die Defizite der Kommandowirtschaft gespiegelt.

Die Bürokratie ersetzte den Markt. Für die meisten Produkte legte sie fest, wieviel für welchen Abnehmer hergestellt werden sollte. Sie schrieb vor, über welche Ressourcen ein Betrieb verfügen dürfte und wie er sie einzusetzen hatte. Abweichungen von den Planvorgaben waren verboten.[36]

Weil Staatsbürokraten und Betriebsmanager so taten, als wäre die Volkswirtschaft zu planen, und deshalb an den ideologischen Vorgaben scheitern mußten, entwickelten sie Methoden des Selbstbetruges und der Komplizenschaft, um den Schein des Machbaren bewahren zu können.

Die Betriebsleiter und Direktoren hielten, ebenso wie die Arbeitskollektive, Kapazitäten zurück. Ihre Angaben über personelle Ressourcen, Material- und Energieverbrauch, über Produktivität, erfragt bei der Erstellung des Plans, lagen unter den tatsächlichen Möglichkeiten. So versuchten die Manager «weichere» Auflagen zu erhalten, d. h. Vorgaben, die Spielraum ließen und leichter zu erfüllen waren.

Natürlich kannten die übergeordneten Planungsbürokraten dieses Stoßdämpfer-Prinzip. Sie wußten von der Neigung der Betriebe, mit für sie günstigen, also falschen Angaben in die jeweils fällige Plandebatte einzusteigen. Den Bürokraten war klar, daß es stets Verhandlungsspielraum gab. Allerdings funktionierten auch sie als einzelnes Rad im großen Getriebe. Auch sie mußten einer übergeordneten Hierarchie berichten und deren Vorgaben erfüllen.

So hatten sie selbst ein Interesse daran, Angaben über tatsächliche Kapazitäten zurückzuhalten und mögliche Reserven zu verschleiern.

Um dem Druck von oben besser standhalten zu können, suchten sie die Kollaboration mit den untergeordneten Betrieben und hielten ihrerseits verfügbare Informationen zurück. So setzten sich die Prozeduren von Selbstbetrug und Komplizenschaft im gesamten System durch, von einer Stufe der Hierarchie wurden sie auf die nächst höhere übertragen, wobei Informationen verlorengingen, Übersicht und Kontrolle immer schwieriger wurden und wachsende Willkür in den Planungsprozeß sickerte.

Bisweilen versuchten übergeordnete Instanzen voluntaristisch die Leistungsschrauben anzuziehen und erhöhten die Planvorgaben – wohl wissend, daß sie ohnehin nicht erfüllt werden würden. Je höher die Ebene, von der aus versucht wurde, Druck nach unten auszuüben, um so aussichtsloser war das Unterfangen. Die Kraft reichte nicht bis unten. Zu viele Schutzzonen dämpften die Befehlsgewalt von oben.

Als die Planbehörden nicht mehr verleugnen konnten, daß die sozialistische Arbeitsmoral nicht allzu effizient war, führten sie finanzielle Anreize ein, die «ökonomischen Hebel der materiellen Interessiertheit». Wer mehr leistete, sollte auch mehr Geld kriegen. Das System hat nie richtig funktioniert. Die Partei rief zum Wettbewerb auf. Die Kader inszenierten den «Wettbewerb» als bürokratisches Ritual. Leistungsversprechen und höhere Normen sollten die Produktivität steigern.

Der Staat manövrierte sich so in ein Dilemma. Ohne Druck blieb die erwartete Leistung aus. Aber Zwänge wie im Kapitalismus durfte es nach der Ideologie des Arbeiter-und-Bauern-Staates nicht geben. Der Konflikt mit der Klasse, die nach offiziellem Selbstverständnis herrschte, durfte nicht eskalieren. In der DDR hatte blinde Konfrontation 1953 die Führung fast die Macht gekostet. Die Partei-Eliten hatten aus der Geschichte gelernt und geringere Produktivität faktisch hingenommen. Ernsthaft über Ursachen der Leistungsdefizite nachzudenken war gefährlich, weil praktische Einsicht sogleich das ideologische Konzept in Frage gestellt hätte.

In einer eigentümlichen Mischung aus Klage, Resignation,

Selbstbestätigung und Selbstbetrug versicherten sich die Staats- und Wirtschaftslenker, alles gehe «seinen sozialistischen Gang». Dabei waren Arbeitsintensität und -disziplin im Sozialismus stets niedriger als im Kapitalismus. Die Arbeiter hielten beharrlich Leistung zurück, kein Kollektiv ließ sich die Norm verderben. Die verfügbaren Prämien mußten einigermaßen gleich verteilt werden. Durch große persönliche Anstrengung war nicht mehr zu verdienen, außerdem begegneten Arbeitskollegen solchem Streben mit Mißtrauen. Der Kollektivismus forderte seinen Preis.

Jeder hatte ein Recht auf Arbeit. Das Versprechen gehörte zu den stützenden Pfeilern des Systems, an denen nicht zu rütteln war. Die Menschen schätzten diese existentielle Sicherheit, die sie von Konkurrenzdruck befreite und vor drohender Entlassung schützte. Der vormundschaftliche Staat mußte seinen Bürgern etwas bieten, um ihre Loyalität zu sichern. Zum Erhalt staatlicher Vormundschaft trug wesentlich die soziale Fürsorge bei: Das System garantierte der Bevölkerung materiell und psychologisch Ausgeglichenheit und Stabilität.

Wenn schon die Betriebe als «volkseigen» galten, durften Staats-Konzerne das Volk nicht entlassen. Auch im Bemühen, die Produktion zu rationalisieren, mußten Kombinatsmanager scheitern, weil sie freigesetzten Arbeitern im Betrieb einen Ersatzarbeitsplatz anbieten mußten. Wenn es keinen gab, wurde einer erfunden, selbst wenn es dafür keinen wirtschaftlichen Bedarf gab. Der sozialistische Staat verpflichtete sich gegenüber seinen Bürgern als volkswirtschaftlich ineffiziente Arbeitsvermittlungsbehörde.

Was für die Produktion galt, traf selbstverständlich auch auf die Verwaltung, die Forschung und das Management zu. Jeder vergeudete Arbeitszeit oder ging unterdessen privaten Geschäften nach. Da sämtliche Güter knapp waren, mußte immer irgend etwas besorgt werden. Das kostete Zeit – Arbeitszeit.

Shlapentokh zitiert eine Umfrage unter 30000 Moskauer Industriearbeitern, die in den frühen 80er Jahren durchgeführt worden war. Die Studie zeigte, daß drei Viertel aller Arbeiter ihren Arbeitsplatz regelmäßig während der offiziellen Arbeitszeit verließen. Arbeitsmoral und -qualität sanken über die Jahre, gleichzeitig stieg der Konsum von Alkohol, mit dem die Arbeiter ihre wachsende

Frustration betäubten.[37] Die Zustände in der DDR waren nicht wesentlich besser.

Die schlechte Qualität vieler Waren und der chronische Mangel an Konsumgütern frustrierte die Bürger. Stundenlang waren sie unterwegs, um die einfachsten Dinge des täglichen Bedarfs zu bekommen. Oft genug waren ihre Anstrengungen vergeblich, weil es keine Unterwäsche gab, Autoersatzteile fehlten oder Waschmaschinen nicht zu haben waren. Viele kauften, was es gerade gab, auch wenn sie es nicht brauchten. Sie spekulierten: Vielleicht war, was sie kriegen konnten, woanders gegen das zu tauschen, wonach sie eigentlich suchten.

Die Staatsideologie beschrieb die Entwicklung der «materiellen Basis» als Weg in den Kommunismus. In den frühen 60er Jahren verkündete Chruschtschow, die UdSSR werde die USA in absehbarer Zeit an Produktivität übertreffen, die Landwirtschaft zu nie gekannter Blüte treiben, genügend Konsumgüter und Wohnungen zur Verfügung stellen und das Land mit der kürzesten Arbeitszeit werden. Bereits in den 70er Jahren, versprach der sowjetische Parteichef, werde die materielle Basis für den Kommunismus geschaffen sein, die Verteilung des gesellschaftlichen Reichtums nach den Bedürfnissen des einzelnen beginnen.[38]

SED-Chef Walter Ulbricht prägte damals die Formel, die sozialistischen Länder würden die kapitalistischen «überholen, ohne einzuholen». Das war natürlich schwer vorstellbar, und später, in der Honecker-Ära, durfte in Parteikreisen über Ulbrichts Metapher gewitzelt werden. Die Realsozialisten versprachen nicht mehr das Himmelreich auf Erden. Der Kommunismus war selbst strenggläubigen Ideologen zur fernen Vision geworden. Doch an der Überzeugung, dem Kapitalismus als soziales System weit überlegen zu sein, hielten die Kommunisten von Ostberlin bis Moskau unerschütterlich fest.

Die Menschen in der DDR konnten die Überlegenheit der freien Marktwirtschaft im Westen nicht übersehen. Zu Hunderttausenden kehrten sie dem «Arbeiter-und-Bauern-Staat» den Rücken. Mit dem Bau der Mauer stoppte die SED die Massenflucht. Viele Ostdeutsche erlebten den 13. August 1961 als Trauma.[39] Der real existierende Sozialismus hatte sie eingesperrt. Schockartig bekamen sie ihre Ohnmächtigkeit zu spüren, hilflos mußten sie sich dem Regime ergeben.

Mit voller Wucht potenzierte das Mauer-Trauma die Erfahrung des DDR-Alltags, wie unkontrollierbar für den einzelnen das Leben im totalitären Staat war. Niederlagen entstanden vielfach nicht aus individuellen Fehlern oder persönlichem Unvermögen, sondern folgten aus staatlicher Willkür und Machtdemonstration.

Legende von der Nischengesellschaft

Günter Gaus hat den real existierenden DDR-Sozialismus verklärend als «Nischengesellschaft» beschrieben.[40] Der Begriff reüssierte und gewann in der deutsch-deutschen Diskussion einige Popularität. Ich halte die Formulierung eher für irreführend. Sie verharmlost das totalitäre Regime. Die «Nischen» waren nicht die gemütlichen Heimstätten der «kleinen Leute» (Gaus), die sich geschickt verordneter Konformität entzogen. Vorsichtige Nonkonformität wurde vereinzelt in privaten Lesezirkeln und Diskussionskreisen gepflegt. In einigen Städten wie Berlin und Leipzig bestand sogar eine kleine debattierfreudige Salonkultur. Doch solche Zusammenkünfte waren Ausnahmen, konspirativ angelegt und doch von der Stasi überwacht.

Die meisten «Nischen» waren vom Staat zugestandene oder gar eingerichtete Räume, in denen sich die Bürger von dem direkten politischen Druck des Systems (zwischenzeitlich) zurückziehen durften. Hier konnten sie träumen – ein selbstbestimmtes Leben konnte auch in diesen «Nischen» nicht gelebt werden.

Die sozialen und kulturellen Ressourcen, um aus dem engen Raum normativer Konvention auszutreten, waren sehr begrenzt. Der ostdeutsche Sozialwissenschafter Rudolf Woderich bezeichnet «Konventionalität als handlungsleitendes soziokulturelles Prinzip» in der DDR und konstatiert ein mehr oder weniger rigide verfochtenes «Normalitäts-Syndrom». Die (noch heute nostalgisch gepriesene) Fürsorglichkeit in den ostdeutschen «Nischen» habe sich «auf den engen Raum der Nächsten» beschränkt und sei kein Resultat freier Entscheidung gewesen, die Toleranz und Akzeptanz des Andersdenkenden eingeschlossen hätte. Anpassung an geltende Konventionen, so Woderich, sei in der alltäglichen Sozialisation der DDR-Gesellschaft erfolgt, nicht durch offenen Druck. Der einzelne habe nicht lernen können, individuelle Interessen, Neigungen und Bedürfnisse zu artikulieren. Solche Regungen hätten schlicht als unangemessen gegolten.[41]

Woderich setzt sich kritisch mit der harmonisierenden Sicht von Gaus auseinander und verweist auf die Dominanz von provinzieller Enge, auf Defizite in «Wahlmöglichkeiten und Erlebnishorizonten». Bis in die sogenannten Nischen der Gesellschaft sei der Einklang zwischen konservativen Auffassungen und altmodischem Geschmack der mitteldeutschen Mehrheit und den Richtlinien der SED zu spüren gewesen.

> «Die DDR-zentrierte Sicht der Systemideologie – auch wenn ihre Postulate im einzelnen mit Skepsis aufgenommen wurden – förderte jene Befindlichkeit, sich selbst als Nabel des Weltgeschehens zu denken, das allgemeine Schema als allgemeinverbindliche Normalität zu setzen.»[42]

Die zentrierte Sicht stabilisierte Selbstwertgefühle und erlaubte das Empfinden, anderen überlegen zu sein. «Obwohl wir nirgends hin konnten, haben wir so getan, als wüßten wir DDR-Bürger alles und könnten alles besser als andere», meint der Psychiater Steffen Haas.[43]

Durch die staatlich eingerichteten «Nischen» wurde die Selbstbeschränkung und das daraus abgeleitete Selbstbewußtsein verstärkt und die Diktatur erträglicher. Darin zeigte sich eine Flexibilität des Systems; das Regime sorgte auf diese Weise dafür, daß Druck dosiert abgelassen wurde.

Auch in den Nischengesellschaften wollte der Staat die Kontrolle nicht völlig aufgeben. Auch hier beanspruchte die SED die führende Rolle; selbst die Datschen-Kultur zwängte die Partei weitgehend unter staatliche Aufsicht. Wie alle sozial aktiven Bürger mußten Kleingärtner in der DDR in einem Verband organisiert sein, der das Vereinsleben regelte und sicherstellte, daß Kleintier- und Gemüsezüchter dem Staat gegenüber dankbar und loyal blieben.

Nach einer mühsamen Antragsprozedur durfte ich als Fernsehkorrespondent Mitte der 80er Jahre in einer Ostberliner Schrebergarten-Kolonie filmen. Den staatlichen Behörden war die Absicht eines politischen Reporters, über Kleingärtner zu berichten, sehr verdächtig. Ein Film über Bohnenernte und Kaninchenzucht hätte ihnen gefallen. Als aber, nach einigem Zögern, die Leute darüber sprachen, daß sie gerne einmal ihre Verwandten in Westberlin besuchen würden, war ein Tabu verletzt – im Kreis von Freunden und Familie sollten frustierte Bürger in der «Nischen»-Welt durchaus Ärger «ablassen»; daraus sollte jedoch keinesfalls ein (durch das Westfernsehen in die DDR gesendeter) öffentlicher Protest werden.

Wer sich als Bürger nicht angepaßt verhielt, verlor jegliche Aussicht auf staatliche Gratifikationen und bekam zum Beispiel keinen der begehrten Vereinsplätze im Datschen-Verband. Ohne staatlichen Segen keine Garten-Nische! Die «Nischen» waren die (nur scheinbar) entpolitisierten Räume eines hochpolitischen Überwachungsstaates.

Komplizierter verhielt es sich mit den Kirchen. Die katholische Kirche machte es dem Staat leicht, ihre Mitglieder zogen sich zurück in die innere Emigration. Die Evangelische Kirche dagegen mischte sich ein und bewahrte dabei eine gewisse Selbständigkeit gegenüber Staat und Partei. Vornehmlich für Jugendliche richtete sie Foren ein, in denen auch über Umweltschutz oder Menschenrechte diskutiert werden konnte – Themen, deren öffentliche Debatte das Regime sonst strikt untersagte.

Die SED observierte solche Veranstaltungen mit hartnäckigem Mißtrauen. Die Staatssicherheit war immer dabei. Doch in den 80er Jahren konnte der Staat Kirchenforen nicht mehr verbieten. In diesen «Nischen» entzog sich die Diskussion zunehmend der Kontrolle des Regimes. So entstanden tatsächlich Freiräume, die zur Reflexion und Selbstbehauptung genutzt werden konnten. Allerdings wachte die Kirchenleitung darüber, daß Aktionen und Ansprüche der sogenannten Gruppen den Staat nicht zu sehr herausforderten. Stellten einzelne dieser «Gruppen» die SED-Herrschaft in Frage, verweigerte die Kirche ihren institutionellen Schutz. Teile und herrsche – das Prinzip erkannten auch die Stellvertreter Gottes an.

Die Leitung der Evangelischen Kirche etablierte die *Kirche im Sozialismus*. Für die Kirchenführer und für viele Gläubige beschrieb diese Formel den Versuch und den Wunsch, zwischen Christen und Kommunisten Brücken zu bauen. Sie argumentierten, die Ideale des Glaubens und der Politik seien gar nicht so verschieden. Solange Christen und Kommunisten nach diesen Idealen strebten, könnten sie gemeinsam den Weg in eine bessere Gesellschaft gehen. Diese Haltung sicherte dem Staat und den regierenden Kommunisten Loyalität.

Selbst als die Bundessynode der Kirche im September 1989 schließlich laut und deutlich, über das Westfernsehen in der DDR verbreitet, Demokratie und offene Diskussion der wirtschaftlichen und gesellschaftlichen Probleme forderte, wollten die kritischen Christen nicht das System abschaffen. Sie wünschten Reformen und träumten von einem menschlicheren Sozialismus.

Bischof Werner Leich hob das sozialistische Versprechen nach Gleichheit hervor, lobte die Aussicht auf gerechte Bildung und pries die sozialen Sicherheiten des Systems, angefangen von den zahlreichen Kindergartenplätzen bis zum Recht auf Arbeit. Christen und Kommunisten, so sagte er, verfolgten durchaus gleiche Ziele, alle Kritik ändere daran nichts. Konsistorialrat Manfred Stolpe, heute Ministerpräsident von Brandenburg, behauptete sogar, die übergroße Mehrheit der DDR-Bevölkerung glaube nach wie vor an die humanistischen Ideale des Sozialismus, und erklärte, die Kirche wolle keinesfalls das Regime herausfordern.

Versteckt, doch für Kenner des Leninismus zu entschlüsseln, warnte allerdings der Magdeburger Bischof Demke, die SED könne ihren reklamierten Führungsanspruch nur bewahren, wenn die Partei wirklich die Interessen des Volkes vertrete. Demke deutete damit immerhin an, daß es zwischen der Partei als Avantgarde und den Bürgern im real existierenden Sozialismus einen Widerspruch geben konnte. Den Führungsanspruch der SED stellte allerdings auch er nicht in Frage.[44]

Die Evangelische Kirche, als Institution oft stilisiert zum Hort der Opposition, bemühte sich um menschliche Erleichterungen im System, nicht gegen das System. Zu den angestrebten Verbesserungen gehörten zum Beispiel großzügigere Reisegesetze. Mehr

Bürger sollten ins westliche Ausland fahren dürfen, bis auf ganz wenige Ausnahmen kehrten sie ohnehin wieder zurück in die DDR. Die Kirchenführer wußten um die Konformität des Volkes und wollten durch menschliche Erleichterungen die Zufriedenheit mit dem Regime stärken. Verglichen mit dem offensiven Engagement der polnischen Kirche für Demokratie und Menschenrechte, waren die meisten Pfarrer und Bischöfe in der DDR eher angepaßt an das System, zumindest loyal gegenüber seinen Versprechungen.

Die Kirche hat sich dabei ganz nach den Regeln der Entspannungspolitik verhalten, wie sie von Bonn und Ostberlin begriffen wurden. Da auch in der Bundesrepublik niemand mit dem baldigen Niedergang des Sozialismus rechnete, galt das Arrangement mit der SED allgemein als vernünftiger Interessenausgleich. Die westdeutschen Parteien (außer den Grünen) wollten, daß sich die Kritiker des Regimes in die «Nischen» der DDR-Gesellschaft zurückzogen. Ihre Forderungen galten dem Westen als «unrealistisch». Man nahm sie nicht ernst und traute ihnen nichts zu.

Liberale, Christ- und Sozialdemokraten betrachteten ostdeutsche Bürgerrechtler, die das SED-Regime herausforderten, als Störer des Entspannungsprozesses. Sie alle lehnten Treffen mit Oppositionellen in der DDR ab, weil sie die SED nicht verärgern wollten. Dagegen besuchten sie gerne Erich Honecker und ließen sich freundlich lächelnd mit ihm vom Fernsehen ablichten. Bei den Gesprächen mit dem Generalsekretär sparten sie das Thema Menschenrechte meist aus. Dies galt als taktvolle Realpolitik, die «gutnachbarschaftlichen Beziehungen» dienen sollte.

Das Fernsehen spielte bei solchen Veranstaltungen seinen eigenen Part. Die Politiker luden zum «Fototermin». Es galt als ausgemacht, daß die Reporter keine Fragen stellten, die die «Atmosphäre» hätten stören können. Wenn Honecker gute Laune hatte, nuschelte er bei solchen Gelegenheiten einige Bemerkungen über das Wetter ins Mikrofon. Die Journalisten registrierten solche Belanglosigkeiten mit Freude. Nach der Begrüßung mußten sie wieder gehen. Die Kameras folgten dem ewig gleichen Ritual, filmten das deutsch-deutsche Händeschütteln, Bilder, die am Abend jeder sehen konnte und die «Normalität» definierten.

Die meisten DDR-Bürger erhielten so durch «tagesschau» oder «heute» die Botschaft, die Honecker seinen Landsleuten übermitteln wollte, nämlich daß die DDR ein von der Bundesrepublik anerkannter Staat sei und der SED-Generalsekretär ein geachteter Staatsratsvorsitzender. Westpolitiker und Westfernsehen bestätigten, daß die politische Klasse der Bundesrepublik auf Honecker zählte. Die Bildnachrichten zeigten: Der Generalsekretär saß fest im Sattel, daran zweifelte offensichtlich nicht einmal der Klassenfeind.

Sofern die etablierte Bonner Politik überhaupt auf «Veränderungen» hoffte, setzte sie – recht spekulativ – auf «Reformer» in der SED. Wie sie zu stärken gewesen wären, konnte keiner sagen, weil niemand wußte, ob es sie gab, und wenn, wo sie sich verborgen hielten. Die Sozialdemokraten führten mit den Einheitssozialisten weltanschauliche Dialoge, doch selbst ihnen ist niemand begegnet, dem eine ostdeutsche Perestroika zuzutrauen gewesen wäre. Die Westjournalisten handelten den Dresdner Hans Modrow als Hoffnungsträger, bevor sie überhaupt durch eigenen Zugang einen Eindruck von ihm gewinnen konnten. Seinen Auftritt auf der politischen Bühne in Ostberlin erwarteten sie jedoch erst in der zweiten Generation nach Honecker. Dessen Vision (von 1988), daß die Mauer noch 100 Jahre stehen würde, erschien dem Westen bestenfalls als milde Übertreibung.

Westpolitiker und Journalisten definierten Entspannungspolitik so, daß sie die Art und Weise, wie die SED die Macht verwaltete, hinnahmen. Die Bürgerrechtler suchten vergeblich nach Unterstützung. Ignorante Zurückweisung entmutigte die Opposition in der DDR. Der Westen nahm die Kirche ernst, die sich als *Kirche im Sozialismus* der SED unterstellte. Das Bemühen, menschliche Erleichterungen zu erreichen und sich mit der Macht zu arrangieren, bedachten Liberale, CDUler und SPDler mit wohlwollender Anerkennung. Durch ihr Verständnis von Entspannung bestimmten sie mit, wie politische Diskussion in der DDR stattfinden sollte. Keine westliche Regierung (außer Österreich) paßte sich so pflegeleicht den Bedürfnissen der östlichen Machthaber an wie das sozialliberale und das liberal-konservative Bonn.

Bundesdeutsche Entspannungspolitiker zahlten der DDR jedes

Jahr Milliarden als Transitgebühr, Postpauschale und Kopfgeld für die Freilassung politischer Gefangener. Die Deviseninfusionen verlängerten das Leben des bereits siechen Systems. Was in einem totalitären Regime Zivilcourage hätte sein können, war aus Bonn nicht zu lernen. Wenn es um Menschenrechte ging, waren die etablierten bundesdeutschen Parteien entweder blind, zynisch oder feige. Am besten kamen sie mit den Mächtigen und den Machttaktikern zurecht, mit einem Mann wie Manfred Stolpe beispielsweise, der die Regeln der deutsch-deutschen Entspannungspolitik beherrschte. Als Vertreter der Kirche kungelte er kongenial mit der SED und der Stasi und sorgte dafür, daß die Opposition – in den Nischen – unter Kontrolle blieb.

Ohne die Unterwerfung unter die Ideologie und die Macht der Partei war in der DDR-Gesellschaft keine bedeutende Position zu erringen. Bedürfnisse nach Anerkennung, Selbstwert und Zugehörigkeit konnten oft nur in der Unterordnung unter die gesetzten Normen und die Rituale staatlicher Selbstinszenierung verfolgt werden. Die Partei bestand auf Mitgliedschaft in gesellschaftlichen Organisationen, mit denen sie ihre soziale und politische Kontrolle wie ein Netz über alle Lebensbereiche spannte.

Wer nicht Mitglied der kommunistischen Partei war (oder in der DDR einer anderen Partei angehörte, die im Verbund der Nationalen Front von der SED beherrscht wurde), mußte sich mindestens einer dieser gesellschaftlichen Organisationen anschließen, wo die Kader der Partei die politische Linie vor- und den Ton angaben. Ihre Aufgabe bestand darin, «die zielstrebige und harmonische Entwicklung aller Elemente des politischen Systems des Sozialismus» zu gewährleisten. Die politische Führung, so hieß es, ist «der entscheidende Faktor für die Stabilität der Staatsmacht und des gesamten politischen Systems». Die Aufgabe galt als erfüllt, wenn die Unterwerfung unter die Diktatur der Partei freiwillig erfolgte.

> «Die Mitglieder der gesellschaftlichen Organisationen erkennen die Führung durch die marxistisch-leninistische Partei freiwillig an und sehen in ihr eine Quelle für die weitere Festigung ihrer eigenen politischen Autorität.»[45]

In der DDR agierten über hundert solcher Vereinigungen, von der Gesellschaft für Deutsch-Sowjetische Freundschaft über den Demokratischen Frauenbund bis zum Verband der Gehörlosen. Selbst die Schwerhörigen mußten organisiert werden und den Direktiven der Partei folgen.

Jeder Erwachsene mußte Mitglied der Gewerkschaft sein, nach Lenin die «unentbehrliche Schule des Kommunismus». Kinder gehörten zu den Jungen Pionieren, später zur FDJ, um frühzeitig ihre kommunistische Erziehung und die Einbindung in das Kollektiv zu sichern.

Der Mißbrauch der Psychiatrie

Bereits in den siebziger Jahren dokumentierten die Amerikaner Sidney Bloch und Peter Reddaway umfassend den Mißbrauch der Psychiatrie in der Sowjetunion.[46] Psychiatrie klassifizierte von gesellschaftlichen Normen abweichendes Verhalten als psychische Störung. Haarschnitt, Kleidung, Religion, Musik, Literatur, Sexualität konnten als Merkmale der «Krankheit» gelten. Reddaway hebt hervor:

> «Psychiater sind ausschließlich nach einer Theorie ausgebildet worden, nach der die meisten seelischen Erkrankungen als unheilbar und Abweichungen von den sozialen und politischen Normen des Marxismus-Leninismus als Symptome seelischer Erkrankung galten.»[47]

Auch in der DDR, so die Psychologin Ursula Plog, «galt störendes Verhalten als Symptom-Kategorie; die offizielle Orientierung für psychiatrische Behandlung war in Ostdeutschland nicht anders als in der Sowjetunion». Plog untersucht im Auftrag des Berliner Senats den Mißbrauch der Psychiatrie durch die Staatssicherheit. Sie meint, das Ausmaß des Mißbrauchs sei in der DDR geringer gewesen, doch dort habe es ebenso willfährige Ärzte gegeben, die als Überzeugungstäter eng mit der Stasi kollaborierten: Psychiater und Therapeuten protokollierten für «die Firma» Patientengespräche und Gruppentherapien, notierten, was ihre Klienten seelisch belastete, worüber sie unzufrieden waren. So gerieten Hilfesuchende, die glaubten, bei einem Arzt, der nach eigenen ethischen Maßstäben zum Schweigen verpflichtet war, besonderes Vertrauen erwarten zu können, ins Visier der Stasi.[48]

Agenten des MfS erhielten Einblick in Krankengeschichten. Patienten, die die Stasi als (potentielle) Regimekritiker betrachtete, spannte sie in ein noch strafferes Netz sozialer Kontrolle. Plog berichtet beispielsweise von einem jungen Mann, der als schizophren diagnostiziert und sodann von einem «Kollektiv der Freunde» ständig überwacht wurde. Das «Kollektiv», initiiert vom MfS, habe den Mann bis in die Familie bespitzelt und das erklärte Ziel verfolgt, ihn zur «sozialistischen Persönlichkeit» zu erziehen.

An hohen Staatsfeiertagen und bei Staatsbesuchen sind mit Hilfe der Psychiatrie mögliche Störer vorübergehend in Kliniken verwahrt worden. Besonders aufschlußreich für die Haltung der Überzeugungstäter ist ein Interview des ehemaligen Leiters der Forensischen Psychiatrie an der Humboldt-Universität, Manfred Ochernal.[49]

Wenn jemand «Scheiß Honecker» sagte, war er für Ochernal «nicht voll zurechnungsfähig» und wurde in die Psychiatrie eingewiesen. Politische Kritik galt ihm als «kriminell». Zur Rechtfertigung meinte er:

> «Wenn man an den Staat glaubt, dann findet man es ungeheuerlich, wenn ein anderer ihn schlechtmacht. Dann sagt man sich: Der kann nicht gesund sein.»[50]

Ochernal hat eng mit der Staatssicherheit zusammengearbeitet. Als «Gutachter» stand er stets bereit, um politischer Verfolgung das Gewand medizinischer Betreuung umzuhängen:

> «Wenn ein Untersuchungshäftling mir sagte, er sei von der Stasi bespitzelt und verfolgt worden und mir das ausführlich geschildert hat, habe ich mir überlegt, ob das für einen Verfolgungswahn ausreicht. Ich habe dann bei den Sicherheitsorganen nachgefragt, ob an der behaupteten Bespitzelung etwas dran sei. Sagten die ‹nein›, dann war diese amtliche Auskunft für mich verbindlich. Also stand fest: Der Mann litt unter Verfolgungswahn.»[51]

Zweifel an den Stasi-Auskünften, so Ochernal, hätten ihn nie geplagt, weil er an den Sozialismus geglaubt habe, an den Staat, an seine Rechtsorgane, an seine Gesetze. Wenn er ein «Gutachten» unterschrieben hatte, war der Fall für ihn erledigt.

Bisher weiß niemand, wie viele Ärzte mit dem MfS zusammengearbeitet haben. Die Psychiaterin Sonja Schröter, die in der Gauck-Behörde über den Mißbrauch der Psychiatrie forscht, schätzt, daß etwa drei Prozent der Psychiater inoffizielle Mitarbeiter der Stasi waren.[52] Die Zahl erscheint auf den ersten Blick als niedrig. Zu bedenken ist jedoch, daß die meisten dieser IMs Ärzte in leitenden Positionen waren. Die Stasi setzte dort an, wo sie am wirkungsvollsten sein konnte. Sie wollte nicht möglichst viele Mitarbeiter werben, sondern möglichst großen Einfluß ausüben, und der war am ehesten in den medizinischen Spitzenpositionen gewährleistet. Viele Ärzte verstanden sich als Anwalt der Patienten, manche boten in der Psychiatrie sogar Schutz vor politischer Verfolgung. Doch wer sich in psychiatrische oder psychotherapeutische Betreuung begab, mußte immer damit rechnen, sich der Stasi auszuliefern. Bisher ist übrigens keinem der ärztlichen Kollaborateure die Approbation entzogen worden.

Heute reklamieren die allermeisten Psychiater, dem Regime in keiner Weise ergeben gewesen zu sein. Wer die allgemeine Einstellung der Psychiater zu ihrem Fach reflektiert, muß gegenüber solchen Erklärungen skeptisch bleiben. Denn sehr viele haben sich bereitwillig den ideologischen Richtlinien unterworfen, soziale und politische Faktoren seelischer Störungen ausgeblendet, um schließlich bei einer klinischen Intervention zu enden, die biologisch beschränkt blieb und gesellschaftliche Dimensionen ausblendete.

Auch wenn bei den Ärzten in der DDR die fachliche Grundausbildung nicht sehr anders war als die bei bundesrepublikanischen Medizinern, wurde damit doch in beiden deutschen Staaten sehr unterschiedlich umgegangen. Junge Ost-Ärzte «mit guten Zeugnissen», die nach der Wende an der (West)Berliner Universitätsklinik für Psychiatrie ihre Ausbildung fortsetzen wollten, «konnten sich nicht halten, weil sie sich nicht angemessen zu verhalten wußten», berichtet der Chef der Klinik Hanfried Helmchen. Wurden sie zum Beispiel während einer Visite nach ihrer Meinung gefragt, «blickten sie erschreckt in die Runde und trauten sich nicht, eine eigene Auffassung darzustellen». Sie wollten zuerst wissen, was die anderen dachten. Aus persönlicher Beobachtung beurteilt er junge Ost-Ärzte als «autoritätsgläubiger» als deren Westkollegen. Ostler scheuten sich vor notwendiger Auseinandersetzung. In diesem «Sicherungsverhalten» erkennt Helmchen einen «Qualifikationsnachteil».[53]

In der DDR hatten sich die führenden Psychiater gegenseitig bescheinigt, in Theorie und Praxis dem Westen weit überlegen zu sein. Die Selbstgewißheit behielten sie bis zum endgültigen Niedergang des Systems. Beispielhaft für andere Vertreter der psychiatrischen Zunft mag hier Hans Eichhorn stehen, der Direktor des psychiatrischen Bezirkskrankenhauses Ueckermünde, der 1988 in einem Beitrag über «Die Entwicklung der Fachgebiete Psychiatrie und Psychotherapie» in der westdeutschen Zeitschrift *Psychiatrische Praxis* die ideologischen Grundmuster der ostdeutschen Psychiatrie deutlich machte:

> «Unter den gesellschaftlichen Bedingungen unseres Landes sind jene ökonomischen und politischen Voraussetzungen gegeben, die es erlauben, wissenschaftlich abgesicherte, erprobte und einer Humanisierung der Versorgung psychisch Kranker dienende Innovation im großen Umfange zu realisieren... Diese Bedingungen erlauben es auch, inzwischen anerkannte und praxisrelevante Positionen auch jener Gruppe progressiver Psychiater kapitalistischer Länder zu achten und z. T. zu übernehmen, die mit ihren Modellen und Vorschlägen an den sozialen Realitäten ihrer Gesellschaft weitgehend scheitern.»[54]

Nach dieser Einleitung folgt eine umfassende Darstellung von Parteitagsbeschlüssen und Direktiven der SED. Eichhorn erklärt sie zu «richtungsweisenden Dokumenten», verweist auf «Bestätigungen» psychotherapeutischer Thesen durch das Ministerium für Gesundheit und kritisiert die wissenschaftlichen Ansätze des Westens als «Moral und Ethik der herrschenden Klasse», also als Instrumente der Unterdrückung.[55]

Die anschließenden theoretischen Auslassungen erscheinen auf den ersten Blick als aufgeschlossene Konzeption, bis in Nebensätzen das politische Dogma durchschlägt. Zunächst betont Eichhorn, «daß auch beim Geisteskranken seine Subjektivität, sein Menschsein fortbesteht», um dann aus dieser Bemerkung abzuleiten, der Geisteskranke sei durchaus fähig, «Schuld auf sich zu laden und zu bereuen, andere zu kränken und sich zu opfern».[56] Die Argumentation hat versteckte Implikationen: Auch der Geisteskranke kann sich gegenüber der Gesellschaft schuldig machen, wenn er gegen die Normen und Werte des Staates verstößt. «Schuldige» müssen bestraft werden, und sie müssen bereuen. Weigern sie sich, folgt weitere Bestrafung. Eichhorn rechtfertigte implizit, daß die Psychiatrie der Ideologie untergeordnet und als Staatsgewalt eingesetzt wurde.

Allein von den theoretischen Erklärungen auf die ärztliche Praxis zu schließen wäre leichtfertig. Doch zeigt sich im konkreten Fall, daß politisch opportune Auslassungen keineswegs nur Phrasen waren, um, unbehelligt vom Staat, möglichst humane Medizin betreiben zu können. Ernst Klee hat 1992 das psychiatrische Krankenhaus Ueckermünde, wo Eichhorn Klinik-Chef war, besucht und erschreckende Zustände vorgefunden:

> «Ich habe schon viele menschenunwürdige Stationen gesehen, doch mein Entsetzen läßt sich kaum beschreiben, als ich im Herbst 1992 erstmals die Stationen betrat: kahle Säle, bizarr deformierte Behinderte, Männer wie Frauen teils nackt, teils in Windeln, schreiend, klagend, wimmernd.»[57]

Das DDR-Standardwerk für die Psychiatrie hieß «Sozialpsychiatrische Forschung und Praxis».[58] Verfaßt wurde es von einem Autorenkollektiv um Otto Bach, heute Ordinarius der Universitätsklinik Dresden, jenem Professor, dessen These bereits referiert wurde, die Intellektuellen hätten dem Sozialismus nur «deklamatorisch» Tribut gezollt, sich jedoch um Ideologie und politische Vorgaben der SED wenig geschert.

Die Lektüre des Lehrbuches verstärkt allerdings die Zweifel an dieser Interpretation. Die Schrift beginnt mit Deklarationen für den Marxismus-Leninismus, Auslassungen, die man als «Lippenbekenntnisse» werten könnte, welche die Wächter der Ideologie beruhigen und die Publikation wirklicher Wissenschaft ermöglichen sollten. Schwieriger ist es schon, das von Bach und seinen Kollegen beschriebene Verhältnis ihres Faches zur «sozialistischen Gesellschaft» als Phrase abzutun. Daß sie als Psychiater «die Möglichkeit einer weitgehend gezielten und planmäßigen Gestaltung dieser sozialen Entwicklungsbedingungen der Persönlichkeit»[59] haben, wird von ihnen ausdrücklich begrüßt. Die Entwicklungsmatrix des einzelnen wird, ebenso wie die Maximen des ärztlichen Handelns, strikt aus den Gegebenheiten der Ideologie definiert:

> «Theorie und Praxis der Psycho- und Soziotherapie müssen in Übereinstimmung mit der gesellschaftlichen Umwelt stehen; das therapeutische Grundkonzept muß von den Normen eines sozialistischen Menschenbildes und einer sozialistischen Arzt-Patienten-Beziehung bestimmt sein.»[60]

Dies bedeute, «daß die Normen unserer Gesellschaft auch im therapeutischen Prozeß realisiert werden»[61]. Das Ziel sei «soziale Integrationsfähigkeit»[62]. Nach Auffassung des Autorenkollektivs hatte Psychiatrie dafür zu sorgen, daß der einzelne den gesellschaftlichen Regeln störungsfrei angepaßt und die Anforderungen des Regimes erfüllt wurden. Sozialpsychiatrie müsse sich dabei insbesondere auf die Familie konzentrieren, in ihren Augen die Keimzelle ideologischer Rückständigkeit, ein soziales Gefüge, in dem «besonders zählebige Traditionen wirken, deren Überwindung nicht automatisch im Zuge der Ausgestaltung sozialistischer Produktionsverhältnisse erfolgt»[63].

Die von Bach und anderen formulierte therapeutische Absicht bestand also keineswegs in der Stärkung des Individuums, in der Unterstützung des einzelnen gegen ein totalitäres Regime. Die Ausrichtung der psychiatrischen Praxis auf das «sozialistische Menschenbild» erlaubte nicht die Förderung eines eigenständigen Selbst. Der «soziale» Zugang, beispielsweise die Beschäftigung mit der familiären Situation, zielte auf größere ideologische Wirksamkeit, um die Entwicklung der «sozialistischen Persönlichkeit» zu fördern.

Die Übertragung des Leninismus in eine Theorie der Sozialpsychiatrie betrieben Bach und Kollegen so konsequent, daß sie sich jede Kritik an ihrem Konzept verbaten. Sozialistische Psychiatrie, schrieben sie, müsse «übersteigerte Wertungen» zurückweisen,

> «die einer am Marxismus-Leninismus anknüpfenden komplexen Auffassung des Charakters psychischer Störungen widersprechen und auch deshalb zu einer negierenden Konfrontation mit den auf klinischer Erfahrung beruhenden und bisher dominierenden Betrachtungsweisen führen».[64]

Sie verpflichteten sich ausdrücklich einer Diagnose nach ideologischen Kriterien. Was als gesund oder krank, gestört oder normal zu betrachten war, sollte nach den Manualen des Marxismus-Leninismus entschieden werden. Das Gedankengebäude war geschlossen und unangreifbar, sobald man seine Prämissen akzeptierte – dies allerdings war Zugangsvoraussetzung des Faches Psychiatrie. Seine Vertreter entzogen sich so jeglicher «unmarxistischer» Kritik.

Mit seinen eigenen Zitaten konfrontiert, «wundert» sich Bach heute, «jemals solchen Unsinn geschrieben zu haben». Kritik wehrt er mit der Forderung ab, «nicht an der Theorie, sondern der Praxis gemessen» zu werden.[65] Der Einwand überzeugt mich nicht. Für ihn und seine Kollegen bestand die Praxis gerade darin, sich dauerhaft in der DDR einzurichten und die (be)herrschende Ideologie in ihrem Fach als Lehrmeinung zu vertreten. Die Lehre war nicht praxisferne Theorie, sie war ideologische Unterrichtung. Der vorgetragene Stoff mußte gelernt und gekonnt werden. Unmißverständlich formulierten Bach und Kollegen, welche Schlüsse aus ihrer Lehre für die klinische Behandlung zu ziehen waren. Daß sie irgendwo «auf Tauchstation» versucht hätten, «das Vernünftige» zu verwirklichen, wie Bach heute reklamiert, ist mir nicht nachvollziehbar.

Die Methoden psychiatrischer Forschung unter realsozialistischen Bedingungen hat der bulgarische Psychiater Toma Tomov selbstkritisch beschrieben. Da sie den Schemata des dialektischen Materialismus folgte, der für alle Studien verbindlichen Herangehensweise, war von vorneherein klar, daß nur eine «objektive» Wahrheit «gefunden» werden konnte, die schon vor jedem «Forschungsprozeß» feststand:

«Die Konsequenz war Forschung um der Forschung willen, denn mit dieser Geisteshaltung waren alle Antworten, die Untersuchungen hätten geben können, schon im voraus bekannt – das genaue Resultat konnte natürlich nicht vorhergesagt werden, sicher jedoch die Interpretation der Ergebnisse und die daraus zu ziehenden Schlußfolgerungen. So konnten niemals Überraschungen auftreten, denn niemand stellte unbequeme Fragen.»[66]

Die Unterwerfung unter ein vorgegebenes Interpretationsraster, so Tomov, habe dazu geführt, daß Wissenschaftler in Osteuropa nach und nach überhaupt keine neugierigen Fragen mehr gestellt und keine kühnen Hypothesen entworfen hätten. Forschung seit geistlos und monoton geworden und habe gerade so den Wissenschaftlern einen Zuwachs an Prestige, Sicherheit und gutem Einkommen garantiert. Tomov schließt:

«Die Verhaltensforscher haben sich gedanklich verbarrikadiert. Ihrem Denken fehlte schließlich jede innovative Kraft. Das war das Schlimmste. Nachdem sie sich auf ihrem Terrain verschanzt hatten, um so zu überleben, blieben sie dort gefangen, abgeschottet von der weiten Welt, die ihnen neue Impulse für ihre Arbeit hätte geben können.»[67]

Solche pointierte (Selbst)Kritik findet sich bei DDR-Wissenschaftlern nicht. Bach behauptet, die psychiatrische Praxis in der DDR sei «nach neuen, guten Regeln fachlicher Kompetenz» verlaufen.[68] Nur in der Forschung hätten «einäugig biologische Sichten» zu Fehlern in der Epidemiologie geführt und zur Tabuisierung möglicher Ursachen von Suiziden und Alkoholismus und damit auch zu einer «Hintansetzung psychosozialer Hilfen».[69]

Der Berliner Psychiater Herbert Loos weist ausdrücklich darauf hin, daß die fachliche Beschränkung der Psychiatrie keineswegs eine befristete Erscheinung des Stalinismus gewesen ist.[70] Loos blickt auf eigene Erfahrungen in der DDR zurück. Anfang der sechziger Jahre habe das ostdeutsche (Gesundheits)System mit der Vorlage der «Rodewischer Thesen» eine gewisse Reformphase erlebt, in der neue Therapien und Rehabilitationen angeboten und neue Einweisungsmodalitäten in psychiatrische Einrichtungen formuliert worden seien. Mit der Niederschlagung des «Prager Frühlings» sei jedoch auch in der Psychiatrie die Phase der Liberalisierung abrupt beendet worden.

> «1968 begann der zerstörerische Weg der allumfassenden Tabuisierung gesellschaftlicher Phänomene, wenn sie das offizielle ideologische Idealbild hätten stören können. Auch innerhalb des psychiatrischen Fachgebietes fielen bestimmte Daten unter das allgemeine Tabu. Schon 1968 verschwanden die Zahlen der Selbstmordtoten aus dem statistischen Jahrbuch der DDR, da eine hohe Selbstmordrate die heile DDR-Welt hätte in Frage stellen können.»[71]

Partei und Staat, so Loos, hätten «sachbezogene Analysen» wieder unterdrückt. Der Psychiater Ulrich Trenckmann, nach gescheiterter «Republikflucht» und Haft Mitte der 80er Jahre in die Bundesrepublik «abgeschoben», stellt in seinem Rückblick fest: Alles was die «Pseudoharmonie der vorgeblich heilen Welt der DDR» hätte stören können, sei «verleugnet oder verdrängt», Suizide und Suchtkrankheiten seien tabuisiert worden. In den 70er Jahren habe das Fach unter Agonie gelitten:

> «Die Psychiatrie stagnierte in ihren Kernbereichen, entwickelte sich allenfalls im Grenzbereich zur Neurologie und Hirnforschung.»[72]

Das Regime habe nichts mehr gefürchtet «als den wirklich leistungsfähigen, sprich kreativen, eigenständigen, durchsetzungsfähigen Menschen», meint die (Ost)Berliner Psychiaterin Heike Berger. Aus politischen Gründen seien solche Persönlichkeiten pathologisiert und damit unschädlich gemacht worden.

> «Autonomie, soziale Kompetenz, Spontaneität, Eigenwilligkeit waren, sofern sie als Therapieziele formuliert wurden, unter diesem Verständnis natürlich suspekt. Es bestand durchaus die Tendenz, einer solchen Art von Genesung entgegenzuwirken und die so Gesundenden wieder zu depotenzieren oder ihnen verschiedenartigste Sanktionen aufzuerlegen.»[73]

Konsequenterweise beschränkte sich die Psychiatrie zunehmend auf medikamentöse Interventionen und distanzierte sich von psychotherapeutischen Behandlungen. Die Trennung beider Bereiche verhinderte auf beiden Seiten ganzheitliches Denken.

Die Psychotherapie blendete (ebenso wie die Psychiatrie) die gesellschaftliche Wirklichkeit der Patienten weitgehend aus, d. h., Alltagserfahrungen wurden nicht reflektiert, Arbeitsbedingungen, Wohnsituationen und Familienverhältnisse vernachlässigt, sobald die daraus erwachsenden Probleme die gesellschaftliche Struktur des Sozialismus berührten. So gab auch die Psychotherapie ihre Ansprüche weitgehend auf, Patienten in ihrem sozialen Umfeld zu verstehen und Persönlichkeitsentwicklungen zu unterstützen. In aller Regel erfüllte sie eine ähnliche Funktion wie die Psychiatrie. Sie hatte dafür zu sorgen, daß Menschen mit Problemen ruhiggestellt wurden und sich der gesellschaftlichen Kontrolle nicht entzogen. Nach dem Zusammenbruch des Regimes wagte der Direktor der Psychiatrischen Klinik der Karl-Marx-Universität in Leipzig, Klaus Weise, eine kritische Bestandsaufnahme:

> «Für die gegenwärtige Situation ist bezeichnend, daß im ambulanten Bereich bei der Behandlung neurotischer Störungen die Pharmakotherapie mit Tranquilizern bei fast 50 Prozent der Patienten die am häufigsten angewandte Behandlungsform war und den Stellenwert einnimmt, den bei den schizophrenen Erkrankungen die Neuroleptika, bei Depressionen die Thymoleptika haben. An zweiter Stelle rangieren das Autogene Training und das Einzelgespräch. Bei letzterem handelt es sich aber meist nicht um gezielte psychotherapeutische Interventionen, sondern um beratende Gespräche im Rahmen der üblichen Konsultationspraxis.»[74]

Psychotherapie sollte dazu dienen, den Einsatz von Tranquilizern zu vermeiden, zumindest die Dosierung schrittweise zu reduzieren, um schließlich die Medikamente absetzen zu können. In der DDR hingegen, dies ist Weises Beschreibung zu entnehmen, neigten die Therapeuten dazu, dauernd Beruhigungsmittel zu verschreiben, weil sie nicht mehr weiterwußten. Offenbar mißtrauten sie ihren therapeutischen Fähigkeiten. Die vage Kategorie «neurotische Störungen» wurde recht willkürlich angewandt, im Zweifelsfall konnte sie alles bezeichnen, was vom Durchschnittsverhalten abwich.

Achim Thom, über Jahrzehnte einer der führenden Theoretiker der Psychiatrie in der DDR – und wie der zuvor zitierte Klaus Weise Koautor des Standardwerkes «Sozialpsychiatrische Forschung und Praxis» –, gibt heute zu, daß bis zum Zusammenbruch des Regimes

> «sehr rigide Vorstellungen von psychischer Normalität, unscharfe Krankheitsbegriffe wie von der ‹schleichenden Schizophrenie› und eine problematische obrigkeitsstaatliche Gesinnung zusammengewirkt haben dürften».[75]

Die rigide Vorstellung von «psychischer Normalität» repräsentierte das rigide Denken der Psychiater. Ihre Krankheitsbegriffe waren nicht «unscharf», weil über Ursachen und Symptome grundsätzlich nur Hypothesen aufzustellen sind, sondern weil diese Nachlässigkeit politisch nützlich war. Sie erleichterte die Denunzierung unliebsamer Bürger als seelisch gestört. Die Psychiatrie verfiel nicht erst der Agonie, wenn Wissenschaftler unter politischer Repression ihre Forschung beschränkten, sondern wenn sie angepaßt im normalen «wissenschaftlichen» Alltag mitmachten. Sie verordneten sich selbst ein Denkverbot, das – in letzter Konsequenz – zur Negation der Wissenschaft führte.

Wenn es dem politischen System diente, akzeptierten die Psychiater Beschreibungen von Krankheiten, die internationalen Standards nicht standhielten. Die von Thom angesprochene «schleichende Schizophrenie» ist dafür ein plastisches Beispiel. Wer gesellschaftliche Zustände kritisierte und Unterdrückung beklagte, konnte mit Hilfe dieser Kategorie als von Verfolgungswahn befallener Wichtigtuer klassifiziert werden.

Ein «Patient» konnte als schizophren diagnostiziert werden, selbst wenn er keine Symptome der Krankheit zeige. In der Sowjetunion stellten Psychiater diese Diagnose sogar retrospektiv. Die Sichtweise erlaubte absurde Schlußfolgerungen: So konnte ein unliebsamer Kritiker wegen eines früheren Verhaltens als schizophren bezeichnet werden, obwohl dem zurückliegenden Verhalten alle Anzeichen von Schizophrenie fehlten und aktuelle Symptome überhaupt nicht festzustellen waren.

Den sowjetischen Psychiatern drohte die *World Psychiatric Association*, sie wegen ihrer Schizophrenie-Theorie und des damit legitimierten Mißbrauchs der Medizin aus dem Weltverband auszuschließen. Um die Demütigung des Hinauswurfes zu unterlaufen, kündigten die Sowjets selbst ihre Mitgliedschaft auf.

In der DDR gehörten retrospektive Diagnosen ohne Symptome offenbar nicht zur gängigen psychiatrischen Praxis. Zu den wenigen Ausnahmen, die in der Schizophrenie-Forschung wissenschaftliche Standards verteidigten, gehörte der an der Nervenklinik der Humboldt-Universität praktizierende Psychiater Karl Leonhard; freilich beschränkte er sich auf biologisch orientierte Denkansätze. Dafür präsentierten andere geradezu abenteuerliche Vorstellungen: So meinte der Dresdner Psychiater Michael Heims, Schizophrenie sei mit Lichttherapie zu behandeln.[76]

Erkenntnisse über Zusammenhänge von gesellschaftlichen Verhältnissen und Krankheiten unterdrückte das SED-Regime konsequent. Seine Dissertation über Wahn konnte der Ostberliner Arzt Steffen Haas erst nach seiner Ausreise in der Bundesrepublik vorlegen. In einer Erhebung an der Klinik der Humboldt-Universität hatte Haas festgestellt, daß sich bei jedem zweiten Wahnkranken politische Wahninhalte finden ließen. Oft spiegelten sich in den Vorstellungen Schuldgefühle wider, «Vergehen» begangen zu haben, die das Regime ahnden würde. Patienten führten als «Verfehlungen» zum Beispiel das Lesen von Westzeitungen oder Äußerungen gegen den Staat an. In den Wahninhalten schienen die spezifischen Wirkungen des totalitären Staates auf.[77]

Haas berichtete, daß unter solchen Erkrankungen vorwiegend sozial bessergestellte Personen litten, was darauf hinzuweisen schien, daß starker Konformitätsdruck als formendes oder auslösendes Element des Wahns den Krankheitsverlauf beeinflußte. Wer in einer gehobenen Position agierte, mußte dem Staat besondere Loyalität und Verbundenheit erweisen. Konflikte mit den verordneten Normen könnten deshalb besonders belastend gewesen sein, da es nicht erlaubt war, abweichend von der Parteidoktrin zu denken und zu handeln.

Haas schloß auf eine «gestörte Interaktion der Persönlichkeit mit ihrer Umwelt». Der durch das gesellschaftliche System hervorgerufene Stress könnte «Reizschwellen» herabsetzen und das Auftreten einer endogenen Psychose erleichtern.[78] In den DDR-spezifischen Wahninhalten erkannte er den

«Ausdruck eines ideologischen Umbruchs, der alle Wertbereiche umfaßt und gleichzeitig Risikopersönlichkeiten zur paranoiden Dekompensation bringen kann».[79]

Ein weiteres Versagen der Psychiatrie in kommunistischen Ländern zeigt sich in der weitgehenden Ignoranz gegenüber Alkoholmißbrauch und Alkoholismus. Besonders verbreitet war diese Haltung in der Sowjetunion. Die DDR eröffnete Mitte der 70er Jahre spezielle Kliniken für Alkoholkranke und stationäre Ambulatorien. Eine offene Diskussion über Alkoholismus fand jedoch auch dort nicht statt. Nach der herrschenden Ideologie galt die Krankheit als «Überrest des Kapitalismus» und «dem Sozialismus wesensfremd».

Nur wenige Ärzte beschäftigten sich ernsthaft mit diesem Problem. Der Ausbildung zum Suchttherapeuten, notiert die Ostberliner Psychologin Ilona Stoiber, wurde «kaum Aufmerksamkeit gewidmet»; es mangelte an Fachliteratur, sie galt als «Kostbarkeit».[80] Während therapeutische Hilfen für Alkoholkranke in staatlichen Einrichtungen nur wenig behindert wurden, betrachteten die Behörden Selbsthilfe-Gruppen als potentielle Keimzellen oppositioneller Bürgerbewegung.

Allerdings versuchte das SED-Regime, die sozialen Probleme des Alkoholgebrauchs totzuschweigen. Alkoholismus mußte als genetisch bedingte Krankheit betrachtet werden. Für Alkoholmißbrauch «als nicht krankhafte Erscheinung» fühlte sich das Gesundheitswesen erst gar nicht verantwortlich.[81]

Neben einigen Ärzten bemühte sich besonders die Evangelische Kirche in der DDR, Hilfe für Alkoholkranke anzubieten. Doch wie in anderen Ostblockstaaten auch, gab es weder genügend therapeutische Einrichtungen noch eine angemessene Ursachenforschung. Oft fehlte den Studien jedes wissenschaftliche Niveau. Der Wiener Psychiater Otto Lesch, der in den 80er Jahren als Beauftragter des Welt-Psychiatrieverbandes kommunistische Länder bereiste und dortige Standards zu beurteilen hatte, berichtet beispielsweise davon, daß der Leiter der Suchtforschung in Moskau, Nikolai Ivanets, glaubte, Alkoholimus durch Stromstöße ins Kleinhirn kurieren zu können. Durch jeden, der (zeitweilig) das

Trinken aufgab, sah sich Ivanets bestätigt. Patienten, die sich der «Therapie» entzogen und weiter tranken, nahm er nicht zur Kenntnis.[82]

Nachdem er eine Reihe von Krankenhäusern in der späten Sowjetunion besucht hatte, stellte der amerikanische Suchtexperte Fishbein fest:

> «Als ich zu erfahren versuchte, auf welche Weise in der Sowjetunion Alkoholismus behandelt wurde, begegnete mir heftiger Widerstand. Die Mediziner stritten strikt ab, daß Alkohol bei ihnen ein Problem sei. Diese Haltung entsprach dem Verhalten von Alkoholikern und zeigte das Dilemma, das sich daraus für das Gesundheitssystem ergibt. Ein Gesundheitssystem, das Alkoholismus nicht als medizinisches Problem ernst nimmt, ist kaum in der Lage, die Krankheit glaubwürdig zu behandeln. Einer der Forscher sagte mir ganz privat, Alkoholgebrauch sei wahrscheinlich das größte Gesundheitsproblem der Sowjetunion, aber die Ärzte betrachteten dies nicht – wie beispielsweise eine Infektion – als Krankheit, die behandelt und kuriert werden kann.»[83]

Die Psychiatrie ließ sich mißbrauchen, indem sie ihre Forschung und ihre ärztliche Praxis von der ideologischen Matrix des Regimes begrenzen ließ. So funktionierten Psychiater für den Erhalt des Systems, ohne daß sie zu überzeugten Anhängern der sozialistischen Idee werden mußten. Die meisten beteiligten sich am intellektuellen Mißbrauch ihres Faches. Nachträglich versuchen sie, künstlich die Theorie von der Praxis zu trennen. Die Internalisierung konformer Werte und Normen erfolgte im Alltag des Wissenschaftsbetriebes, denn Status und Prestige konnte nur erwerben, wer sich dem leninistischen Prinzip unterordnete. Das sozialistische Kollektiv wachte an Universitäten, in Instituten und Kliniken, daß der einzelne nicht von den Wegen abwich, die die Partei vorgab.

Wendestress

ALS der real existierende Sozialismus zusammenbrach, rechneten die meisten, im Osten und Westen, mit einem ernormen Entwicklungsschub. Die Prognosen für die ehemalige DDR versprachen einen baldigen Aufschwung.

Die Bundesrepublik transferierte von Beginn an Milliarden und lieferte, nach dem Beitritt Ostdeutschlands zum Grundgesetz, freie Marktwirtschaft, eine neue politische Ordnung, Rechts- und Verwaltungssysteme, Banken und Kreditinstitute und jede Menge Experten.

Der Wandel erfolgte schnell und gründlich. Für einen solchen Übergang von einem «staatssozialistischen System» zur «Konkurrenzdemokratie» so der (Ost)Berliner Sozialwissenschaftler Rolf Reißig, hat es bisher kein historisches Beispiel gegeben:

> «Bei den staatssozialistischen Ländern ist es in jeder Hinsicht ein tiefgreifender *System*wechsel der Eigentumsstrukturen, der Akteure, aller sozialer Beziehungen, der Herrschaftsordnung, der Eliten der politischen Ideologie. Und was im Westen über Jahrhunderte und in Stufen bewältigt wurde, soll in Osteuropa nun in kürzesten Fristen und synchron verlaufen... und ohne entsprechende Voraussetzungen.» [1]

Ein Konzept, wie mit den Schwierigkeiten fertig zu werden sei, gab es auch im Westen nicht. Der Zusammenbruch des Kommunismus traf die Welt unvorbereitet. Reißig bezeichnet die Transformation in ganz Osteuropa deshalb als gigantisches Unternehmen mit offenem Ausgang.

Die deutsche Einheit belastet die Nerven. Seelische Störungen nehmen in Ostdeutschland seit der Wende zu.[2] Die Krankheiten treten mit «Verzögerung» auf, erst nach einer gewissen Dauer und Wirkung der sozialen Veränderungen. Als zentrales Thema erscheint in den Krankheitsgeschichten immer wieder der tatsächliche bzw. drohende Verlust eines vormals sicheren Arbeitsplatzes. Mehr noch als die finanzielle Unsicherheit scheint der Verlust des Selbstwertgefühls und sozialer Bindungen ausschlaggebend zu sein.

Immer häufiger, so zum Beispiel die Jenaer Ärztin Christiane Höfler, berichten Eltern, Kinder und Jugendliche in ärztlichen Sprechstunden über psychosomatische Beschwerden, Lernschwierigkeiten oder Verhaltensstörungen, die sie auf ihre durch den politischen Umbruch veränderte Lebenslage zurückführen. Belastend sind zudem familiäre Probleme. Kinder erzählen von gereizter und ständig angespannter Atmosphäre im Elternhaus, weil Vater und Mutter unter bisher unbekanntem beruflichem Leistungsdruck stehen, arbeitslos geworden sind oder fürchten, arbeitslos zu werden, und unter Zukunftsängsten leiden. Bei einer Patientenbefragung gaben 35 Prozent der Schüler an, Schwierigkeiten mit dem neuen Schulsystem zu haben. Auch Kinder, so Höfler, erlebten die neue Situation als Überforderung.[3]

Der Leipziger Psychologe Harry Schröder sieht bei den Bürgern der ehemaligen DDR einen großen Bedarf an psychosozialer Unterstützung. Seit dem Umbruch, argumentiert Schröder, befänden sich die Ostdeutschen «in einem andauernden latenten oder akuten Stresszustand»[4].

Wie Stress entsteht

Jeder kennt Stress. Wer unter Zeitdruck arbeitet, vor neuen Aufgaben steht und emotional belastet ist, mag diesen Zustand als Stress empfinden. Der Umgang mit einer solchen inneren Anspannung ist individuell sehr verschieden. Manche Menschen scheinen Stress zu brauchen, um ihre optimale Leistung zu bringen und sich wohl zu fühlen, andere geraten bereits bei geringen Belastungen und neuen Herausforderungen in Aufregung und fühlen sich überfordert. Ob ein Ereignis als Stressor, als stimulierend oder bedrohlich erlebt wird, hängt von der kognitiven Bewertung und den persönlichen Ressourcen ab, die zur Bewältigung der Situation zur Verfügung stehen.

Stress versetzt den Körper in Alarmbereitschaft. Stressoren verlangen eine Anpassung des Organismus, um unversehrt zu bleiben, Wohlbefinden aufrechtzuerhalten oder wiederherzustellen. Stress aktiviert nach einem typischen Muster physiologische Mechanismen. Die physiologischen Abläufe sind recht kompliziert. Ich will sie kurz und sehr vereinfacht darstellen, weil eine gewisse Kenntnis dieser Prozesse notwendig ist, um zu verstehen, was Stress wirklich ist, wie somatische (körperliche) Stress-Reaktionen die psychische Befindlichkeit beeinflussen und wie durch Stress somatopsychische und psychosomatische Krankheiten entstehen können.

Physiologische Stress-Reaktionen steuert der Hypothalamus, ein kleiner Teil des Gehirns, welcher das autonome Nervensystem kontrolliert. Das autonome Nervensystem besteht aus zwei «Abteilungen», dem Sympathikus und dem Parasympathikus, deren «Zusammenspiel» dafür sorgt, daß wichtige Körperfunktionen aufrechterhalten und reguliert werden. Durch dieses Zusammenspiel entsteht eine gewisse Balance, ein (körperliches und seelisches) Gleichgewicht.

In Stress-Situationen hemmt der Sympathikus die Verdauung im Magen und im Darm und regt gleichzeitig den Ausstoß von Adrenalin an. Die Zufuhr dieses Hormons erweitert die Bronchien, beschleunigt den Sauerstofftransport, die Herzfrequenz, den Fluß des Blutes in den Muskeln. Außerdem signalisiert das Adrenalin den Nebennieren, zwei weitere Hormone (Epinephrin und Norepinephrin) auszuschütten; daraufhin steigert die Leber die Zuckerproduktion, um mehr Energie für den Körper bereitzustellen.

Läßt der Stress nach, muß der Parasympathikus die durch den Sympathikus ausgelösten Alarmreaktionen «zurückfahren», zum Beispiel den Herzschlag verlangsamen und die Verdauung steigern. Der Parasympathikus wirkt als Regulativ und ist zuständig für die Langzeitspeicherung von Körperenergie.

Stress-Stituationen beeinflussen eine Vielzahl von Körperfunktionen, tatsächlich viel mehr als hier beschrieben. Ist der Stress-Zustand nur von kurzer Dauer, gelingt die körperliche Erholung in aller Regel ohne größere Probleme. Gibt es jedoch keine «Entwarnung», weil die Ursachen des Stresses fortbestehen oder neue

Stress-Bedingungen den Körper erneut in Alarm versetzen, steht der Organismus unter Daueranspannung. Chronischer Stress belastet zum Beispiel das Herz und den Magen und ist tatsächlich nervenaufreibend.

Ohne ausreichende Erholung kann der Körper nicht genügend Widerstandskräfte aufbauen, das Immunsystem wird geschwächt. Chronischer Stress kann Infektions- und Krebserkrankungen fördern. Nicht abgebaute Fettsäuren im Blut beschleunigen Aterio-sklerose. Gerät das vegetative Nervensystem aus der Balance, weil dauernder Stress eine angemessene Deregulierung verstärkter Körperreaktionen verhindert, wächst das Infarktrisiko. Verdauungsprobleme schließlich können zu Magen- und Darmgeschwüren führen. Jede dieser Organerkrankungen kann tödlich enden. Der Tod kann sogar eintreten, ohne daß eine organische Ursache gefunden werden muß.

Lange wurde Stress in der Psychologie über äußere Faktoren definiert, die das innere Gleichgewicht verletzen und den Organismus zu einer Anpassung an veränderte Umweltbedingungen zwingen.[5] Wird Stress jedoch allein über äußere Stimuli definiert, bleibt der Begriff unscharf. Schließlich besteht das Leben aus ständigen Veränderungen und verlangt dauernde Anpassung und / oder Wieder-Anpassung.

Stress zu empfinden ist normal und in angemessener Dosierung sogar gesund, zumal wenn Menschen neue Herausforderungen suchen, um ihre Fähigkeiten und Kompetenzen zu vergrößern. Stress, ausschließlich als physiologisches Reiz-Reaktions-Muster definiert, taugt schnell als Etikett, das alles und nichts auszeichnen kann. Über die unterschiedliche Wirkung verschiedener Stress-Faktoren und die inneren Mechanismen, die die psycho-physiologischen Veränderungen steuern, ist mit der Beschreibung dieser Muster nämlich noch nichts gesagt.

Neuere Konzepte über Stress erklären den Begriff differenzierter. So betrachten die amerikanischen Psychologen Lazarus und Folkman nicht mehr nur äußere Einflüsse, sondern die Fähigkeit des Individuums, neue Anforderungen abzuschätzen und negative Auswirkungen zu vermeiden, d. h. *Coping*-Strategien zu entwerfen.[6] Stress erscheint dann als soziales Phänomen, das nur aus dem jeweils besonderen Verhältnis einer Person zu seiner Umgebung erklärt werden kann. Das persönliche Verhältnis zur Umwelt wiederum hängt ab von (subjektiven) Wahrnehmungen und deren Zuordnungen zu vorangegangenen Erfahrungen. Aus diesen (subjektiven) Erfahrungen und Bewertungen bilden sich gedankliche Schemata, mit denen wir versuchen, die Welt zu begreifen und uns in ihr zurechtzufinden.

Lazarus und Folkman verstehen psychischen Stress deshalb aus der Art und Weise, wie ein Individuum eine Situation und die persönlichen Ressourcen abschätzt, um in dieser Situation gut zu bestehen. Als kognitive Psychologen gehen sie davon aus, daß Schemata, nach denen das Abschätzen *(appraisal)* vorgenommen wird, die Persönlichkeit des Menschen prägen. Der amerikanische Psychiater und Psychoanalytiker A.T. Beck diagnostiziert: Die Gefühle und das Verhalten eines Menschen werden weitgehend dadurch bestimmt, wie das Individuum (gedanklich) die Welt strukturiert.[7]

Um in der Welt zu bestehen, entwickelt jeder Mensch ein System, Informationen so zu verarbeiten, daß er sich an sich verändernde Umstände anpassen kann. Neue Informationen werden enkodiert, d. h. den früheren Erfahrungen und dem erworbenen Wissen zugeordnet und dadurch in künftig nutzbare Informationen umgewandelt. So entstehen zunehmend differenziertere kognitive Strukturen, die aus einer Reihe grundsätzlicher Annahmen eines Menschen über sich selbst und die Welt bestehen. Beck und Weishaar nehmen an, daß diese Strukturen (oder Schemata) durch frühe Erfahrungen stark geprägt, jedoch im Laufe des Lebens verändert werden können.[8]

Schemata sind also persönliche Konzepte über Beziehungen zu Menschen und Objekten, die Gefühle beeinflussen und selbst von Gefühlen beeinflußt werden. In Emotionen, so Lazarus, zeige sich das Verhältnis einer Person zu seiner Umwelt. Sie würden nämlich nicht allein durch objektive Anforderungen der Umwelt oder an sich bestehende innerpsychische Bedürfnisse ausgelöst, sondern durch die zugeordnete Bedeutung, die (subjektive) Einschätzung, welchen Einfluß eine Beziehung oder eine Situation auf das persönliche Wohlbefinden haben könnte.[9]

Emotionen sind demnach psycho-physiologische Phänomene.

Sie wirken auf die (subjektive) Wahrnehmung einer Aufgabe oder einer Begegnung ein und beeinflussen die Aufnahme und Verarbeitung neuer Informationen. Die Erklärung mag zirkulär klingen, doch sie beschreibt die Dynamik der psychischen Prozesse. Schätzen wir Ereignisse als vorteilhaft ein, verbinden wir damit positive Gefühle wie Glück, Stolz oder Erleichterung. Wähnen wir dagegen Ambitionen und Ziele gefährdet, empfinden wir negative Gefühle wie Ärger, Angst oder Schuld. Wir erleben dies als Angriff auf unsere Identität und sehen unsere Selbstachtung gefährdet. Angriffe auf die Struktur unseres Selbst erleben wir als Stress.

In der Stress-Bewältigung unterscheiden Lazarus und Folkman zwischen emotionsorientiertem und problemorientiertem Coping. Coping-Strategien der ersten Kategorie versuchen, negative Gefühle einzudämmen. Dies kann etwa durch die Umdeutung einer Situation geschehen, beispielsweise wird ein gescheiterter öffentlicher Auftritt neu interpretiert als lehrreiche Erfahrung oder eine erfolglose Bewerbung zum ohnehin nicht ernstgemeinten Unterfangen. Zum emotionsorientierten Coping gehört auch der Gebrauch von Drogen und Alkohol, von Substanzen, die Stress dämpfen. Die Neigung, Coping allein auf Emotionen zu richten, steigt, wenn ein Verhalten, das die Stress-Ursachen beseitigte, individuell nicht möglich zu sein scheint.

Problemorientiertes Coping dient eher einer Behauptung des Selbst. Die Situation erscheint grundsätzlich als kontrollierbar, jedenfalls nicht als dramatische Überforderung. Strategien dieser Art verfolgen persönliche Ambitionen, zielen auf die Erfüllung von Aufgaben und die Beseitigung von Hindernissen.

Der psychologische Ansatz läßt eine sinnvolle Erklärung des Begriffs Ich-Stärke oder Ego-Dominanz zu. Ich-Stärke kann verstanden werden als das Wissen um die eigenen kognitiven Schemata und ihre affektive Dynamik. Aus diesem Wissen entsteht die Fähigkeit, Forderungen der Umwelt zu reflektieren, realistisch abzuschätzen, in ein Verhältnis zu den eigenen Bedürfnissen und Fähigkeiten zu setzen und eigene Ziele und Ambitionen sozial verträglich zu verfolgen. Innere Konflikte entstehen aus widersprüchlichen Schemata, disparaten Erfahrungen und gegensätzlichen Ambitionen.

Der psychologische Begriff *Coping* unterstellt weder eine automatische Anpassung an noch eine unbedingt zweckmäßige Bewältigung von Stress-Situationen. Coping-Strategien werden bestimmt durch individuelle Eigenschaften, persönliche Ressourcen, soziale, kulturelle und politische Faktoren. Sie sind weder biologisch gesteuerte Reflexe noch angeborene Mechanismen, die Krisenbewältigung garantieren. Wahl und Verfügbarkeit von Coping-Strategien hängen davon ab, was der einzelne unter gegebenen Umständen lernen konnte und was sozial akzeptiert wird.

Anforderungen der Umwelt erleben wir als starke Stress-Belastung oder gar Überforderung, wenn sie das Konzept, das wir von uns selbst entwickelt haben – unser Selbst-Konzept, beschädigen. Amerikanische Sozialwissenschaftler haben für diese Annahme in einer Langzeitstudie empirische Evidenz gefunden. Leonard Pearlin von der *University of California – San Francisco* untersuchte zusammen mit Kollegen über 1100 Personen, um Aufschluß über den Zusammenhang von Lebensumständen, Selbst-Konzepten und Stress zu erhalten. Besonders wichtig für seelischen Zusammenhalt, so fanden die Forscher heraus, sind Selbstachtung *(self-esteem)*, das Urteil, welches man über seinen Selbstwert gewinnt, und *(mastery)*, die Erfahrung, Schwierigkeiten meistern zu können, die das Leben entscheidend beeinflussen.[10]

Selbstwertgefühle und die Vorstellung, Probleme in den Griff zu kriegen, können angegriffen werden, wenn in einem wichtigen Lebensbereich, zum Beispiel im Beruf, die Erwartungen an sich selbst nicht mehr erfüllt werden. Das Selbstwertgefühl schwindet um so mehr, je weniger durch Meisterschaft in anderen Lebensbereichen, zum Beispiel in der Familie, der Verlust an Anerkennung ausgeglichen werden kann. Mangel an Erfolgen, die häufige Erfahrung von individueller Unzulänglichkeit und persönlicher Unwirksamkeit ruinieren schließlich Selbstwertgefühle und erschüttern den inneren Zusammenhalt einer Person.

Den Verlust von Selbstachtung und schwindende Beherrschbarkeit der eigenen Lebensumstände werten Pearlin und Kollegen als das wesentliche Moment, das Stress auslöst. Veränderungen im Arbeitsleben *(being fired, being laid off, being downgraded)* identifizieren sie als einschneidende Erfahrung mit möglichen gesundheitlichen Folgen. Wer (unfreiwillig) einer solchen Stress-Situation ausgesetzt ist, sich selbst als inadäquat erlebt, durch eigene Anstrengung Probleme zu lösen, wird leicht depressiv. Je länger dieser Druck anhält, um so schlimmer. Schwierigkeiten, die rasch bewältigt werden können, stärken dagegen Selbstwertgefühle und Selbstachtung. Selbst-zerstörerisch sind Probleme, deren Ende nicht abzusehen ist, deren Bestand das Leben dauerhaft zu belasten scheint.

Der Umgang mit Stress, die subjektiv empfundene Intensität, hängt ab von der jeweiligen Persönlichkeit. Rigide Menschen, die sich durch ein hohes Maß an Konformität auszeichnen, leiden eher unter Stress als flexiblere Persönlichkeiten. Sie verfügen über ein begrenzteres Handlungsrepertoire und können deshalb schlechter Strategien entwerfen, um Stress zu bewältigen.[11]

Die DDR beruhte in hohem Maße auf erzwungener Konformität. Die Internalisierung der herrschenden Normen und Regeln förderte in besonderer Weise rigides Denken und Verhalten. Rigide Menschen aber empfinden bereits geringfügige Veränderungen, etwa in ihrem Tages- oder Arbeitsablauf, als Stress. Um so stärker setzt sie radikaler gesellschaftlicher Wandel unter Druck. Den Zusammenbruch der gewohnten Ordnung erleben sie als eine dramatische und komplexe Veränderung, die das verfügbare Handlungsrepertoire weitgehend entwertet. Hinzu kommt, daß «erlernte Hilflosigkeit» depressives Leiden unter Stress verstärkt. Wer gelernt hat, daß eigene Anstrengung häufig nichts nutzt, um ersehnte Gratifikationen zu erwerben oder gefürchtete Zurückweisungen zu vermeiden, neigt dazu, solche Erfahrungen zu generalisieren. Aus dieser Generalisierung erwächst die grundsätzliche Haltung, an den Widrigkeiten des Lebens ohnehin nichts ändern zu können.[12]

Die «Kontrollfürsorge» (Ulrich Beck) des totalitären SED-Regimes züchtete massenhaft solche Hilflosigkeit. Der Kaderstaat verwaltete streng die Gratifikationen und berücksichtigte in der Zuteilung eher Loyalität als Kompetenz. Schon bei dem Antrag auf einen Telefonanschluß entschied die Haltung zur Obrigkeit. Doch Servilität garantierte den Ansuchenden in der Begegnung mit der allmächtigen Bürokratie keinen Erfolg. Da sich die Staats- und Parteiapparate der gesellschaftlichen Kontrolle entzogen, regierte die Willkür. So wiesen die Behörden Wünsche nach einer Westreise, nach Wohnungs- oder Arbeitsplatzwechsel zurück, wie es dem jeweiligen Verwalter der Macht gefiel.

Wer stets gelernt hat, daß wichtige Entscheidungen, die sein Leben betreffen, eben nicht von ihm zu treffen sind, muß lernen, sich mit seiner Hilflosigkeit zu arrangieren. Ist dieses Arrangement verinnerlicht, löst die plötzliche Anforderung, sein Leben selbst zu gestalten, in eigener Verantwortung zu planen und selbstdefinierte Ziele zweckgerichtet zu verfolgen, in hohem Maße Stress aus.

Rigidität und gelernte Hilflosigkeit erscheinen als zwei Elemente eines Denkens und Verhaltens, das in Gesellschaften des real existierenden Sozialismus systematisch verstärkt worden ist. Konformität reduzierte auch die innere Angst, durch Veränderungen und eigene Entscheidungen überfordert zu sein. Erlernte Hilflosigkeit wird zu einem Bestandteil der kognitiven Struktur und bestimmt die Wahrnehmung neuer Erlebnisse. Der tiefsitzende Glaube, hilflos ausgeliefert zu sein, etabliert eine tendenziell depressive Grundhaltung, die unter Stress aktualisiert wird. Die negative Erwartung soll vor weiteren Enttäuschungen schützen. Tatsächlich verstärkt diese Haltung Depressionen, mündet also in eine noch tiefer in die Depression führende Stimmungsspirale.

Menschen mit geringer Ich-Stärke verfügen über weniger Strategien, um neuen Herausforderungen zu begegnen. Sie analysieren und planen weniger, sind insgesamt weniger aktiv und meiden die Suche nach Rat und sozialer Hilfe. Sie neigen eher zu Verweigerung, Rückzug und Flucht in Alkohol oder Drogen.[13]

Zweckmäßige Strategien verlangen Reflexion. Eine Überprüfung der eigenen Annahmen und die Fähigkeit, diese Annahmen in Frage zu stellen, setzen Ich-Stärke und soziale Kompetenz voraus. Optionen müssen geprüft, neue Informationen gesammelt und mögliche Konsequenzen abgeschätzt werden. Dieses Wissen kann als zusätzliche Ressource in das persönliche Coping-Reservoir integriert werden.[14] Coping ist zu sehen als Prozeß, als ständiges Abschätzen (*appraisal* und *reappraisal*), ob eine gewählte Strategie ausreicht, einer Herausforderung zu genügen. Nur so ist die Wirksamkeit unseres Handelns zu kontrollieren und unser Handlungspotential zu vergrößern. Reflektiertes Coping ist integraler Bestandteil persönlichen Wachsens. Es stärkt das Selbstbewußtsein und festigt das Ich. Stress kann persönliche Entwicklung fördern, solange die neuen Anforderungen die bereits erworbenen Fähigkeiten nicht extrem übersteigen, also genügend Ressourcen zu mobilisieren sind.

Die Schwierigkeiten vieler Ostdeutscher (und Osteuropäer), die Anforderungen des gesellschaftlichen Wandels zu bewältigen, verweisen auf ein beschränktes Coping-Reservoir, das wiederum mangelnde Ich-Stärke repräsentiert. Ihrer inneren Logik folgend, räumen autoritäre Regime dem einzelnen weniger und geringere Chancen ein, Ich-Stärke zu gewinnen, als Gesellschaften, die auf Individuation vertrauen.

Radikale gesellschaftliche Änderungen entwerten die gelernten Strategien und verlangen ein anderes Coping, für das vielen Menschen grundlegende Fähigkeiten fehlen. Dies ist weder eine persönliche Schuld noch eine individuell zu verantwortende Schwäche. Vorwürfe gegen Menschen aus postkommunistischen Gesellschaften, daß sie Schwierigkeiten im Umgang mit den neuen Verhältnissen haben, sind deshalb eben so unangebracht wie moralisierende Appelle, sich «zusammenzureißen», dann wären die Herausforderungen schon zu meistern. Beide Haltungen sind bestimmt von Unverständnis und Arroganz; sie unterstellen, allein guter Wille reiche aus, die Prägungen real sozialistischer Sozialisation zu überwinden.

Viele Probleme, die Stress verursachen, sind für den einzelnen nicht zu lösen. Umweltbelastungen sind eine Begleiterscheinung von Industriegesellschaften, bis zu einem gewissen Grad müssen wir sie in Kauf nehmen, wenn wir (als Gesellschaft) nicht bereit sind, erhebliche Abstriche von unserem Lebensstandard zu machen. Komplexe Gesellschaften schaffen komplexe Organisationen, die sich in einem gewissen Maße der Gesamtsteuerung entziehen. Uns begegnet das Phänomen als Verselbständigung der Bürokratie. Wirtschaftliche Macht ist meist stärker als vernünftige Argumente. In aller Regel wird sie uns als Sachzwang dargestellt, nur dem Gemeinwohl dienend, obwohl ihr Lobbyismus oft rücksichtslos auf privaten Vorteil zielt.[15]

Da Coping beabsichtigt, das Selbst zu bewahren und (nach Möglichkeit) in seinem Wachstum zu fördern, verlangen äußere Umstände, die jenseits persönlicher Einflußnahme liegen, ein Arrangement. Wir können versuchen, uns innerlich zu distanzieren, oder wir finden uns damit ab, daß die Gegebenheiten von uns nur bedingt zu ändern sind. Solches Verhalten ist nicht als Coping-Versagen zu werten.

Die Liberalität einer Gesellschaft definiert den Raum für die Entfaltung von Individualität. Demokratien greifen mit Regeln und Normen weniger in den persönlichen Bereich ein als autoritäre Systeme. Sozialistische Diktaturen strebten geradezu danach, die Distanz zwischen öffentlicher und privater Sphäre so gering wie möglich zu halten. Unabhängige Institutionen, die politische Gegengewichte und unabhängige soziale Gemeinschaften hätten schaffen können, waren nicht zugelassen. Die sozialistische Staatsmacht unterdrückte die *zivile Gesellschaft.* Unterdrückt gesellschaftliche oder politische Macht grundlegende menschliche Ambitionen und hemmt das Selbst in seiner Entfaltung, erzwingt sie in der Unterwerfung Selbst-Schädigung durch Neurose.[16] Unter kommunistischer Diktatur gehörten solche Zwänge zum Wesen der Herrschaft.[17]

Sozialer Wandel als Stress

Gesellschaftlicher Wandel kann für eine Vielzahl von Menschen erheblichen Stress erzeugen. Je dramatischer die sozialen Veränderungen, desto größer für viele die seelische Belastung. Wenn soziale Institutionen einstürzen und Werte und Normen ihre Gültigkeit verlieren, funktionieren die gelernten Strategien nicht mehr, mit denen den Anforderungen des täglichen Lebens begegnet werden konnte. Das erworbene Repertoire, um Situationen, Beziehungen und Aufgaben einzuschätzen, wird entwertet. Wer nicht im gleichen Tempo neue Coping-Fähigkeiten entwickelt, wie die alte Struktur zerfällt, verliert Orientierung und Sicherheit.

Der amerikanische Stress-Forscher Marris weist darauf hin, daß radikaler sozialer Wandel Menschen mit dem Gefühl zurücklassen kann, die Kontrolle über ihr Dasein verloren zu haben und einer völlig unüberschaubaren und deshalb bedrohlichen Zukunft ausgeliefert zu sein. Die Konzepte zerfallen, mit denen sie ihren Erfahrungen einen Sinn gegeben haben. Erlebt wird das als Verlust der eigenen Vergangenheit, also Verlust von Identität.[18]

Symptomatisch sind die Diskussionen über eine «DDR-Identität». Die Ostdeutschen wollen und können ihr früheres Leben nicht als wertlos bezeichnen. Sie müßten sonst sagen, sie hätten «umsonst» gelebt. Genau das aber wollen viele Westdeutsche ihren Landsleuten in den neuen Bundesländern zumuten. Die Erwartung ist demütigend und vertieft die Spaltung der Gesellschaft. Sie fördert den (teils trotzigen) Rückzug der Ostdeutschen und die (oft nostalgische) Sehnsucht nach überlebten «Gewißheiten». Solche Polarisierung verstärkt den innergesellschaftlichen Stress und erschwert die Lösung von Problemen.

Der Sozialwissenschaftler Leonard Pearlin vermutet, daß vor allem die Unsicherheiten und Widersprüche, die extremen Wandel begleiten, Stress hervorrufen. Allerdings unterstreicht er, daß soziale Desorganisation sich nicht zwangsläufig in persönlichen Stress übersetzen muß. Sofern die internalisierten gesellschaftlichen Werte vornehmlich dazu gedient haben, eine bestimmte Rolle zu erfüllen, kann durch die Aufgabe dieser Rolle die Konfrontation konkurrierender Werte vermieden werden.[19]

Für viele ehemalige DDR-Bürger (und Osteuropäer) sind solche «Rollenwechsel» allerdings kaum möglich. Kommunistische Parteien oktroyierten, um ihre Macht zu erhalten, ein rigides und statisches System, das Coping-Fähigkeiten praktisch als Unterwerfung definierte.[20] Schon deshalb erleben viele den plötzlichen Zusammenbruch des Systems als Stress – sie verfügen nur über ein geringes Repertoire, um produktives Coping mit tiefgehenden Veränderungen zu entwickeln. Mit dem Verlust der alten Ordnung haben sie auch soziale Verankerung verloren, sogar ihre unmittelbare Umwelt mag ihnen nicht mehr vertraut sein.

In den ehemals kommunistischen Ländern distanzieren sich heute viele Manager und Professoren – nach außen hin laut, im Inneren leise – von ihrer Rolle als Mitglied der Partei. So versuchen sie, Mitverantwortung loszuwerden und Schuldgefühle zu reduzieren. Sie definieren die politische Rolle um, die sie jahrzehntelang treu erfüllt haben, und bezeichnen sich als «Spezialisten», die angeblich Parteimitglied sein mußten, um ordentlich ihren Beruf ausüben zu können. Zu einem gewissen Maße (aber eben nur bedingt) stimmt das sogar; dadurch fällt die Entschuldigung und die Verdrängung eigener Beflissenheit leichter. Heute können sie ihr Selbst-Konzept neu formulieren, indem sie ihre Identität ausschließlicher über ihre berufliche Qualität bestimmen. Sie arrangieren die Gewichtung ihrer Rollen neu, um wieder inneren Zusammenhalt zu finden. Vermutlich benötigen sie zu dieser Verdrängung eine gehörige Portion seelischer Energie.[21]

Die Ostdeutschen haben mit der (Wieder)Vereinigung über Ziele und Strategien entschieden. Die durch diese Entscheidung entfesselte Dynamik der Transformation konnten sie freilich nicht überschauen. Innerhalb weniger Monate tauschten sie den real existierenden Sozialismus gegen bürgerliche Demokratie und Marktwirtschaft. Darauf konnten die allermeisten nicht vorbereitet sein.

Die Bewältigung des Wandels fällt um so schwerer, je weniger Gelegenheiten zur Verfügung stehen, die eigenen Fähigkeiten neu auszuprobieren und persönliche Erwartungen und Ziele der veränderten Wirklichkeit anzupassen.

Besonders hart trifft die Entwertung beruflicher Qualifikationen. Das SED-Regime hatte jedem das Recht auf Arbeit zugesichert. Jetzt verlieren viele ihren Arbeitsplatz. Die Gesetze des Marktes machen ihnen drastisch klar, daß ihre Kenntnisse und Fähigkeiten nicht mehr gebraucht werden. Massenarbeitslosigkeit greift (massenhaft) Selbstwertgefühle und Selbstbewußtsein an.

Steigende Arbeitslosigkeit nimmt Millionen die Chance, Qualifikationen des *homo oeconomicus* zu erwerben – als Produzent und Konsument. Die sozialen Folgen der Arbeitslosigkeit setzen sich fort als Beschränkungen der Weiterbildung, der Freizeitaktivitäten und der Partizipation am kulturellen Leben. Diese Beschränkungen wiederum erleben viele als weitere deprimierende Deklassierung.

Ausführlich referiert der Mannheimer Sozialpsychiater Heinz Häfner eine Vielzahl von Studien über Arbeitslosigkeit und ihre seelischen Folgen. Schon die klassische Untersuchung von Arbeitslosen in Marienthal von Jahoda, Lazarsfeld und Zeisel aus dem Jahre 1933, betont Häfner, gewann «paradigmatische Bedeutung für die sozialpsychologische Theoriebildung»[22]. Obschon die Studie zu den Klassikern der Forschung gezählt wird, scheinen die Ergebnisse vielfach in Vergessenheit geraten zu sein. Jahoda et al. untersuchten die Folge von Massenarbeitslosigkeit in einem Mikrokosmos. Über Monate beobachteten sie das Leben in dem österreichischen Dorf Marienthal. Dort war, Ende der 20er Jahre, die gesamte Industrie zusammengebrochen. Die Existenz von mehr als drei Viertel der Familien hing ab von der Arbeitslosenunterstützung. Die Situation war durchaus vergleichbar der im heutigen Ostdeutschland, wo seit der Vereinigung in vielen Regionen ganze Industriezweige stillgelegt werden.[23] Vor dem wirtschaftlichen Einbruch, berichten die Autoren, besaß der Ort eine attraktive Vitalität. Die politischen Organisationen waren sehr aktiv. In Marienthal wurde viel gelesen, diskutiert und gefeiert. Die große Fabrik «war nicht bloß Arbeitsstätte, sie war das Zentrum des sozialen Lebens»[24]. Mit der Arbeitslosigkeit änderte sich alles. Kaum jemand lieh noch Bücher aus der Bibliothek. Das Interesse an Politik ging zurück. Die Vereine verzeichneten einen beträchtlichen Mitgliederschwund, obwohl die Beiträge auf ein Mindestmaß herabgesetzt worden waren. Bereits Kinder und Jugendliche litten unter Angst vor der Zukunft. In Marienthal breitete sich Resignation aus, ein «gleichmütig erwartungslose(s) Dahinleben»[25]. Freizeit erwies sich «als tragisches Geschenk», viele glitten «aus einer geregelten Existenz ins Ungebundene und Leere»[26]. Nichts erschien ihnen sinnvoll. Jahoda et al. beobachteten hundert Familien eingehend und schätzten, daß 69 von ihnen resigniert hatten.

Nach einer Diskussion weiterer Studien und Vergleiche von internationaler Forschung kommt Häfner zu dem Ergebnis, daß Massenarbeitslosigkeit als extremer Stress zu betrachten ist, der sich in Depression, Alkoholismus und Selbstmord niederschlägt.[27]

Die psychosozialen Folgen von Arbeitslosigkeit – Depressionen, Angst, Schlaflosigkeit, Konzentrationsstörungen, allgemeine Anspannung – können schon nach einiger Zeit die körperliche Gesundheit beeinträchtigen. Der Münsteraner Psychologe Thomas Kieselbach berichtet von Studien, die nach neun Monaten Arbeitslosigkeit eine bedeutsame Verringerung der Immunabwehr registrierten. Kinder von Arbeitslosen leiden häufiger unter Eß- und Schlafstörungen und Magen-Darm-Erkrankungen.[28]

Nach ärztlichen Untersuchungen von Arbeitslosen im Raum Halle stellte ein Psychologen-Team fest, daß 20 Prozent der Männer und 25 Prozent der Frauen, die zuvor keine gesundheitliche Einschränkung angegeben hatten, medizinischer bzw. psychologischer Betreuung bedurften. Zu behandeln waren psychosomatische Störungen wie Herz-Kreislauf-Beschwerden, Depressionen und neurotische Konfliktverarbeitung. Fast 18 Prozent der Befragten klagten über angstneurotische Phänomene.[29]

Das berufliche Leben in der DDR vollzog sich meist ohne gravierende Brüche. Der Staat bestimmte die Ausbildung und plante die spätere Laufbahn. Die Kommandowirtschaft blockierte Eigeninitiative und Kreativität, begrenzte Aufstiegschancen, garantierte jedoch soziale Sicherheit. Die Anforderungen an Mobilität und Flexibilität waren äußerst gering. Viele Bürger richteten sich ein und schätzten ihr ge(maß)regeltes Leben.

Der Rostocker Soziologe Peter Voigt und die Kulturtheoretikerin Renate Hill untersuchten Arbeitslosigkeit in Mecklenburg-Vorpommern und trafen häufig auf Menschen, denen das Umdenken und Umlernen schwerfällt und die sich mit dieser Anforderung nicht abfinden wollen. Die «vielfach nicht konfliktfähigen ehemaligen DDR-Bürger» leiden unter Konkurrenzdruck. Sie erwarten Hilfe vom Arbeitsamt, von den Gewerkschaften und vom Staat, aber werden oft selbst nicht aktiv.[30]

Die Autoren betonen, daß der Verlust des Arbeitsplatzes in Ost wie in West zu Brüchen der Lebensplanung führt und ein schmerzlicher Einschnitt in der Biographie ist. Voigt und Hill argumentieren jedoch, daß im Osten

> «der Verlust des Arbeitsplatzes mit dem Zusammenbruch des Systems, mit den ihm eigenen Werten zusammenfällt, die, wenn auch in unterschiedlicher Weise, mehr oder weniger stark verinnerlicht, auch die individuellen Voraussetzungen geprägt haben, mit der so erheblich veränderten Situation zurechtzukommen».[31]

Die Wissenschaftler beobachten «Wert-, Sinn- und Identitätskrisen», Verluste des gesamten Lebensumfeldes, von zwischenmenschlichen Beziehungen und Kontakten und sozialer Orientierung. Viele finden sich «in einem unberechenbaren Zustand» wieder. Als Folge identifizieren die Autoren eine Zunahme von Agressivität und Brutalität und verweisen auf steile Anstiege in der Verbrechensstatistik.[32]

Arbeitslosigkeit wird als besonders schwerer Angriff auf das Selbst erlebt. Mit der Kommandowirtschaft ist für viele Ostdeutsche ihre soziale Matrix zusammengebrochen. Deshalb ist die gesamte Situation so bedrohlich und die Bedürftigkeit nach Orientierung so groß. Sozialer Rückzug ist als notgedrungener Versuch zu werten, restlichen seelischen Zusammenhalt zu verteidigen. Wut und Aggression sind eine andere Antwort auf narzißtische Verletzungen des sozialen und politischen Umbruchs, auf die dadurch ausgelösten Angriffe gegen Selbstwert und inneres Gleichgewicht.

Die Entwicklung in der Bundesrepublik verfolgten die DDR-Bürger sehr genau, jedoch ohne sie selbst erfahren zu können. In Privatgesprächen führten sehr viele Menschen als Vorteil des DDR-Sozialismus immer wieder an, daß dieses System ihnen soziale Sicherheit garantierte. Wichtig war nicht so sehr ihr Verdienst, der hielt westlichem Vergleich nicht stand; für sie zählte das Recht auf Arbeit, die Gewißheit, niemals auf der Straße stehen zu müssen.

Das Zentralinstitut für Jugendforschung in Leipzig ermittelte in einer mehrfach wiederholten Studie, daß DDR-Bürger den Sinn ihres Lebens in starkem Maße über Arbeit definierten. Zwei Drittel der Befragten erklärten, die Arbeit sei für sie sinnstiftend, und 75 Prozent antworteten, sie wollten etwas leisten.[33] Allerdings bot das System ihnen wenig Chancen, solche Ambitionen zu verfolgen.

In die berufliche Tätigkeit investierten die meisten nur wenig Energie. Die persönliche Motivation tendierte gegen Null. Der Soziologe Detlef Pollack notiert:

> «Viele meinten, es lohne sich nicht, sich zu engagieren, und sahen sich durch das politische System um die Früchte ihrer Arbeit gebracht. Eigeninitiative galt oft als selbstschädigend, als ein Aufwand, der nichts bewirkte, außer daß man sich bei seinen Kollegen und Vorgesetzten unbeliebt machte.»[34]

Eifrig bastelten jedoch viele zu Hause oder auf der Datscha. Dies läßt den Schluß zu, daß Arbeit Menschen durchaus Sinn geben konnte, nicht jedoch die Arbeit unter einer sozialistischen Kommandowirtschaft. Hier mag eingewandt werden, dies sei wohl im Kapitalismus nicht anders. Doch einiges spricht dafür, daß dies ein Vorurteil ist.

Die amerikanischen Psychologen Mihaly Csikszentmihalyi und Judith LeFevre fanden in einer empirischen Untersuchung heraus, daß eine große Mehrheit der von ihnen untersuchten durchschnittlichen amerikanischen Erwachsenen sich bei der Arbeit wohler fühlt als bei Freizeitbeschäftigungen. Das trifft nicht nur für Leute zu, die in hohen und verantwortungsvollen Positionen arbeiten, sondern auch für Arbeiter in der Produktion.[35] Jede Testperson trug vom frühen Morgen bis zum späten Abend (von 7.30 bis 22.30 Uhr) einen *beeper*, der nach einem Zufallsprinzip Signale empfing. Bei jedem Signal beantworteten die Leute auf einem Fragebogen, was sie gerade gemacht und wie sie diese Tätigkeit empfunden haben. Csikszentmihalyi und LeFevre fragten zum Beispiel nach der subjektiv empfundenen Herausforderung der Tätigkeit, nach der Einschätzung eigener Fähigkeiten, nach empfundener Angst oder Langeweile. Die Methode heißt *experience sampling method* und ist von Csikszentmihalyi in den 70er Jahren entwickelt und seither zigfach angewandt worden.[36]

Bereits in früheren Studien hatte Csikszentmihalyi herausgefunden, daß Erfahrungen am positivsten empfunden werden, wenn die Umgebung genügend anspruchsvolle Herausforderungen stellt, die zu den jeweiligen (individuellen) Fähigkeiten passen. Sind Herausforderungen und Fähigkeiten hoch genug und in ungefährer Balance, werden die Fähigkeiten «angezogen», leicht über das bereits erworbene Niveau hinaus gefordert. So lernen wir dazu, erweitern unsere Kapazitäten, und unser Selbstwertgefühl wächst. Das ist optimale Erfahrung. Csikszentmihalyi hat für dieses Erleben den Begriff *flow* geprägt.[37]

Die Untersuchung über «Arbeit und Freizeit» ermittelte, daß 47 Prozent der Arbeiter während der Arbeit *flow* spürten; nur 20 empfanden ihre Freizeit als optimale Erfahrung. Manager berichteten sogar zu 64 Prozent von *flow* in ihrem Beruf.

Arbeit im Kapitalismus stellt demnach auch viele Arbeiter vor ständig neue Herausforderungen. Dadurch entwickeln sich persönliche Fähigkeiten und Fertigkeiten. Durch erfolgreich bewältigte Aufgaben wachsen Kompetenz und Selbstwert. Dieses Erleben wird als gutes Gefühl empfunden. Im Sozialismus war Arbeit dagegen eher aufgezwungene Langeweile. Obwohl die Betriebe ständig «Neuerer»-Initiativen starteten, störten wirkliche Neuerung und Eigeninitiative oft, wie es spöttisch hieß, den «sozialistischen Gang».

So schrieben die meisten die Ursachen für Erfolge und Mißerfolge äußeren Bedingungen zu, an denen sie nichts ändern konnten. Aus dieser Haltung resultierten Entscheidungsschwächen und die Neigung, Verantwortung abzuschieben. Da alles nur von äußeren Faktoren abhing, brauchte man sich selbst nicht zu ändern. So entstand persönliche Unflexibilität. Störungen der Produktion nahmen Betriebsleiter und Arbeiter gleichmütig hin, ohne besondere Initiativen zu entwickeln, um den Mißstand abzustellen.

Da die Ideologie auf der irrigen Annahme beharrte, Produktionsprozesse seien exakt zu planen, litten auch Führungskräfte unter einem mitunter schwer zu bewältigenden Stress. Sie mußten mehr arbeiten, verdienten kaum besser, da die Gehaltsgruppen eng beieinanderlagen, und scheiterten doch ständig an ihren Vorgaben. Lernen durch wirklichen Erfolg ließ das System auf kaum einer Stufe der Hierarchie zu.

Diese Einsicht verfestigte sich durch die ständige Erfahrung, daß der einzelne für sich keine Karriere planen konnte. Welche Aus- oder Weiterbildung jemand ansteuern durfte, in welchem Betrieb er in welcher Funktion arbeiten konnte, entschied meist (anonym) «der Apparat». Untersuchungen des *Institutes für Wirtschaftspsychologie* nach der Wende zeigen, daß in den ehemaligen «Personalabteilungen» der DDR-Kombinate

> «weder auf individuelle Aufstiegs- noch Personalentwicklungswünsche Rücksicht genommen wurde. Die Entscheidungsstrategien der Kaderchefs waren absolut undurchsichtig und höchstens durch ‹linientreues› Verhalten zu beeinflussen».[38]

Wichtiger als Kompetenz war auf allen Entscheidungsebenen Fügsamkeit, Unterordnung unter die Ideologie, Loyalität gegenüber der Partei. Anpassung erfolgte selbst gegen besseres Wissen. Wer Karriere machen oder Rang und Einfluß behalten wollte, mußte sich den politischen Standards unterwerfen, sich der Mittelmäßigkeit anpassen und schöpferische Ambitionen aufgeben. Vor allem mußte er lernen, mit der Lüge zu leben. Auf Dauer gelingt das jedoch nur mit einem gespaltenen Bewußtsein.

Durch «Abspaltung» des richtigen Bewußtseins werden Einsichten, Ehrlichkeit und Kreativität jedoch nicht konserviert, so daß sie jederzeit wieder verfügbar wären, eher werden sie «versenkt», weil die Anforderungen des täglichen Lebens nach diesen Fähigkeiten nicht verlangen.

Wichtiger als das sachliche Verhandeln über Plan und Arbeitsnormen wurde deshalb das Verhandlungsritual. Die Parteizeitungen mußten verkünden können, daß sich an der neuerlichen Plandiskussion alle Werktätigen und Führungskader mit Engagement beteiligt und freiwillig erklärt hätten, daß sie die Pläne «erfüllen und übererfüllen» wollten. Nach dieser öffentlichen Festlegung durfte dann nichts mehr schiefgehen. Am Ende der Planperiode mußte (gesamtwirtschaftlicher) Erfolg gemeldet werden. Das ist auch immer geschehen, und so schloß sich der Zirkel von Selbstbetrug und Komplizenschaft. Der Staat feierte öffentlich die Lüge, und keiner hat darüber gelacht.

Die besondere Mischung aus (Selbst)Betrug und Gehorsam, die Internalisierung von Normen und Werten der Kommandostruktur hat die Wirtschaft ruiniert. Jeder war daran beteiligt. Jeder hätte merken können, daß der Niedergang unvermeidlich war. In jedem Betrieb waren die Produktionseinbrüche sichtbar. Jede Kaufhausauslage bewies die schlechter werdende Versorgung.

Selbstbetrug bedeutet nicht nur, «sich etwas vorzumachen». Das betrogene Selbst baut Illusionen auf, die Wirklichkeit wird so gesehen, wie sie sein soll. Selbstbetrug ist der Mechanismus, der das Bewußtsein gegen Erfahrungen und Schlüsse immunisiert.

Der Gießener Psychologe Michael Frese und die Dresdner Psychologin Sabine Hilligloh untersuchten, ob sich mit dem Übergang vom Sozialismus zur Marktwirtschaft Verhaltensweisen geändert haben. Sie interviewten über 500 Personen im Osten und 160 im Westen und stellten fest, daß die Westdeutschen in allen sozialen Schichten erheblich mehr Eigeninitiative entwickeln und darum bemüht sind, Hindernisse aus dem Weg zu räumen. Die Ostdeutschen sind nur aktiver, wenn es um soziale Interessen geht. Eigenverantwortung lehnen sie eher ab. So stimmten sie zum Beispiel bevorzugt der Meinung zu: «Ich habe lieber einen Vorgesetzten, der mir genaue Anweisungen gibt. Dann ist er daran schuld, wenn etwas schiefgeht.» [39]

Selbst unter dem massiven Druck der Arbeitslosigkeit, so die Autoren, ändern viele Ostdeutsche ihr Verhalten nicht. Die Prägungen der sozialistischen Kommandowirtschaft sind offenbar so stark, daß die Umstellung auf adäquatere Coping-Strategien nicht gelingt. Frese und Hilligloh vermuten, «daß sich die psychologischen Voraussetzungen für die Entfaltung von Eigeninitiative nur sehr langsam verändern». [40]

Anpassungsschwierigkeiten und Identitätskrise

Die DDR pflegte den Mythos von der zehntstärksten Industrienation. Daß die Wirtschaft längst am Tropf der Bundesrepublik hing, nur durch ständige Infusionen überlebte, von der Postpauschale bis zur Transitgebühr, wurde nicht nur vom Führungspersonal der DDR verdrängt.

Die gelernten Illusionen überdauerten die politische Wende. Aus ihnen nährte sich die Vorstellung, in kurzer Zeit ein zweites deutsches Wirtschaftswunder inszenieren zu können. Der Selbst-Betrug hatte überlebt und die Anfälligkeit für neuen Betrug bewahrt. Das wahltaktische (tatsächlich illusorische) Versprechen des deutschen Bundeskanzlers, die Vereinigung mit dem Westen werde allen im Osten rasche wirtschaftliche Besserung bescheren, traf auf gläubige Seelen.

Doch die absichtsvoll genährten Hoffnungen erwiesen sich schon bald als illusorisch. Viele Menschen mußten erkennen, daß die Ost-Wirtschaft gegen die westliche Konkurrenz nicht bestehen konnte und das eigene Wissen, die im Sozialismus erworbene berufliche Qualifikation und soziale Kompetenz nicht ausreichten, um die Logik der Marktwirtschaft zu verstehen und danach das eigene Handeln auszurichten? Stratemann vom *Institut für Wirtschaftspsychologie* stellt fest:

> «Für die meisten nicht ganz jungen Menschen erwies sich vieles in ihrem bisherigen Leben als Fehlgestaltung, vielleicht sogar als völlig falsch. Die persönliche berufliche Sicherheit ging verloren, damit auch ein wesentlicher Aspekt der Selbstachtung in Form eines ‹Gebrauchtwerdens› durch andere.» [41]

In einem Vergleich nach dem *California Personality Inventory (CPI)* diagnostizierte Stratemann bei Managern aus der Ex-DDR geringere Fähigkeit zum Erfolg, niedrigere intellektuelle Effizienz, Leistung, Flexibilität und Toleranz als bei ihren bundesdeutschen Kollegen. [42] Jungunternehmer zeigten sich wenig kunden- und serviceorientiert, hatten einen auffallend engen Planungshorizont, gestalteten Preise völlig irreal und waren kaum bereit, Erfahrungen neu einzuschätzen und ihre Einstellung zu ändern. [43]

Einstellungen und Verhalten des einzelnen sind in der Marktwirtschaft ebenso wie im Sozialismus durch vorgegebene Regeln, Normen, Werte und Moral geprägt. Dynamik entsteht in der Marktwirtschaft durch Konkurrenz. Das Wirtschaftssystem folgt einer Logik, die dem Sozialismus diametral entgegensteht. Deshalb fällt den Ostdeutschen (und den Osteuropäern) die Anpassung an die neuen Verhältnisse so schwer.

Stratemann meint, man dürfe die Differenzen nicht überbewerten; bereits mittelfristig würden sie ausgeglichen. Die Schlußfolgerung ist optimistisch. Aus der Perspektive der in den vorangegangenen Kapiteln dargelegten Einstellungs- und Verhaltensforschung fällt die Prognose eher pessimistisch aus. Frese und Plüddemann resümieren nach ihrer Dresdner Studie über die Veränderungsbereitschaft von Bürgern in Ostdeutschland, daß trotz des revolutionären Wandels in der DDR Persönlichkeitseigenschaften weitgehend unverändert geblieben sind:

> «Zunächst ist festzuhalten, daß jeder Optimismus, die Menschen in der ehemaligen DDR könnten sich schnell auf die veränderten Anforderungen einstellen, fehlgeleitet ist. Die Umstellungsbereit-

schaft hat sich nicht verändert und wird sich wahrscheinlich auch nicht so schnell ändern, wie das für einen schnellen Aufbau einer modernen Wirtschaft notwendig wäre.»[44]

Der Sozialwissenschaftler Lutz Marz warnt in der vergleichenden Betrachtung von plan- und marktwirtschaftlichen Koordinaten vor einer «groben Optik», durch die Ost-West-Unterschiede in schlichter Polarität erscheinen. Doch auch er beklagt das «Beharrungsvermögen mentaler Dispositionen» in den fünf neuen Bundesländern und konstatiert Verluste «sozialer Kompetenz» und erhebliche «Orientierungsnöte», verstärkt von «westlicher Selbstgerechtigkeit und östlichem Selbstmitleid».[45]

Kein politisches System hat in der (industriellen) Arbeit von jedem einzelnen so weitgehende Unterordnung durch ideologische Vorgaben verlangt wie der real existierende Sozialismus. Kein System ließ so wenige Fluchten und beschränkte so radikal die Entfaltung persönlicher Fähigkeiten. Durch die völlige Ausdehnung der Kommandowirtschaft war die Entwicklungsmatrix vieler Menschen so stark bestimmt, daß bereits die Zwänge des «normalen» Arbeitsalltages Persönlichkeiten wesentlich geprägt haben.

Wenn die scheinbar sachlichen Zwänge des Systems zur Internalisierung von Einstellungen und Verhalten führen, sind die Muster nicht einfach abzulegen, indem man sich eine neue Meinung zulegt. Niemand wird in der Marktwirtschaft zum selbstbewußten und handlungsfähigen Wirtschaftssubjekt, weil er deren Parolen auswendig lernt. Niemand übernimmt in seine Persönlichkeit die Werte der bürgerlich-zivilen Gesellschaft, indem er sich zum Demokraten erklärt. Das jedoch geben Millionen in Osteuropa vor. Der Irrtum kann politische Folgen haben.

Durch den Kollaps des SED-Regimes, meint der Soziologe Ulrich Beck, sei eine ganze Gesellschaft «freigesetzt aus der Kontrollfürsorge des Kaderstaates». An die Stelle der Gesinnungslaufbahn trete das individualisierte Leistungsprinzip. Mit der Kontrolle entfiele eben auch die gewohnte (und teils geschätzte) Fürsorge, die einzelnen müßten sich nun «im Dickicht der Optionen» zurechtfinden, neue Biographien suchen und dabei ihre bisherigen «Orientierungen und Koordinaten» auswechseln.[46]

Von heute auf morgen konfrontierte die deutsche Vereinigung die neuen Bundesbürger mit den Anforderungen der *civil society*. Die Entwicklungspsychologin und Kulturtheoretikerin Gisela Trommsdorff merkt an:

«Es kann nicht wirklich erwartet werden, daß mit einem formalen Systemwechsel die eigene politische Vergangenheit ausgelöscht und deren soziale und politische Folgen annulliert werden und die Menschen die mit dem neuen System verbundenen Ziele und Kompetenzanforderungen übernehmen. Mit dem Institutionenwechsel können keineswegs gleichzeitig auch die mit dem ehemaligen System verbundenen Einstellungen und Verhaltensgewohnheiten einfach ausgetauscht werden.» [47]

Reißig vermutet, daß trotz des Zusammenbruchs des alten Systems die «Gesellschaft» mit ihren spezifischen sozialen Strukturen, Sozialisations-, Deutungs- und Handlungsmustern, mit ihren Mentalitäten und ihrem Sozialverhalten für eine lange Zeit bestehenbleiben wird.[48]

Viele ehemalige DDR-Bürger erwerben neues Wissen und soziale Kompetenz, um die Anforderungen der West-Gesellschaft zu meistern, nur mühsam. In ihren drastischen Ausprägungen zeigen sich Anpassungsschwierigkeiten in Resignation, sozialem Rückzug, Depressionen, psychosomatischen Erkrankungen, zunehmendem Alkoholkonsum, wachsender Frustration und Intoleranz, steigender Ausländerfeindlichkeit und Gewaltbereitschaft. Das sind keine allgemeinen, aber im Osten Deutschlands insgesamt doch beachtliche Vereinigungsprobleme. Der Sozialwissenschafter Detlef Pollack meint über ehemalige DDR-Bürger:

«Sie sehen sich angesichts der neuen Gesellschaftsverhältnisse einer Assimilationszumutung ausgesetzt, die ihre kognitiven und psychischen Kräfte aufs äußerste anspannt.» [49]

In der DDR hatten die meisten Bürger die Bundesrepublik aus dem Westfernsehen kennengelernt, das den täglichen Blick «nach drüben» erlaubte. Nirgends sonst auf der Welt war ein anderes, konkurrierendes System einer Gesellschaft so nah und gleichzeitig doch so fern. Die wirtschaftliche und die politische Ordnung erschien den Ostdeutschen nicht fremd. Nun sind sie mit Problemen der Lebensführung konfrontiert, weil sie, so der Bamberger Sozialwissenschaftler Stefan Hradil, «in der überregulierten und sicherheitsfixierten DDR» nicht gelernt haben, ihr Leben unter wechselnden Bedingungen nach selbstgewählten Zielen zu gestalten.

> «Wer nicht auf seine Fertigkeiten vertrauen kann, sein Leben und seine Biographie selbst zu organisieren, seine Identität auch unter unsicheren und wechselnden Umständen selbst zu entwickeln und zu bewahren, den muß das Zerbrechen vertrauter Strukturen, die Verschlechterung der eigenen Lage und die Ungewißheit über Zukunftsinvestitionen doppelt bedrohen.» [50]

In der Wendeeuphorie glaubten die Ostdeutschen, den neuen Herausforderungen gewachsen zu sein, wenn man sie nur lassen würde. Tatsächlich nutzen viele erfolgreich die neuen Freiheiten. Viele tun sich jedoch schwer und glauben, in der Konkurrenzgesellschaft schlechter dran zu sein als zu Zeiten des sozialistischen Versorgungsstaates. Sie empfinden sich eher als Opfer denn als Akteure der Transformation.

Die Psychologen Ralf Schwarzer und Matthias Jerusalem beobachteten deutliche Unterschiede zwischen denen, die im Osten bleiben, und denen, die in die alten Bundesländer übersiedeln. Die Übersiedler haben sich entschieden, neue Chancen zu nutzen. Schwarz registrierte, daß sich diese Menschen meist «ausgesprochen gut angepaßt haben und sich als psychisch unauffällige und gesunde Mitglieder der Gesellschaft integriert haben». Er beschreibt die Übersiedler «als in der Mehrzahl eine Art ‹positiver Auslese› der DDR-Bevölkerung» – meist jüngere, optimistische und lebenstüchtige Leute, die ihr Leben selbst in die Hand genommen haben.[51] Offenbar verfügen Übersiedler (im Durchschnitt) über ein größeres Coping-Reservoir als «Dableiber». Sie sind eher bereit, Risiken einzugehen. Jerusalem schließt, sie fühlten sich «durch ihre schwierigen neuen Lebensbedingungen eher herausgefordert und äußerten sich weniger ängstlich bedroht»[52]. Persönlichen Gewinn durch die Übersiedlung schätzten sie höher ein als Verluste und Nachteile. Dies gelte jedoch nicht für Arbeits- und Partnerlose. Sie würden eher eine Verschlechterung ihrer Lebenssituation empfinden. Dieses Gefühl verstärke sich im Laufe der Zeit und erschwere problemorientiertes Coping.

Wer schon in der DDR persönliche Probleme hatte, den Alltag zu bewältigen, läßt die Schwierigkeiten nicht zurück, wenn er in den Westen zieht. Die Übersiedlung erscheint nur als Ausweg, weil die Selbsteinschätzung nicht stimmt. Im Sozialismus konnten «die Verhältnisse» für alles verantwortlich gemacht werden – für Probleme am Arbeitsplatz, in der Familie, für Alkoholgenuß oder Sorgen mit dem Geld. Solche Rationalisierungen funktionieren jetzt nicht mehr. Auch das kann zur Belastung werden.

Mehr als in der DDR hat jeder einzelne die Folgen getroffener und unterlassener Entscheidungen selbst zu tragen. In der individualisierten Gesellschaft auf sich gestellt, fühlen sich viele Ostdeutsche überfordert. Pollack merkt an:

> «Diese Differenzierung der individuellen Chancen führt dazu, daß der einzelne Scheitern als individuelles Versagen erlebt und sich Erfolg als individuelle Leistung zurechnet. Die Bevölkerung ist nicht mehr wie in der ehemaligen DDR mehr oder weniger in derselben sozialen Lage und kann daher für Mißlingen auch nicht mehr das System oder die unfähige Führung verantwortlich machen. Auch wenn viele noch immer nach kollektiven Schuldigen suchen und sie etwa in den SED-Seilschaften oder in der Bundesregierung oder ganz global den westdeutschen Kolonisatoren zu finden meinen, erkennen doch immer mehr, daß sie für die Gestaltung ihrer Biographie selbst zuständig sind und für ihr Lebensschicksal niemand anders als sich selbst zur Verantwortung ziehen können.» [53]

Massive Frustrationen und Verzweiflung «eines nicht geringen Teils der Bevölkerung in den neuen Bundesländern», ortet die Psychologin Katharina Belwe. Die schnelle Vereinigung, glaubt sie, erlebten die Ostdeutschen als Sturz von einer Lebenswelt in die andere:

> «Die Menschen haben ihre bisherigen Haltepunkte verloren. Lebensgewohnheiten knicken ab. Sozialstrukturen stürzen zusammen.» [54]

40 Jahre DDR stellten sich für viele als vergeudete, verfehlte, verlorene Lebenszeit dar. Lebenskonzepte und Überlebensroutinen seien entwertet, Lebenssinn schwinde. Neue Identität (und Stabilität) zu finden falle um so schwerer, je geringer die tatsächlichen

Integrationschancen und je größer die erlebte Ablehnung durch die West-Gesellschaft seien.

«Die ehemaligen DDR-Bürger leiden darunter. Es muß für sie unbegreiflich und verletzend zugleich sein, von den Brüdern und Schwestern im westlichen Teil Deutschlands so wenig angenommen zu werden. Das erzeugt die Gefahr einer Identitätskrise mit einem ungeheuren Selbsthaß und dem Gefühl von Minderwertigkeit und Verlorenheit.» [55]

Die Unzufriedenheit mit dem anderen Leben und die Enttäuschung über die neue gesellschaftliche Ordnung wächst. Politisch bleibt der «Einheitsfrust» nicht folgenlos. Während zu Beginn des Vereinigungsprozesses bei den Bürgern der ehemaligen DDR noch eine ähnliche Haltung zur Demokratie feststellbar war wie bei ihren westdeutschen Landsleuten, zeige sich heute, so der Soziologe Karl Ulrich Mayer, «eine Regression» demokratischer Grundeinstellungen in den neuen Bundesländern.

«Die Herstellung von Gleichheit der Lebensverhältnisse zwischen West- und Ostdeutschland wird sehr lange dauern – wahrscheinlich fast ein halbes Jahrhundert, nämlich bis zu dem Zeitpunkt, zu dem die ersten Geburtskohorten unter jeweils vergleichbaren Bedingungen ihre kollektive Lebensgeschichte begonnen und zu einem guten Teil durchlaufen haben werden.» [56]

Auch Reißig registriert wachsende Enttäuschung, Resignation, Unsicherheit und Angst. Zu beobachten seien erneute obrigkeitsstaatliche Fixiertheit im Denken und Verhalten sowie wachsende Demokratiedefizite. Seine Bilanz des Transformationsprozesses fällt pessimistisch aus:

«Die auflösenden und destruktiven Tendenzen sind bislang ausgeprägter als die konstituierenden und innovativen; die Blockierungen überlagern die Modernisierungen, die Konfliktpotentiale die Aufschwungtendenzen, die subjektiven Resignationen den Zukunftsoptimismus.» [57]

Bei vielen Menschen in den ehemals sozialistischen/kommunistischen Ländern reichen nach wie vor die Coping-Fähigkeiten nicht aus, um Demokratie und Marktwirtschaft voranzubringen. Die Prägungen des alten Regimes gehen so tief, daß sie den Einstellungswandel blockieren. «Es fehlt ein normales Selbstbewußtsein», stellt die Schriftstellerin Monika Maron fest.[58] Der Bürgerrechtler Jens Reich ortet «depressive Verstimmung» und bescheinigt den Ostdeutschen: «Sie haben das Versagersyndrom verinnerlicht. Am Disaster der DDR waren sie nicht schuld, aber beteiligt war jeder in seiner Nische dennoch.»[59] Der Psychiater Jochen Neumann bemerkt, «Demokratie zu lernen ist fast so schmerzhaft, wie unter einer Diktatur zu leben.»[60] – Alle drei Kommentatoren sind Bürger der ehemaligen DDR.

Bei vielen Ostdeutschen kommt Verbitterung dazu. Sie fühlten sich schon vom Sozialismus betrogen, weil sie sich jeden Tag vor dem Fernsehen ausmalen konnten, was ihnen entging. Seit dem Zusammenbruch der DDR ist, was sie lernen mußten, um dem Leben gewachsen zu sein, nicht mehr viel wert. Das empfinden viele als zweiten Betrug, als abermalige Niederlage. Den plötzlichen Niedergang des Kommunismus und den sturzartig über sie hereinbrechenden Kapitalismus erleben viele als dramatische Veränderung. Längst ist sie nicht abgeschlossen, vielmehr wirkt sie als ein chronischer Stressor, vielleicht sogar als anhaltend traumatisches Erlebnis.

Wende-Krankheiten

Die Diagnosekriterien der Amerikanischen Psychiatrischen Vereinigung, das *DSM (Diagnostic and Statistical Manual of Mental Disorders)* wie auch die Klassifikation der Weltgesundheitsorganisation, die *ICD (International Classification of Disease)*, beschreiben stressbedingte Anpassungsstörungen *(adjustment disorders)* auf ähnliche Weise.

Als Merkmale einer solchen Erkrankung nennt das DSM IV Symptome, die auf psychosoziale Stressoren zurückzuführen sind.[61] Anzeichen sind zum Beispiel: verringerte Leistung, verminderte soziale Aktivitäten; die Grundstimmung kann geprägt sein durch Nervosität, Besorgnis und Ängstlichkeit, depressive Verstimmung, Weinerlichkeit und Gefühle der Hoffnungslosigkeit. Anpassungsstress kann andere (körperliche und seelische) Krankheiten auslösen oder deren Verlauf bedingen, die Genesung verzögern oder verhindern. Die Stress-Störung kann in Depressionen münden und Suizidgefahren auslösen.

Das DSM IV weist auf die Bedeutung sozialer und kultureller Umstände für die Entwicklung von Anpassungsstress hin. Die Bedeutung, die eine Person einem Ereignis beimißt, und die Reaktion, die sie entwickelt, werden durch das jeweilige *setting* beeinflußt. Dieses kann das Verhalten so beeinträchtigen, daß Regeln und Normen nicht mehr eingehalten, die persönlichen Rechte anderer nicht mehr respektiert werden. Symptome dafür sind körperliche Gewalt und Vandalismus, ebenso rücksichtsloses Autofahren oder heftige Streitereien. Als Stress-Reaktion nennt das DSM IV auch sozialen Rückzug.

Das ICD-10 beschreibt Anpassungsstörungen mit Zuständen von subjektivem Leiden und emotionaler Beeinträchtigung, die soziale Funktionen und Leistungen behindern. Sie treten auf «nach entscheidenden Lebensveränderungen», zum Beispiel wenn das soziale Netz reißt, soziale Unterstützung entzogen wurde und soziale Werte verlorengegangen sind. Individuelle Dispositionen spielen bei dem Auftreten der Symptome eine Rolle, doch ist davon auszugehen, «daß das Krankheitsbild ohne die Belastung nicht entstanden wäre». Zu den Anzeichen gehören Angst, Besorgnis, ein Gefühl, unmöglich zurechtzukommen, vorauszuplanen oder in den alltäglichen Geschäftigkeiten fortzufahren. Auch die ICD nennt als mögliche Folge aggressives oder dissoziales Verhalten, Angst, Depression, Anpassung und Ärger.[62]

An der Abteilung für Kinder- und Jugendpsychiatrie der Universität Göttingen untersuchte der Arzt Peter Hummel, welchen Einfluß sozialistische Sozialisation und deutsch-deutscher Kulturumbruch auf seelische Erkrankungen ausüben können. Hummel stellt Fallbeispiele von Patienten vor, die schon vor der Wende 1989 aus der DDR in die Bundesrepublik übersiedelt waren und dann unter Anpassungsdruck gerieten:

> Ein achtjähriger Junge bekam zunehmend Probleme mit Gleichaltrigen. Ihn überforderte das Freizeitverhalten; nichts wurde, wie früher, von staatlichen Jugendverbänden organisiert. Der Junge zog sich zusehends aus seiner Umgebung zurück.

> Eine jetzt zwanzigjährige junge Frau ist an Überforderungen der (westdeutschen) Ausbildung gescheitert. Eine in der DDR begonnene Lehre konnte sie deshalb nicht zu Ende bringen. Sie zog sich immer mehr zurück und entwickelte Wahnvorstellungen.[63]

Birgit Winkelmann von der Poliklinik für Neurologie und Psychiatrie der Medizinischen Akademie Erfurt beschreibt Fallbeispiele für seelische Störungen der Nach-Wende-Zeit:

> Ein achtjähriger Junge zeigt psychosomatische Beschwerden – Kopfschmerzen, Schwindel und Einschlafstörungen. Die monatelange Arbeitslosigkeit des Vaters verunsichert die Familie.
>
> Ein sechzehnjähriges Mädchen leidet unter Anorexia nervosa. In der Schule war das Mädchen lange Zeit Klassenbeste. Mit Mitschülern hatte es deshalb Probleme, konnte darüber aber nicht mit den Eltern reden, die zu sehr mit den eigenen Sorgen befaßt waren. Die Eltern belastete vor allem die Angst, ihre Arbeitsplätze zu verlieren. Das Mädchen berichtet von Schwierigkeiten mit dem abrupten Gesinnungswandel der «Wendehälse», insbesondere auch unter Lehrern.
>
> Bei einem achtjährigen Jungen tritt eine Ticstörung auf. Der Vater des Kindes, ein ehemaliger Offizier der Nationalen Volksarmee, hat durch den Zusammenbruch des Systems einen erheblichen Prestigeverlust erlitten. Der berufliche Abstieg des Vaters wird von der Familie als Diskriminierung empfunden. Darüber wurde häufig geredet.[64]

In welchem Ausmaß der Wendestress zu seelischen Erkrankungen führt, ist schwer zu messen. Die bisherigen Veröffentlichungen beschreiben einzelne Fälle, ohne den Anspruch zu erheben, allgemeine Aussagen treffen zu können. Beachtlich sind die Angaben des Chefarztes der Psychosomatischen Klinik in Stadtlengsfeld, Reinhard Plassmann. Seit Anfang 1992 steht Plassmann der Anstalt in Thüringen vor. Das Krankenhaus nimmt Patienten aus allen neuen Bundesländern auf und ist eine der ersten Fachkliniken in Ostdeutschland. Seit Plassmanns Amtsantritt wurden dort 2000 stationäre Behandlungen durchgeführt. Die meisten dauerten sechs bis acht Wochen. Plassmann schätzt, daß ein gutes Drittel der Erkrankungen durch Belastungen ausgelöst bzw. in ihrem Verlauf beeinflußt wurden, die aus den politischen Veränderungen und den neuen gesellschaftlichen Anforderungen resultieren.[65] Das illustrieren Fallbeispiele:

Ein vierzigjähriger Lehrer, Fächerkombination Russisch und Sport, hatte in der DDR durch seinen Beruf viel Anerkennung gefunden. Er berichtet, sehr ehrgeizig gewesen zu sein. Er besuchte häufig Lehrgänge und bemühte sich erfolgreich um sein Fortkommen. Er erkannte die pädagogischen Richtlinien des Systems und die Forderung an, zur «sozialistischen Persönlichkeit» zu erziehen. Stark engagierte er sich für den Leistungssport und übernahm Aufgaben in Verbänden. Aus dem Lehramt, der Tätigkeit als Verbandsfunktionär und beruflichem Aufstieg bezog er sein Selbstbewußtsein. nach der Wende überprüften die neuen Schulbehörden seine Lehrbefähigung. Sie hielten ihn für ungeeignet, weiterhin als Erzieher zu arbeiten, und entließen ihn aus dem Dienst. Der Mann stürzte in eine schwere Krise. Sein Selbstwertgefühl sank dramatisch. Er zog sich von seiner Umgebung zurück und begann, unter Schlafstörungen, Angstzuständen und Schmerzen in Bauch und Unterleib zu leiden.

Eine jetzt 35 Jahre alte Frau arbeitete in der DDR als leitende Sekretärin in einem großen Industriebetrieb. Sie sah sich als erfolgreich und leistungsfähig. Im Zuge der Wende wurde der Betrieb rationalisiert, die Belegschaft auf ein Drittel verkleinert. Die Frau verlor ihre Stellung. Nach zahlreichen vergeblichen Bemühungen, einen neuen Arbeitsplatz zu finden, schwand ihr langsam der Mut. Von einem Angebot, als Putzfrau zu arbeiten, war sie schmerzlich getroffen. Nun sieht sie ihre Chancen schwinden, jemals wieder eine für sie angemessene Stellung zu erreichen. Auch der Ehemann war zeitweilig arbeitslos. Er fand schließlich einen neuen Arbeitsplatz, allerdings weit vom Wohnort der Familie entfernt. Seither pendelt er täglich zwischen Arbeitsplatz und Wohnort, das ist für ihn anstrengend, zeit- und kostenaufwendig. Auch er muß Statusverluste hinnehmen und ist mit sich selbst und seiner veränderten Situation so sehr beschäftigt, daß er seiner Frau wenig Hilfe bietet. Die Frau schämt sich, zieht sich zurück, entwickelt Angst vor sozialen Kontakten, schließlich vor jeder Öffentlichkeit und öffentlichen Plätzen. Alleine kann sie die Wohnung nicht mehr verlassen. Tägliche Besorgungen, zum Beispiel das Einkaufen, kann sie nur mit Hilfe anderer erledigen. Sie ist an einem depressiven Erschöpfungszustand erkrankt. Ihre mütterlichen Aufgaben kann sie nicht mehr richtig ausfüllen. Die beiden noch schulpflichtigen Kinder müssen sie unterstützen. Auch sie leiden unter der völlig veränderten Familiensituation, entwickeln Eßstörungen und haben Schwierigkeiten, in der Schule mitzuhalten.

Ein fünzigjähriger Mann überwachte in der DDR als Techniker den Maschinenpark einer großen Druckerei. Die Anlagen waren sehr veraltet und anfällig, oft hing es von seinem Geschick ab, ob die Produktion laufen konnte. Er spürte, daß er gebraucht wurde, war stolz auf seine Leistung und pflegte ein hohes Arbeitsethos. Seit der Vereinigung war der Betrieb nicht mehr konkurrenzfähig und ging in Konkurs. Als qualifizierter Techniker gehörte er zu der Gruppe der Arbeiter, die die Druckerei zu demontieren hatten. Das war seine letzte Aufgabe, danach wurde er entlassen. Dabei hatte er das Gefühl, sein «Lebenswerk» zu verschrotten. In seinem Alter kann er nicht mehr damit rechnen, wieder einen qualifizierten und sicheren Arbeitsplatz zu erhalten. Als Arbeitsloser sieht er sich nicht mehr als Ernährer und Oberhaupt der Familie. Ihn trifft vielfacher und massiver Funktionsverlust, sein Selbstwert schwindet. Diese Sicht verstärkt sein Gefühl, persönlich zu versagen. Mit der Veränderung seiner Lebenssituation setzten Schlafstörungen und Rükkenschmerzen ein, gefolgt von einer Depression.[66]

Als häufigste Symptome nennt Klinik-Chef Plassmann Angstneurosen, depressive Störungen, Kopf- und Bauchschmerzen, Eßstörungen und Resignation. «Typische ostdeutsche Krisen» entstünden dadurch, daß die drei wesentlichen Komponenten, die den seelischen Zusammenhalt eines Menschen ausmachten, durch die radikal veränderte Lebenslage gleichzeitig angegriffen würden. Gefährdet seien mit einemmal die materielle Existenz, die berufliche Karriere und die menschlichen Beziehungen.

Die Krankheitsbilder Ost unterscheiden sich kaum von denen im Westen. Interessanter als die Krankheit selbst sind die Auslöser. Der Umbruch hat im Osten Deutschlands Wertesysteme zerstört und dramatische Lebenskrisen ausgelöst. Arbeitslosigkeit ist ein beherrschendes Problem. Der Verlust des angestammten Arbeitsplatzes, erkennt Plassmann immer wieder, «hat für die Menschen im Osten einen anderen Stellenwert als im Westen; hier im Osten spielen persönliche Beziehungen und soziale Einbindungen eine viel wichtigere Rolle».

Frauen, die früher «Leistungsträger» waren und jetzt auf dem Arbeitsmarkt nicht mehr zu vermitteln sind, «erleben den Funktionsverlust als schweren Stoß gegen ihr Selbstwertgefühl». Andere sind «überfordert von der verlangten Mobilität», sie pendeln über weite Strecken zu einem neuen Arbeitsplatz und «leiden unter den langen Trennungen von der Familie». Weil in der DDR viel mehr Frauen beschäftigt waren als in der Bundesrepublik, Frauen (so gesehen!) ihre soziale Stellung eigenständiger bestimmten und aus ihrem Beruf Selbstachtung gewannen, ist für sie der soziale Abstieg oft besonders dramatisch.

Eltern, die keine Arbeit mehr haben, schämen sich dafür oft vor ihren Kindern. Sie fühlen sich als Vorbilder verbraucht. Finanzielle Schwierigkeiten verstärken die schlechte Stimmung. «Deprimierend ist für Eltern die Einsicht, ihren Kindern nichts mehr bieten zu können.» Gefühle von «Nutzlosigkeit» kommen auf. Der «Entwertungsschock» kann in Angst und sozialen Rückzug oder in Wut und Zorn treiben.

Die Krankheit oder die Disposition für die Erkrankung, betont Plassmann, habe womöglich schon vor dem politischen Umbruch bestanden. Wenn jedoch die verfügbaren Coping-Ressourcen nicht ausreichen, die neuen gesellschaftlichen Anforderungen zu erfüllen, «ist die Fähigkeit, das eigene Leben zu gestalten, insgesamt geschwächt». Dann führt der Lebensweg leicht in die Krankheit. Nur wenig mehr als 50 Prozent der Patienten, weiß der Kliniker aus eigenen Diagnosen und statistischen Untersuchungen, «kämpfen» gegen ihre Schwächung an, die anderen «resignieren». «Wer aufgibt, ist zu aktiver Lebensbewältigung nicht mehr fähig.»

Der bevorzugte Rückzug ist der Weg in die Rente – für Plassmann ein Ausdruck «sozialer Regression». 21 Prozent seiner stationären Patienten kommen bereits mit einem gestellten Rentenantrag in die Klinik, weitere 23 Prozent diagnostiziert er als hochgradig gefährdet für fortschreitende soziale Regression, als «Rentenpatienten in spe». Bei der Mehrzahl der Patienten sei der Wunsch, in Rente zu gehen, nicht kausale Folge einer aus Krankheit folgenden

Behinderung. Die Befunde seien entweder organisch nicht objektivierbar – zum Beispiel chronische Schmerzen –, oder es handele sich um eher unbedeutende somatische Symptome bzw. wechselnde funktionelle Beschwerden oder um eher subjektive Beschwerden wie Schwindel, Schlafstörung, Niedergeschlagenheit, Schwächegefühl, Angst, Depressivität. Sozialer Rückzug gerate zu einer vom Patienten eingenommenen «Haltung».[67]

> «Der Patient tendiert zur Krankschreibung, also zum Rückzug aus beruflicher Verantwortung und zum räumlichen Rückzug aus den Lebenswelten, die außerhalb der Wohnung liegen. Ein ständiges Überforderungsgefühl baut sich auf, eine Selbsteinschätzung der Minderbelastbarkeit, eine Tendenz zur Verantwortungsabgabe zunächst im Beruf, dann auch in der Familie, all das begleitet von einem hohen Therapiekonsum bei zunehmend geringer werdendem Effekt aller Behandlungsmaßnahmen.»[68]

Die Perspektive, in die Verrentung zu flüchten, entwickelten die Patienten über einen längeren Zeitraum in einem typischen Dreiphasenablauf. Zunächst machten sie Erfahrungen, die sie an ihrer Konkurrenz- und Leistungsfähigkeit zweifeln ließen. Die bis dahin gültigen Ziele in Arbeit und Beruf würden dadurch in Frage gestellt. Seit der Wende seien solche Schocks in großer Häufigkeit aufgetreten. Ein Teil der Menschen organisiere sich neu, entwickele aus der Desorientierung vielleicht sogar eine kreative Krise, andere, besonders die mit einem Hang zur Somatisierung, glitten ab in Ambivalenz.

> «Behandlungsmißerfolge fangen an willkommen zu werden, sie werden zu Argumenten für die Berentung, ebenso negative Erfahrungen am Arbeitsmarkt. Das Familiensystem ändert sich, der Prozeß der sozialen Regression mit Abgabe von Verantwortung, Verlust von Anerkennung, Rückbildung von genußbetonten Lebensbereichen, Verringerung von Sozialkontakten und bevorzugter Beziehungsaufnahme über Krankheit setzt ein.»[69]

Schließlich seien die Patienten in ihrer Selbsteinschätzung von ihrer Invalidität überzeugt und investierten keine Energie mehr in ihre Rehabilitation. Behandlungen hätten nur noch kurzfristige oder gar keine Wirkung, das Familiensystem habe sich bereits umgestellt und die Rentnerrolle schon zugewiesen. Das Ausmaß der sozialen Regression, meint Plassmann, sei beunruhigend. In zehn Jahren Tätigkeit als leitender Arzt einer psychosomatischen Abteilung in Westdeutschland habe er zu keinem Zeitpunkt auch nur entfernt Vergleichbares gesehen.

Die Kosten für Krankenkassen und Rentenversicherungen sind enorm und könnten allenfalls durch psychosoziale Präventivprogramme und Reintegration gedämpft werden. Im Durchschnitt sind die Rentenaspiranten jünger als 50 Jahre – Verlierer der Wende, die spüren, daß sie nicht gebraucht werden, daß die Gesellschaft sie abgeschrieben hat.

Die besondere Wucht der psychosozialen Veränderungen, die Beharrlichkeit der alten DDR-Mentalitäten und Coping-Strategien – und die daraus resultierenden Coping-Defizite in der Konkurrenzgesellschaft – verstärken sich jeweils negativ. Daraus entsteht die besondere ostdeutsche Belastungsdynamik. Nur in dieser Bedingtheit wird der Wendestress verständlich. Sobald Krankheitsbilder in einzelne Teile «zerlegt» und einzelne Faktoren, welche die Krankheit auslösen und/oder ihren Verlauf beeinflussen, isoliert betrachtet werden, geht die Einsicht in die ostdeutsche Besonderheit verloren.

Die wachsende Zahl von Patienten ist als Indikator für erhebliche, jedoch unmittelbar nicht ersichtliche Belastungen in der übrigen Bevölkerung zu registrieren. Zur ärztlichen Behandlung kommen in aller Regel nur die Menschen, die in eine schwere persönliche Krise geraten sind. Sich selbst (und schließlich vor anderen) eine seelische Krankheit einzugestehen fällt schwer. Oft straft die Umwelt mit diskriminierenden Vorurteilen. Außerdem wissen viele Bedürftige gar nicht, an wen sie sich wenden sollten. Vieles spricht dafür, daß die Dunkelziffer jener, die unbemerkt von anderen leiden und ohne Hilfe sind, sehr groß ist.

Die gesellschaftlichen Probleme sind statistisch kaum zu erfassen. Dies führt leicht zu einer Unterschätzung der tatsächlichen Gesundheitsrisiken und hindert, die möglichen Ursachen zu identifizieren. Ich plädiere deshalb für eine besondere Sensibilität gegenüber Indikatoren, die begründete Spekulationen über Krankheiten als Folge des politischen Umbruchs zulassen. Beispielsweise vergleicht der Gesundheitsbericht des Freistaates Thüringen die Sterblichkeit des Bundeslandes mit Rheinland-Pfalz. Danach ist die Lebenserwartung, bei Männern und Frauen, im Osten um drei Jahre niedriger als im Westen. Die Selbstmordrate ist in Thüringen um über 50 Prozent höher als in Rheinland-Pfalz. Auch die Sterblichkeit an Krankheiten der Verdauungsorgane liegt mehr als doppelt so hoch.[70] Ich werte diese Daten als Zeichen, daß die seelischen Belastungen in Ostdeutschland weit höher sind als allgemein angenommen und tatsächlich zu Depressionen, Gefühlen von Ausweglosigkeit und sogar letalen psychosomatischen Erkrankungen führen.[71]

Die meisten Syndrome sind in der Psychiatrie pathogenetisch mehrdeutig. Die Wiener Psychiaterin Margot Dietzel weist darauf hin, daß zum Beispiel eine Depression körperlich-endogen, etwa durch Diabetes, körperlich-exogen, zum Beispiel durch Alkohol oder durch soziale Einflüsse, wie Ehekrisen oder Konflikte im Beruf, bedingt sein kann[72] – also auch durch gesellschaftlichen Wandel.

Ihr Wiener Kollege Peter Gathmann betrachtet die Ursachen und den Verlauf seelischer Störungen «multifaktoriell», danach wirken «chemisch-physikalische, soziale, somatophysische und interaktionelle Faktoren» simultan in- und aufeinander.[73] Stress-Situationen können als Auslöser einer Erkrankung oder als Faktor wirken, der den Krankheitsverlauf wesentlich beeinflußt. Die Kategorie Stress zielt auf die Identifizierung von Stressoren und von individuellen Coping-Fähigkeiten. Gathmann und Kollegen argumentieren:

> «Eine psychische, somatische oder psychosomatische Krise ist bestimmt durch die Erfahrung von Niederlagen, die Unfähigkeit, mit einer Situation fertig zu werden.»[74]

Bei Patienten mit psychosomatischen Symptomen, so die Autoren, sind häufig Wahrnehmungsprobleme und Schwierigkeiten zu beobachten, Gefühle auszudrücken, vor allem Ärger und Haß. Auch zeigten sie Schwächen, sich selbst zu behaupten. Aus eigenen Beobachtungen schließen die Kliniker, daß solche Gefühle in psychosomatische Reaktionsmuster übertragen werden. Sind die Coping-Strategien nur gering entwickelt, steigt die psychosoziale Belastung durch Stress. Um so eher ist mit psychosomatischen Symptomen zu rechnen.[75]

DSM und ICD beschreiben mit der Kategorie «Anpassungsstörung» Zustände, unter denen viele Menschen aus den ehemals kommunistischen Gesellschaften leiden. Depressive Verstimmung, Weinerlichkeit, psychosomatische Störungen, Gefühle, daß nichts richtig voran geht, Störungen des Sozialverhaltens, wachsende Aggressivität und ausbrechender Ärger sind verbreitete Reaktionen, in der früheren DDR ebenso wie in der ehemaligen Sowjetunion. Sechs Jahre nach dem Fall der Mauer in Berlin und vier Jahre nach dem Sturz der Kommunisten im Kreml ist die allgemeine Stimmung sowohl in Ostdeutschland als auch in Rußland schlechter statt besser geworden. Die Wende erweist sich als chronischer Stressor, der dauernde Belastung hervorruft.

Die Welt ist insgesamt unübersichtlicher geworden. Die Weltwirtschaft steckt in einer tiefen Krise. Der Reichtum Westdeutschlands reicht nicht aus, um den Ostdeutschen das Wirtschaftswunder nachzuliefern. Die Hoffnung vieler Menschen, durch eigene Anstrengungen sozialen Abstieg zu verhindern, ist in Zeiten allgemeiner Rezession gering. Doch entscheidend sind eben nicht allein «objektive» Faktoren, sondern ebenso die subjektiven Voraussetzungen, den Wendestress zu bewältigen, und die sind oft nicht ausreichend.

Ehemalige DDR-Bürger, meint der Leipziger Psychologe Harry Schröder, hätten es schon deshalb schwerer als die Bundesdeutschen im Westen, seelische Probleme zu bewältigen, weil im Osten professionelle Hilfe und selbstorganisierte Unterstützung fehlen:

> «Die Herausbildung einer umfassenden psychologischen Bildung und Kultur wurde in der DDR systematisch unterbunden. Nun mangelt es an psychosozialer Kompetenz für das Meistern diffiziler sozialer Anforderungen, für die Bewältigung von Problem- und Stress-Stituationen und den gesundheitsförderlichen selbstreflektierenden Umgang mit sich selbst, vor allem mit den eigenen Emotionen, der eigenen Befindlichkeit.»[76]

Wer die psychosozialen Kosten der deutschen Einheit pointiert diskutiert, setzt sich leicht dem Vorwurf aus, er wolle die ostdeutsche Bevölkerung für krank erklären und auf die Therapeutencouch zwingen. Solche Einlassungen sind mehr als abgeschmackt – sie wollen von den wirklichen Schwierigkeiten ablenken, die negativen Folgen der Einheit herunterspielen, durch absichtliche Überzeichnung ernst zu nehmende Hinweise lächerlich machen. Wer einsehen muß, daß Wendestress zu seelischen Störungen führen kann, ist gefordert, genauer über die Ursachen und die Umstände nachzudenken, die solche Belastung so anhaltend hervorrufen. Die Politik der Vereinigung mag dadurch an Glanz verlieren. Es wird schwerer, sich unbemerkt der Verantwortung für die psychosozialen Kosten der deutschen Einheit zu entziehen. Psychosoziale Betreuung beseitigt nicht die Ursachen gesellschaftlicher Probleme. Allerdings könnte vielen Menschen geholfen werden, persönliche Krisen zu bewältigen und zurück in die Gesellschaft zu finden, wenn ihnen ausreichend psychosoziale Dienste angeboten würden – vernetzte Ambulatorien, integriert in die Gemeinde, geführt von Psychiatern, Psychologen, Sozialarbeitern und qualifizierten Pflegern. Solche Einrichtungen könnten sich als intelligente Investion erweisen. Mehr Menschen ginge es besser, und Versicherungs- und Rentenkassen müßten unter dem Strich sogar weniger bezahlen.

Wende-Trinker

Viele Menschen beginnen zu trinken, weil sie glauben, mit Alkohol Stress besser aushalten zu können. Wer in einer Belastungssituation trinkt, folgt der Erwartung, daß durch den pharmakologischen Effekt die innere Anspannung reduziert wird. Wird Alkoholkonsum zur Strategie, weil ein anderer Umgang mit Belastungen nicht möglich erscheint, zeigt sich in diesem Verhalten ein Coping-Defizit.[77]

Trinken soll der Kontrolle von Emotionen dienen. Gray vermutet, daß Alkohol das innerpsychische System beeinflusse, das Verhalten einschränke *(behavioral inhibition system, BIS)*. Gray versteht das *BIS* als eine Art Warnsystem; es hemme Aktionen, die unangenehme Konsequenzen haben können und deshalb Angst auslösen.[78] Demnach beseitigt Alkohol eine innere Sperre, reduziert Angst und erlaubt dem Individuum ein anderes Auftreten.

Levenson et al. nehmen an, Alkohol könne das Gefühl von Kompetenz verstärken und so einer Person helfen, Stress-Situationen besser zu bewältigen.[79] Sher and Levenson bekräftigen, Alkohol könne dazu beitragen, eine anstehende Belastung gelassener einzuschätzen und dem Druck innerlich ausgeglichener standzuhalten. Ihren Beobachtungen liegt das Modell des *stress-response-dampening (SDR)* zugrunde.[80] Yankofsky will beobachtet haben, daß Alkohol Machtinstinkte festigen und den Eindruck stützen kann, in einer schwierigen Lage nicht so schnell die Kontrolle zu verlieren.[81]

Trinkgewohnheiten werden auch von Einstellungen und Erwartungen gesteuert, nicht nur von den tatsächlich hervorgerufenen pharmakologischen Effekten. Wer trinkt, rechnet in aller Regel damit, daß Alkohol Gefühle beeinflußt, Angst, Sorgen, Enttäuschungen oder Ärger mindert. Die positive Haltung zum Konsum verstärkt womöglich die pharmakologische Wirkung: Alkohol soll das persönliche Wohlbefinden steigern und/oder die Handlungsfähigkeit vergrößern.

Alkoholgebrauch erscheint eher als Bewältigungsstrategie, wenn andere Coping-Fähigkeiten fehlen. Wer über ein größeres, i. e. differenzierteres, vielfältigeres und wirksameres Coping-Reservoir verfügt, schätzt (neue) Situationen und Aufgaben anders ein als Individuen mit beschränktem Handlungsrepertoire. Er kann unterschiedliche Zugänge ausprobieren, Wirksamkeiten abschätzen, das eigene Vorgehen (neu) bewerten, korrigieren, so Stress reduzieren.[82]

Wer in Problemsituationen Vermeidungsstrategien bevorzugt, Gefühle verdrängt oder Ärger und Wut einfach an anderen ausläßt, neigt unter Stress eher zum Trinken als Menschen, die Schwierigkeiten nicht aus dem Weg gehen, sondern ihnen aktiv und planmäßig begegnen. Dabei ist wichtig, wie im jeweiligen sozialen Umfeld der Gebrauch von Alkohol ermöglicht und bewertet wird. Wenn alkoholische Getränke leicht zur Hand sind und andere zum Trinken ermuntern, ist die Verführung, persönliche Schwierigkeiten mit Alkohol «zu behandeln», größer als in einer Umgebung, die wenig Gelegenheit zum Trinken einräumt und Alkoholgebrauch mißbilligt. Wer problemorientiertes Coping gelernt hat, entwickelt weniger Bedürfnisse, innere Anspannungen mit Alkohol zu dämpfen, weil er weiß, daß der Gebrauch die Lösung von Problemen erschweren oder verhindern kann.[83]

In einer neueren Studie untersuchten Cooper et al., welche Persönlichkeitsfaktoren die Wahrscheinlichkeit von Alkoholgebrauch unter Stress vergrößern. Nach einer intensiven Befragung von mehr als 1300 Personen unterstützen die Autoren die These, daß vor allem Stress-Erlebnisse bei vielen Menschen die Neigung stärken, seelischen Druck durch Alkohol mindern zu wollen. Männer, die versuchten, ihre Gefühle zu unterdrücken, neigten eher zu Alkoholgebrauch als Frauen mit ähnlichen Verhaltensmustern. War darüber hinaus die persönliche Erwartung hoch, daß Alkohol hilft, belastende Gefühle zu mildern, verstärkte diese Haltung die Tendenz, in Stress-Situationen zu trinken.[84]

Alkoholgebrauch hat bereits vor der Wende eine wichtige Funktion erfüllt, um gesellschaftlich verursachten Druck und Enttäuschungen zu kompensieren. In der DDR wurde viel getrunken – am Arbeitsplatz, auf der Datsche, zu allen möglichen Feierlichkeiten. Wer keinen Alkohol trank, wurde eher skeptisch betrachtet. Einstellungs- und Verhaltensmuster unterschieden sich in Partei- und Oppositionskreisen oder bei «normalen» Leuten nicht wesentlich. Der ostdeutsche Alkoholforscher Erik Winter stellt fest:

> «Alkoholgebrauch war gesellschaftlich erwünscht, Alkoholmißbrauch kaum noch gesellschaftlich mißbilligt und schwere Abhängigkeit eher verurteilt, denn als Krankheit aufgefaßt.»[85]

Trotz knapper Ressourcen haben die Planwirtschaften meist dafür gesorgt, daß genügend Alkohol zu kaufen war. Alkoholgebrauch dämpfte bei vielen gesellschaftlich und politisch bedingte Frustrationen, ohne daß sie ihre Unzufriedenheit politisch artikulierten. Segal hat die Sowjetunion sogar als «betrunkene Gesellschaft» *(drunken society)* charakterisiert.

Während der Dekaden kommunistischer Herrschaft ist der Alkoholkonsum in Rußland stetig gestiegen. Boris Segal, ein aus der Sowjetunion in die USA emigrierter Alkoholforscher, hat umfangreiches Material gesammelt, um diese Aussage zu untermauern. Die Ergebnisse weichen von der offiziellen Statistik erheblich ab. Alkoholprobleme zur Kenntnis zu nehmen paßte nicht in das ideologische Konzept der herrschenden Partei, deshalb wurden die amtlichen Zahlen solange frisiert, bis die Daten einigermaßen akzeptabel erschienen.

Segal schätzt, daß im Vergleich zu 1913, also der Zeit vor der kommunistischen Revolution, der Alkoholkonsum in Rußland fast um das Sechsfache zugenommen hat. Während der 80er Jahre sei der Verbrauch noch weiter gewachsen:

> «In den 80er Jahren war der Alkoholkonsum in der Sowjetunion schätzungsweise zweieinhalbmal so hoch wie in den USA. In dieser Zeit trank das sowjetische Volk mehr als jede andere Nation auf der Welt.»[86]

Segal berechnete den Gesamtverbrauch pro Kopf mit mehr als 25 Litern, nach seiner Analyse hätte schon in den 80er Jahren jeder dritte Russe (im Alter von über 15 Jahren) als schwerer Trinker bezeichnet werden müssen.

Psychodynamische Erklärungen zu Alkoholmißbrauch und Alkoholismus vermuten als Ursachen zum Beispiel psychostrukturelle Schwächen im Selbst-Konzept, ein instabiles Ego (Khantzian)[87], narzißtische Konflikte, die aus mangelnden Selbstwertgefühlen entstehen (Wurmser)[88], oder ein fragiles Selbst, das von seiner unmittelbaren Umgebung nicht genügend verstärkt und in seiner Entwicklung gefördert wurde (Kohut)[89]. Kohut und Wolf glauben, besonders ein unterstimuliertes, also von der Umwelt vernachlässigtes, Selbst suche im Alkohol Kompensation.[90]

Die Suche nach Stimulanz wird auch als *sensation seeking behavior* diskutiert. Zuckerman nimmt an, daß Alkoholgebrauch als eine Art Selbst-Belohnung betrachtet wird. *Sensation seeking behavior* mag darauf gerichtet sein, zusätzliche (An- und) Aufregung zu finden oder aus einer Situation «auszusteigen», die als langweilig empfunden wird.[91]

Im unmittelbaren Vergleich scheinen sich die ätiologischen Erklärungen des *sensation seeking behavior* und der *stress dampening response* zu widersprechen. Dies wäre aber nur der Fall, wenn es lediglich eine Ursache für Alkoholmißbrauch und Alkoholismus gäbe. Plausibler ist die Annahme, daß es sich um unterschiedliche

Personengruppen handelt, die nach unterschiedlichen Wirkungen des Alkohols suchen. Dabei ist nicht einmal klar, ob diese Gruppen strikt gegeneinander abzugrenzen sind. Verändern sich die Lebensumstände eines Menschen, können auch seine Motive für Alkoholgebrauch variieren.

Das totalitäre Regime mit seinen allseitigen Reglementierungen und ständigen Gängelungen verbreitete weitgehende Langeweile. Damals mag die Suche nach Stimulanz ein entscheidenderes Motiv gewesen sein, häufig zur Flasche zu greifen. Zudem diente Alkohol dazu, Frustrationen zu dämpfen.

Personen, die Alkohol trinken, spüren die pharmakologischen Effekte individuell sehr unterschiedlich. Alkohol kann Ängste mindern, die Stimmung aufheitern, beruhigen oder neue Energien freisetzen. Individuell unterschiedlich ist auch der Alkoholbedarf, um solche Wirkung zu erzielen.[92] Ist Trinken zu einem wesentlichen Mechanismus des individuellen Coping-Repertoires geworden, um persönliche Schwierigkeiten besser auszuhalten oder zu umgehen, wird Alkohol leicht zu einem universellen Mittel. Offenbar kann dieser Stoff ganz unterschiedliche Bedürfnisse bedienen, nämlich Gefühle stimulieren und dämpfen.

Auch in amerikanischen Untersuchungen zeigte sich, daß Personen, die durch außerordentliche Ereignisse aus ihrer gewohnten Bahn geworfen wurden und das Gefühl hatten, die Kontrolle über ihr Leben zu verlieren, ihren Alkoholkonsum noch erheblich steigerten.[93] Besonders Veränderungen in der Arbeitswelt und am Arbeitsplatz und die damit einhergehende Entwertung von Qualifikation und Angst vor Entlassungen waren es, die das Risiko gesteigerten Alkoholkonsums mit sich brachten.[94] Seeman, Seeman und Budros erkannten in einer empirischen Studie einen Zusammenhang zwischen dem individuellen Empfinden von Machtlosigkeit und steigendem Alkoholgebrauch: Das Gefühl, Entwicklungen nicht mehr planen, Ziele nicht selbst definieren und erreichen zu können, der Eindruck, fremdbestimmt zu werden und persönlich nichts bewirken zu können, führe verstärkt zum Trinken.[95]

Die Ergebnisse der Alkoholforschung sprechen für einen ursächlichen Zusammenhang von Stress und Alkoholgebrauch, sofern Stress nicht als Stimulanz, sondern als Belastung empfunden wird. Wenn Menschen Situationen ausgesetzt sind, für die sie kein Coping-Konzept entwickeln können, erleben sie die an sie gestellten Anforderungen nicht als neue Herausforderung, in der sie zusätzliche Fähigkeiten erwerben und mit der sie wachsen können, sondern als persönliche Überforderung. Nicht alle, aber wohl ein großer Teil dieser Menschen versucht, durch Alkoholgebrauch Ängste zu überwinden (oder zu betäuben), Stress zu mindern, sich selbst zusammenzuhalten.

Hält die Stress-Belastung an und mißlingt eine Anpassung an die veränderten Verhältnisse, mag der Alkoholgebrauch zu einem dauerhaften und häufig angewandten Coping-Mechanismus werden. Mit zunehmender Anwendung und steigendem Konsum kann daraus Alkoholmißbrauch werden; d. h., durch gezielte Intoxikation nimmt sich das Individuum selbst die Chance, Herausforderungen adäquater zu begegnen. Die dann chronische Vergiftung erzeugt Symptome der Alkoholabhängigkeit.

Gelingt es dagegen, die Lage neu einzuschätzen *(reappraisal)*, verfestigte Wahrnehmungsraster zu beseitigen, neue Coping-Ressourcen zu mobilisieren und das Handlungsrepertoire zu erweitern, so daß wirksame Bewältigungsstrategien entworfen werden können, nimmt die Neigung zu trinken ab, da die Gründe, im Alkohol Zuflucht zu suchen, schwinden.

Seit der Wende 1989 leiden viele ehemalige DDR-Bürger unter besonderen psychischen Belastungen. Ihre Stress-Erlebnisse sind von den seelischen Strukturen, kognitiven Schemata und Coping-Fähigkeiten beeinflußt, die sie unter den spezifischen Bedingungen des real existierenden Sozialismus lernen konnten. Der seither steigende Alkoholgebrauch in Ostdeutschland indiziert verbreitete Coping-Defizite.

Vergleiche zwischen Übersiedlern aus der ehemaligen DDR und Bürgern in den neuen Bundesländern stützen diese Schlußfolgerung. Wer sich entscheidet, in den Westen zu ziehen, verfolgt einen selbst formulierten Lebensplan, versucht, Schwierigkeiten und Risiken abzuschätzen, und wägt ab, ob die eigenen Fähigkeiten ausreichen, die neuen Herausforderungen zu meistern, ob die wahrscheinlichen Vorteile größer sein werden als die Nachteile. Das Coping ist problemorientiert.

Die Berliner Psychologen Mittag und Schröder stellten in einer Untersuchung fest, daß männliche Übersiedler aus Ostdeutschland nach ihrem Umzug in den Westen erheblich weniger Alkohol tranken als vorher.[96] – Offenbar haben sie versucht, kognitive Fähigkeiten zu mobilisieren, um Anpassungsprobleme zweckmäßig zu bewältigen. Bereits vor dem Wechsel in den Westen konsumierten sie weniger Alkohol als die «Dableiber», doch nach dem Umzug vergrößerten sich die Differenzen erheblich. Mittag und Schröder registrierten in ihrer vergleichenden Studie wesentliche Unterschiede in der Stressanfälligkeit und -bewältigung, d. h., sie trafen in Ost und West auf andersartige Persönlichkeiten. Die Männer im Osten waren pessimistischer, erwarteten weniger, daß sie etwas bewirken könnten, und waren stark verärgert. Sie fühlten sich hilfloser und von den veränderten Lebensbedingungen heftiger enttäuscht als männliche Übersiedler.

Der Ärger, so vermuteten die Berliner Psychologen, werde durch das Gefühl ausgelöst, den seit der Einheit erschwerten Lebensverhältnissen machtlos ausgeliefert zu sein. Aus ihrer Untersuchung, die sie über zwei Jahre durchführten, ist zudem zu schließen, daß feste Partnerschaften seelischen Zusammenhalt stärken und enttäuschte Erwartungen innere Stabilität gefährden können. Unmittelbar nach der Wende, in der Zeit allgemeiner Euphorie, tranken in Ostdeutschland alleinstehende Männer deutlich weniger Alkohol als zuvor; mittlerweile, seit sich politische Ernüchterung breitmacht, ist ihr Konsum wieder rapide gestiegen.

Während in Ostdeutschland eher Männer dazu neigen, Wendestress mit Alkohol «zu behandeln», greifen ostdeutsche Frauen eher zu Schlaf- und Beruhigungsmitteln. Als Mittag und Schröder Medikamentenkonsum untersuchten und Übersiedler und Dagebliebene verglichen, entdeckten sie bei Frauen im Osten ein analoges Verhaltensmuster zu den Trinkgewohnheiten der ostdeutschen Männer: Die dortgebliebenen Frauen flüchteten eher zu angstlösenden Mitteln als Frauen, die in den Westen gegangen waren. Außerdem hat auch der Medikamentenverbrauch im Osten seit der Wende drastisch zugenommen.

Während Männer dazu neigen, Alkohol zu trinken, um Ärger zu beruhigen, nehmen Frauen eher Beruhigungsmittel, um mit Ängstlichkeit und Depressionen fertig zu werden. Unterschiedliche emotionale Reaktionen von Männern und Frauen auf Wendestress verweisen auf geschlechtsspezifische Wahrnehmungs- und Rollenunterschiede. Ärger wird eher nach außen, Angst dagegen nach innen gerichtet. Frauen leiden stiller und unbemerkter, deshalb womöglich länger. Alkohol- und Medikamentengebrauch folgen emotionsorientierten Coping-Strategien; sie reflektieren persönliche und gesellschaftliche Defizite – offensichtlich fehlt eine psychosoziale Betreuung, die dem einzelnen hilft, aus seiner Vereinzelung herauszufinden und problemorientiertes Coping zu lernen.

Wendestress fördert «Wende-Trinker». Daß sich nach dem Fall der Mauer Gewohnheiten nur zufällig geändert haben, ist kaum anzunehmen. Dennoch ist an Entwicklungen zu erinnern, die bereits in der DDR begonnen haben: Nach der offiziellen Statistik ist der Alkoholkonsum in der DDR zwischen 1960 und 1980 rasant angestiegen, von 4,1 Liter pro Kopf auf 10,1 Liter; in der Folgezeit, bis 1989, steigerten die DDR-Bürger nach den Angaben des *Statistischen Jahrbuches* ihren Verbrauch auf 10,9 Liter.[97] Demnach tranken sie im Durchschnitt einen Liter weniger Alkohol als ihre Landsleute im Westen. Kontinuierlich zugenommen hat der Konsum von Spirituosen. Das Statistische Jahrbuch gibt für 1960 einen Pro-Kopf-Verbrauch von 3,5 Liter an, für 1989 dagegen 15,5 Liter. Demnach war der Spirituosen-Konsum im Osten mehr als doppelt so hoch wie im Westen. Der hohe Anteil von hochprozentigem Stoff läßt den Schluß zu, daß «Wirkungstrinken», das Trinken, um trunken zu werden, schon in der DDR weit verbreitet war.

Eine Untersuchung des Magdeburger Suchtforschers Volker Kieselstein verstärkt diesen Eindruck. Die meisten der 574 Alkoholkranken, die Kieselstein in einer landesweiten Erhebung untersuchte, erklärten, sie würden am liebsten zu Hause und bevorzugt allein, nicht aus einem Bedürfnis nach Geselligkeit trinken. Wichtiger als *social bonding* war offenbar die pharmakologische Wirkung des Alkohols.[98]

In einer vergleichenden Untersuchung über den Drogengebrauch von Jugendlichen in Ost und West zeigte sich, daß in den 70er und 80er Jahren Jugendliche in der DDR zunehmend mehr und häufiger Alkohol getrunken haben, während in der Bundesrepublik der Trend rückläufig war.[99] Nach Auswertung der Krankenblattstatistik wurden 1989 in der DDR im Krankenhaus 5,4mal mehr Fälle mit der Diagnose Alkoholismus gezählt als 1970.[100]

Zu überprüfen sind weder die Exaktheit der Diagnosen noch die Zahlen der offiziellen DDR-Statistik, die bei diesen Vergleichen herangezogen wurden. Bemerkenswert aber ist, daß das SED-Regime wachsende Alkoholprobleme zugeben mußte – der Ideologie zufolge sollte Alkoholmißbrauch und Alkoholismus in der sozialistischen Gesellschaft besser zu bewältigen sein als in der kapitalistischen. Obwohl der zunehmende Alkoholgebrauch zu hohen volkswirtschaftlichen Verlusten führte[101], bediente die staatliche Planwirtschaft ein steigendes Bedürfnis der Bürger nach Alkoholika.

In ihrem *Jahrbuch '93* vergleicht die *Deutsche Hauptstelle gegen die Suchtgefahren* den Alkoholkonsum in den alten mit den Trinkgewohnheiten in den neuen Bundesländern.[102] Die Ergebnisse zeigen: Im Osten wird jetzt mehr getrunken als im Westen.[103] Um Gewohnheiten besser vergleichen zu können, wird nach dem Verbrauch der verschiedenen alkoholischen Getränke – Bier, Wein, Schnaps – der tatsächliche Alkoholanteil berechnet; danach liegt (im statistischen Durchschnitt) der Konsum «reinen» Alkohols in der ehemaligen DDR bei 13 Litern pro Kopf der Bevölkerung, in der früheren Bundesrepublik bei nur 12 Litern. Zurückgegangen ist jedoch (im statistischen Durchschnitt) der Konsum von Spirituosen in den neuen Bundesländern. Im Osten macht er nunmehr 12,9 Liter aus, im Westen aber lediglich 6,2 Liter.

Insgesamt bevorzugen die Ostdeutschen nach wie vor Hochprozentiges, also Stoff, der die pharmakologischen Effekte des Alkohols beschleunigt und intensiviert. Außerdem ist die Einstellung gegenüber Alkohol in den neuen Bundesländern positiver als in den alten. Das *Jahrbuch '93* hebt hervor:

> «Während in den alten Bundesländern 16 Prozent der Meinung sind, daß man zu Hause immer alkoholische Getränke parat haben sollte, um einem Besuch etwas anbieten zu können, sind es in den neuen Bundesländern 35 Prozent. Eine Party ohne Alkohol ist für 20 Prozent im Osten, aber nur knapp 10 Prozent im Westen eindeutig ‹langweilig›.»[104]

Bei diesen Zahlen sollte beachtet werden, daß der statistische Durchschnitt mit der Angabe des Pro-Kopf-Verbrauchs unterschiedliche Trinkgewohnheiten verschleiert. Immer mehr Menschen reduzieren ihren Alkoholgebrauch oder trinken aus reinem Genuß. Mittags bevorzugen sie Mineralwasser und abends ein Glas Wein. Für andere gehören einige Flaschen Bier und ein gutes Quantum Schnaps zur Tagesration. Obwohl große Gruppen in unserer Gesellschaft heutzutage weniger trinken als früher, wird im Durchschnitt nicht weniger Alkohol konsumiert. Offensichtlich steigern andere Gruppen kontinuierlich ihren Verbrauch.

Diese Differenzierung von Trinkgewohnheiten scheint im Westen ausgeprägter zu sein als im Osten. Während die westdeutsche Getränke-Industrie nach der Vereinigung über allgemein «lebhafte Nachfrage» aus den neuen Bundesländern jubelte, konstatierte sie in den alten Bundesländern, wie in den Vorjahren, allein zunehmenden Bedarf nach alkoholfreien Getränken. So verdoppelten die Westdeutschen in den letzten zehn Jahren ihren Konsum von Mineralwasser.[105] Überdies ist in den neuen Bundesländern in großen Teilen der Bevölkerung der Alkoholgebrauch populärer. Alkohol gehört dort für mehr Menschen zum normalen Alltag. Die Sucht-Beobachter aus Hamm notieren dazu,

> «daß in den neuen Bundesländern alkoholische Getränke häufiger täglich oder mehrmals pro Woche konsumiert werden als in den alten. Das trifft insbesondere auf Bier, aber auch auf Spirituosen, zu.»[106]

Daß für viele Ostdeutsche der Konsum von Alkohol selbstverständlicher ist als für Westdeutsche, die neuen Bundesbürger hochprozentige Getränke bevorzugen, die rasche und anhaltendere pharmakologische Wirkung garantieren, und große Gruppen seit der Wende mehr trinken als zuvor, zeigt auch eine Untersuchung des Alkoholkonsums von Auszubildenden in Magdeburg im Vergleich mit einer DDR-repräsentativen Umfrage aus dem Jahr 1988 und einer Untersuchung in Hamburg. Demnach konsumierten (vor der Wende) in der DDR etwa 8 Prozent der Jugendlichen mehr als 280 Gramm reinen Alkohol pro Woche. Dagegen überschritten (nach der Wende) 25 Prozent der männlichen Jugendlichen in Magdeburg diesen Grenzwert. In der Hamburger Studie wird ebenfalls eine Alkoholgefährdung von 8 Prozent der Befragten angenommen.

Mit Alkohol, resümiert der Suchtforscher Andreas Hoth, wollten die Jugendlichen ihre Gefühle beeinflussen, positive Zustände erzeugen und negative unterdrücken. Sie benutzen Alkohol, um «ihre Probleme zu lösen, zu vergessen oder besser ertragen zu können». Der Autor nennt Schwierigkeiten in der Familie, im Beruf oder im Freundeskreis und betont:

> «Es können auch gesellschaftliche Probleme sein, denen sie hilflos gegenüberstehen. Denn gerade die heutige Zeit ist gekennzeichnet von wirtschaftlichen Problemen und einer großen sozialen Unsicherheit.»[107]

Die Erfahrung, daß Alkohol die innere Spannung in Konfliktsituationen zeitweilig aufheben kann, meint Hoth, fördere die Bereitschaft, ihn immer wieder einzusetzen. Ein (ostdeutsches) Team von Ärzten und Psychologen untersuchte den Zusammenhang von Arbeitslosigkeit und Gesundheit im Raum Halle und ermittelte bedenkliche Aussagen über das Trinkverhalten:

> «Mehr als die Hälfte aller Befragten trinken öfters bis täglich Alkohol, wobei 73 Prozent der Männer zu dieser Gruppe zählen. Auch im Trend fiel auf, daß 27,1 Prozent aller befragten Männer erklärten, mehr Alkohol zu trinken als noch vor einem Jahr.»[108]

Der Alkoholforscher Dieter Henkel zitiert eine Umfrage des *Instituts für Therapieforschung*, nach der im Osten über 14 Prozent der 12- bis 39jährigen täglich Alkohol trinken, im Westen hingegen nur 8 Prozent. Die dramatischen gesellschaftlichen Veränderungen seit 1989, schließt er, hätten zu einem erheblichen Anstieg des Alkoholgebrauchs geführt:

> «Generell ist davon auszugehen, daß die Menschen in der ehemaligen DDR auf den Alkohol als Trostspender in dem Maße zurückgriffen, wie sie nicht mehr Subjekte der Geschichte waren, sondern Objekte westdeutscher Politik, wie ihr revolutionärer Elan zusammenbrach und ihre Hoffnungen auf eine bessere Zukunft angesichts der verheerenden ökonomischen und sozialen Folgen der Umwälzung der gesellschaftlichen Verhältnisse, insbesondere an-

gesichts steigender Arbeitslosenzahlen und explodierender Mieten bitter enttäuscht wurden.»[109]

Die Freude, in politischer Freiheit zu leben, wähnt Henkel, sei inzwischen bei vielen Ostdeutschen zu sehr verblaßt, um die negativen persönlichen Folgen der radikalen gesellschaftlichen Transformation aufzufangen und zu kompensieren.

Aufschlußreich ist auch eine Zahl aus der Unfallstatistik. Zwischen 1990 und 1992 ist in Thüringen die Zahl der alkoholbedingten Unfälle um 242 Prozent gestiegen. Die Steigerung liegt deutlich über dem Anstieg sonstiger Verkehrsunfälle.[110] Auch diese Daten weisen darauf hin, daß sich (bei einem relevanten Teil der ostdeutschen Bevölkerung) die Muster des Alkoholgebrauchs geändert haben – es wird mehr getrunken, mit stärkeren pharmakologischen Effekten.

Arbeitslose in Ostdeutschland erleben den gesellschaftlichen Wandel in besonderer Weise. In der freien Marktwirtschaft sind sie zum ersten Mal gezwungen, eine solche existentielle Bedrohung persönlich zu bewältigen. Henkel vermutet deshalb:

> «Unter den besonderen Verhältnissen der gegenwärtigen Umbruchphase werden daher aller Wahrscheinlichkeit nach mehr Arbeitslose als im Westen in schwer erträgliche Widersprüche geraten und darin für längere Zeit vereinzelt eingeschlossen bleiben. Unter solchen Bedingungen ist das Risiko besonders groß, auf Alkohol als den gewohnten ‹Problemlöser› zurückzugreifen.»[111]

Nach dem Zusammenbruch des Kommunismus stieg auch der Alkoholkonsum in Ungarn an; die Zahl der Alkoholiker ist gewachsen, von 590400 im Jahre 1989 auf 611000 im Jahre 1991, und mehr Menschen sterben an Leberzirrhose – 4100 im Vergleich zu 4246. Die Werte Ungarns liegen deutlich höher als in den Nachbarländern, zum Beispiel Österreich.[112]

Offensichtlich leiden relativ viele Menschen nach wie vor unter Anpassungsschwierigkeiten und fühlen sich noch immer überfordert. Für fortbestehenden Wendestress spricht der anhaltend hohe und oft gesteigerte Alkoholkonsum in großen Gruppen. Die zunehmenden Symptome von Alkoholkrankheiten und die erhöhte Todesrate durch Leberschäden lassen die Annahme zu, daß diese

Daten einen stärker verbreiteten Mißbrauch von Alkohol repräsentieren.

In Rußland wird seit dem Niedergang des Kommunismus noch «dramatisch» mehr getrunken als zuvor, meint der stellvertretende Direktor des staatlichen *Forschungszentrums für Suchtkrankheiten* in Moskau, Ivanets. Nach seinen eigenen Beobachtungen, Erfahrungen von Kollegen und gemeinsamer Bewertung der neueren Entwicklung schätzt der Suchtforscher, daß zwischen 70 und 80 Prozent der russischen Arbeiter heute erhebliche Alkoholprobleme haben. Besonders stark sei die Zunahme bei Frauen. Immer mehr Trinker würden alkoholabhängig. Vor dem Zusammenbruch hätten etwa zehn Prozent der schweren Trinker Alkoholabhängigkeit entwickelt. Heute liege die Rate bei 30 bis 40 Prozent.[113]

Getrunken wird in Rußland vorwiegend Wodka. Eine Flasche ist für drei Personen ein normaler Drink. Schwere Trinker konsumieren ein bis zwei Flaschen am Tag. Viele kombinieren Wodka mit Bier oder Champagner, weil die Kohlensäure in diesen Getränken den euphorisierenden Effekt beschleunigt und verstärkt. Das Verhalten könnte man als «strategisches Trinken» bezeichnen.

Ivanets führt das Trinken auf «soziale Gewohnheit» und «schlechte Stimmung» zurück. Letztlich, meint der Moskauer Pro fessor, seien «biologische Gründe» für das Trinken verantwortlich. «Biologische Prädispositionen» lösten depressive Gemütslagen aus, die dann zum Trinken veranlassen. Angaben der Konsumenten über ihre Trinkmotive will Ivanets nicht ernst nehmen, denn, so glaubt er, «sie rationalisieren nur ihre biologische Prädisposition».[114]

Ernster als Ivanets theoretische Auslassungen, die offensichtlich noch fest im Denken der leninistischen Psychiatrie wurzeln, sind seine Zahlenschätzungen zu werten. Danach haben mit dem Niedergang des Kommunismus die schon zuvor äußerst ernsten Probleme des Alkoholmißbrauchs sprunghaft zugenommen. Der Anstieg des Konsums, des exzessiven Trinkens und der Alkoholabhängigkeit können also nicht als bloße Fortsetzung einer langanhaltenden Entwicklung betrachtet werden.

Der Stress des sozialen Wandels scheint auch in Rußland ein ausschlaggebender Faktor für steigenden Alkoholkonsum zu sein.

In Rußland treffen die gesellschaftlichen Erschütterungen die Menschen hart. Die sozialen Probleme sind vielfältiger und weit schwerer zu bewältigen als in anderen postkommunistischen Ländern. Aus der Perspektive der hier vorgestellten theoretischen Betrachtung ist es deshalb nicht verwunderlich, daß dort auch die Alkoholprobleme in besonders dramatischer Weise zugenommen haben und offenbar anhaltend zunehmen.

Die wirtschaftlichen und die politischen Rahmenbedingungen sind in den postkommunistischen Gesellschaften verschieden. Deshalb werden sie von globalen Kreisen unterschiedlich getroffen und können innere Erschütterungen besser oder schlechter bewältigen. Alkoholgebrauch und -mißbrauch ist nur ein Indikator für die Schwierigkeiten mit dem gesellschaftlichen Umbruch.

Sozialer Wandel als Trauma

Der Zusammenbruch des Kommunismus traf die Gesellschaften der osteuropäischen Länder mit unterschiedlicher Heftigkeit. Die Bürger der ehemaligen DDR versprachen sich durch einen schnellen Anschluß an die Bundesrepublik unmittelbare Integration in Demokratie und Marktwirtschaft. Die späte Erkenntnis, daß die Deutschen schon 1989 nicht mehr «ein Volk» waren, verzögerte den Wende-Schock. Dafür erschüttert er heute um so heftiger ostdeutsche Identität.

In Polen können sich viele Bürger zugute halten, den Totalitarismus niedergekämpft zu haben. Die Tschechen beweisen Realismus bei der Bestimmung wirtschaftlicher und politischer Ziele, die sie aus eigener Kraft erreichen können, und gewinnen Selbstbewußtsein aus solchem Erfolg. Rumänien dagegen leidet noch immer unter der Herrschaft der alten Cliquen, mit der Exekution des alten Diktators haben sie sich selbst die Macht gesichert.

Seit dem Zusammenbruch des Kommunismus durchleben die Russen eine ganze Serie seelischer Erschütterungen. Für sie ist ein Weltreich zerfallen. Der Staat hat die Kontrolle über wichtige Institutionen verloren, Massenarbeitslosigkeit droht, die Kriminalität steigt rapide, und die früher straff und eng geknüpften Netze sozialer Sicherheit reißen. Die Russen sehen ihr nationales Prestige schwinden.

Der Zusammenbruch des Kommunismus, so glaubt der russische Autor Torbakow, bedeute eine nachhaltige Veränderung für die russische Psyche. Für Millionen von Menschen, die die Sowjetunion stolz als ihren Staat und ihre Heimat betrachtet haben, ist der Zerfall ein Disaster, «eine Krise der Identität und der Weltanschauung». Anhänger der Groß-Russischen Idee empfinden den Niedergang gar als «nationale Katastrophe» und «schweres seelisches Trauma».[115] Ähnlich urteilt der amerikanische Rußland-Experte Peter Reddaway. Die Russen, meint der Politikwissenschaftler, erlitten gegenwärtig einen «traumatischen» Verlust an Identität.[116]

Für die Deutschen der früheren DDR ist der Wandel nicht so grundlegend, auch wenn die Vereinigungseuphorie tiefer Enttäuschung gewichen ist. Die Ostdeutschen fühlen sich von den Westdeutschen im Stich gelassen. Viele trifft die Veränderung hart. Der (Ost)Berliner SPD-Politiker Wolfgang Thierse meint:

> «Von Ostdeutschen wird ganz selbstverständlich eine totale Änderung ihres Lebens abverlangt, in ökonomischer, in sozialer, in alltäglicher Hinsicht, bis hin zu ihren Gewohnheiten.»[117]

Zwei Drittel aller Industrie-Arbeitsplätze sind seit 1989 vernichtet. Ganze Regionen werden arbeitslos, ehemals stabile Gemeinschaften zerbrechen. Bürgerrechtler, die glaubten, die erste richtige Revolution in Deutschland vollbracht zu haben, mußten von der politischen Bühne abtreten, weil «Profis» aus dem Westen die Geschicke des Landes in die Hand und die wichtigsten Positionen übernommen haben. Besonders orientierungslos sind die, die ihr Selbstbewußtsein weitgehend aus der Identifikation mit dem Regime oder zumindest aus der Identifikation mit der Idee des real existierenden Sozialismus bezogen hatten. «Wir haben im Osten Deutschlands einen emotionalen und ökonomischen Scherbenhaufen»[118], meint Thierse. Und der (Ost)Berliner Psychiater Neumann stellt fest, «viele Menschen sind entwurzelt»[119].

In Kohutscher Terminologie lassen sich Entwurzelung und Identitätsverlust psychologisch aus dem Zerfall der Selbstobjekt-Matrix erklären: Das Bezugssystem gesellschaftlicher und kultureller Werte, die Matrix von Idealen, Sicherheiten und sozialer Kompetenz, dient dem einzelnen dazu, sich zurechtzufinden, den Alltag zu bewältigen, Anerkennung, Selbstachtung und Selbstbewußtsein zu gewinnen. Brechen die gesellschaftlichen Strukturen in sich zusammen, verliert auch das Selbst den Bezugsrahmen, der inneren Zusammenhalt gestiftet hat.

Die Fragmentierung des Selbst wird als Trauma erlebt. Trauma kann definiert werden als extremer Stress, der als bedrohlicher Angriff auf die psychische Organisation eines Menschen wahrgenommen wird. Nicht ein Ereignis an sich ist traumatisch, entscheidend ist vielmehr, auf welche Seelenverfassung ein Stressor trifft, um ein Trauma auslösen zu können.

Von dramatischen gesellschaftlichen Veränderungen wird das Selbst überwältigt, wenn die kognitiven Schemata nicht mehr angemessen funktionieren und Coping-Fähigkeiten schwinden. Wie sensationell der einzelne Veränderungen erlebt, hängt davon ab, wie radikal sich die gesellschaftlichen Verhältnisse wandeln und wie sehr die neuen Verhältnisse subjektiv als bewältigbar erscheinen. Überwältigt der rasche Wandel das Selbst, kann das innere Informationsverarbeitungssystem die Veränderungen nicht mehr erfassen und strukturieren, dann zerfällt die seelische Struktur.

Der amerikanische Traumaforscher Mardi Horowitz und seine Kollegen argumentieren, stressvolle Ereignisse würden als traumatisch erlebt, wenn die individuellen (kognitiven) Schemata, die das Selbst mit der Welt verbinden, durcheinandergeraten.[120] Traumata würden als «aktive Erinnerung» *(active memory)* im Gedächtnis gespeichert, blieben bewußt und bewahrten Gefühle der Bedrohung. So seien anhaltende oder ständig wiederkehrende Belastungen zu erklären, die traumatische Erlebnisse hervorrufen könnten. Das Selbst müsse die früheren (prätraumatischen) Annahmen über die Welt revidieren und die neuen Erfahrungen in eine neue Sinn-Struktur einpassen. Diesen Prozeß bezeichnen Horowitz et al. als «durcharbeiten» *(working through)*. Erst mit den veränderten Schemata gewinne das Selbst die Fähigkeit zurück, in der Welt zu bestehen.

Traumaforscher vermuten, daß traumatische Erschütterungen (prätraumatische) Annahmen über Sicherheit entwerten. Situationen, die zuvor als sicher betrachtet wurden, erscheinen plötzlich als mögliche Gefahr. Deshalb leiden Trauma-Geschädigte unter einem konstanten Mangel an Kontrolle, die Welt ist für sie nicht mehr überschaubar, das Leben nicht mehr berechenbar. Daraus entstehen Zustände latenter Unsicherheit und Bedürfnisse nach neuem Halt und neuer Orientierung.[121]

Radikale und rasche gesellschaftliche Zusammenbrüche treffen nicht nur einzelne, sondern viele Menschen zugleich und in einer vergleichbaren Art und Weise. Die dadurch ausgelöste Folge lawinenartiger Veränderungen, von denen mehr und mehr Lebensbereiche erfaßt werden, kann von vielen als Trauma erlebt werden. Für derartige Prozesse schlage ich vor, den Begriff *soziales Trauma* zu verwenden. Soziale Traumata entstehen also aus Ereignissen und Abläufen, die jenseits vorheriger Erfahrung und Vorstellung liegen. Sie betreffen große Gruppen, nicht alle Menschen in gleicher, aber viele in ähnlicher Weise. Soziale Traumata werden als persönliches und kollektives Drama empfunden, weil sie persönliche und kollektive Bedeutungsmuster zerreißen, mit Kontinuität und Gemeinschaft brechen und Identitäten zerstören. Der Begriff «kollektives Drama» unterstellt nicht, dies sei betont, daß Erfahrungen der einzelnen Menschen identisch sind.

Soziale Traumata wecken das Bedürfnis nach sozialen Antworten. Sie lösen die Suche, nach neuen Gemeinschaften aus, bevorzugt mit jenen, die die Veränderung in ähnlicher Weise als traumatisch erleben. Neue Gruppen sollen neuen Halt, Zusammenhalt, geben. Sie entstehen sozusagen, um die gebrochenen Selbst-Gefüge wieder instand zu setzen. Da die (Re)Formation des Selbst nur gelingen kann, wenn grundlegende Ambitionen verwirklicht werden, kommt diesen Gruppen die Aufgabe zu, narzißtische Bedürfnisse zu bedienen.

Deshalb bilden sich tatsächlich Gemeinschaften der Wende-Opfer, zum Beispiel in der PDS oder in rechtsradikalen Gruppen, die Identität erhalten, also alte Biographien fortschreiben oder neue Lebenspläne entwerfen sollen. Gesucht werden von den Anhängern solcher Gemeinschaften Selbstbestätigung – daß nicht alles schlecht, nicht alles umsonst war –, oder neue Ideale, neue Ziele und neue Führer. Einfache Erklärungen für komplizierte Probleme sind gefragt, weil sie die Welt strukturieren und wieder als geordnet, überschaubar und kontrollierbar erscheinen lassen. Oft unterliegt dieser Suche der Drang, Frustrationen (und Wut) abzureagieren, und der Trieb, den seelischen Schmerz erlittener Verletzungen zu verwinden. Gruppen, die neue Grandiosität versprechen, die gewaltbereit sind und Sündenböcke für das eigene Schicksal markieren, scheinen einen Ausweg aus diesem unerträglichen Zustand zu bieten.

Bewegungen der Gewalt entstehen aus tiefgehenden Enttäuschungen, Erschütterungen des Selbst, potentiell also auch aus sozialem Trauma. Sie werden angetrieben von narzißtischen Ambitionen, dem Wunsch, Selbstwert (wieder)herzustellen. Der Begriff soziales Trauma beschreibt das Verhältnis von objektiven Ereignissen und subjektiver Wahrnehmung und deren Interpretation.[122]

Soziales Trauma kann hervorgerufen werden durch Kriege, Vertreibung, Okkupation, Revolution, rapiden gesellschaftlichen Verfall oder Katastrophen. Schwer ist zu messen oder gar vorherzusagen, wie viele Menschen solche Geschehnisse tatsächlich als traumatisch erleben. Jeder Fall ist anders, hat seine Eigenheiten und spezifischen Wirkungen. Das DSM-IV weist daraufhin, daß in Gruppen, die traumatischen Erlebnissen ausgesetzt waren, unter den Betroffenen eine Verbreitung *posttraumatischer Störungen (PTSD)* von bis zu 58 Prozent gemessen worden ist.[123]

Über PTSD als Folge des politischen Umbruchs in Deutschland und Osteuropa gibt es keine Zahlen. Daten zu erheben, die statistisch eine umfassende Auskunft über das Ausmaß seelischer Betroffenheit solch fundamentaler Veränderungen geben, ist kaum möglich. Hilfreich ist allerdings die Beachtung von Symptomen.

Als PTSD-Symptome listet das DSM-IV u. a. auf: auffallend vermindertes Interesse an der Umgebung und vormals bedeutenden Aktivitäten; ein Gefühl der Isolierung bzw. Entfremdung von anderen; eingeschränkte Affekte; Probleme, Intimität herzustellen; Hoffnungslosigkeit, das Gefühl bedroht zu sein, der Verlust von Vertrauen und zuvor gültigen Grundsätzen; Ein- und Durchschlafstörungen, Angstattacken, Zwangsneurosen, Depression, soziale Phobie, Agoraphobie, Reizbarkeit und Wutausbrüche.[124]

Die Symptome ähneln den Erkrankungen, die diagnostisch als

Anpassungsstörung eingeordnet werden, weil traumatische Ereignisse als extremer Stress zu betrachten sind. Schon bei der Beschreibung von Wendekrankheiten waren viele der hier genannten Symptome zu registrieren. Nach einem traumatischen Schock treten mehrere dieser Symptome gleichzeitig auf, bilden also ein PTSD-Syndrom. Schwere und Dauer zahlreicher Wende-Erkrankungen erlauben die Vermutung, daß viele Patienten nicht unter Anpassungsstörungen, sondern unter PTSD leiden, weil sie den radikalen gesellschaftlichen Wandel als dramatischen Angriff auf ihr Selbst erfahren.

Brechen Systeme sozialer Unterstützung zusammen, so die amerikanischen Traumaforscher Kroll-Smith und Couch, erleben viele Menschen das als Isolierung, Sinn-Verlust, Ohnmacht und Schwund von Normen und Orientierung. Traumatisierend ist das Gefühl, das eigne Leben nicht mehr bestimmen zu können.[125] Zu dem dramatischen Zusammenbruch des realsozialistischen Imperiums gibt es keine historische Analogie, Untersuchungen über die Folgen von Katastrophen erlauben aber (bedingt) Analogieschlüsse.

Als in dem amerikanischen Ort Buffalo Creek ein Staudamm brach, überflutete das Wasser den gesamten Ort. In einer Follow-up-Studie, 14 Jahre später, untersuchte Bonnie Green die Opfer des damaligen Disasters und fand heraus, daß viele Einwohner chronisch unter posttraumatischen Stress-Störungen litten; außerordentlich häufig waren Depressionen und Angst-Erkrankungen.[126] Durch ausführliche Interviews mit Opfern der Katastrophe hat der Traumaforscher Kai Erikson festgestellt, daß für viele der Verlust von Gemeinschaft *(loss of communality)* schlimmer war als die Überschwemmung. Die Zerstörung ihres sozialen Gefüges haben viele als das wirkliche Trauma erlebt.[127]

Der Arzt Lawrence Palinkas untersuchte mit seinen Kollegen Effekte kultureller Zerstörung. Als im März 1989 der Supertanker Exxon Valdez vor Prince William Sound / Alaska auf ein Riff lief, überschwemmte er die Region kilometerweit mit Öl und vernichtete die Existenz der dortigen Einwohner. Die meisten lebten vom Fischfang. Als Folge des Disasters stiegen in der Bevölkerung posttraumatische Stress-Erkrankungen deutlich an.[128] Palinka et al. registrierten ebenfalls einen signifikanten Zuwachs an Alkohol- und Drogenmißbrauch, Gewalt unter Freunden und Familienmitgliedern und insgesamt einen Anstieg sozialer Konflikte. Trotz großzügiger finanzieller Hilfe blickte die Bevölkerung mit Angst in die Zukunft und beklagte vor allem den Verlust von Kultur, sozialen Zusammenhängen und Identität.

Kriege, Katastrophen und radikaler gesellschaftlicher Wandel können seelischen Zusammenhalt erschüttern. Die Ereignisse sind ein unmittelbares soziales Disaster. Doch durch den traumatischen Effekt wird ihre unmittelbare Wirkung potenziert und in die Zukunft verlängert. Wenn fast eine ganze Gesellschaft von diesen Erschütterungen betroffen ist, schwinden die insgesamt verfügbaren Reserven, beschädigte Identität wiederherzustellen und gefährdete seelische Strukturen zusammenzuhalten. Der Bedarf nach psychosozialer Betreuung steigt enorm. In der Politik ist dies die Zeit für Demagogen. Auf sie wartet schon Gefolgschaft, die auf neuen Glauben hofft.

In (vormals) rigiden Gesellschaften sind die sozialen und zivilen Reserven knapper als in offenen Gesellschaften. Totalitäre Regime behindern das Wachstum des Selbst, die Entwicklung kognitiver Schemata und somit flexibler Coping-Strategien. Autoritär strukturierte Menschen können Veränderungen schlechter bewältigen als eigenwillige und konfliktbereite Charaktere. Rigide Strukturen des Selbst und starre kognitive Schemata verstärken für das Individuum die dramatischen Effekte, die ein grundlegender gesellschaftlicher Wandel auslöst. Je radikaler die Umwälzung gesellschaftlicher Werte und Normen, desto stärker der Angriff auf autoritäre Persönlichkeiten.

So wird verständlich, weshalb diejenigen den Zusammenbruch des Sozialismus/Kommunismus am besten überleben, die sich dem unmittelbaren Druck der autoritären Gesellschaft am leichtesten entziehen konnten. Meist sind das die Mitglieder der alten Eliten. Deshalb übernimmt die Nomenklatura, die das alte System zugrunde gerichtet hat, auch unter den neuen Verhältnissen schnell wieder die einflußreichsten Funktionen. In den neuen Bundesländern kommen die meisten führenden Ostpolitiker aus den früheren Blockparteien, Betriebsleiter dienten schon der SED-Wirtschaft,

Hochschullehrer forschten und unterrichteten nach den ideologischen Leitlinien des Leninismus. In Ostdeutschland kommt die direkte Konkurrenz der alten Elite nicht aus der ehemaligen DDR, womöglich vormals oppositionellen Kreisen, sondern aus dem Westen.

In anderen postkommunistischen Ländern kommt es zu keinen solchen Kader-Transfers wie in der Bundesrepublik. Dort kann die einstige Nomenklatura ungestörter die neue Macht unter sich aufteilen. Lediglich die erste Führungsgarnitur mußte aus hygienischen Erwägungen abtreten. In allen ehemals kommunistischen Ländern ist genau das zu beoachten. Auch deshalb geht die Transformation dort so schleppend voran und ist ständig von Rückschlägen bedroht.

Die Menschen, die schon unter dem Kommunismus am meisten gelitten haben, kommen nachher oft am schlechtesten weg. Sie werden von dem radikalen gesellschaftlichen Wandel überwältigt. Von allen Faktoren, die soziale Belastung erklären, ist das Gefühl entscheidend, die Kontrolle über sein Leben verloren zu haben. [129] Dramatische Ereignisse, die der Mensch selbst verursacht hat, werden vermutlich eher als Trauma erlebt als Naturkatastrophen.[130] Fehlt soziale Unterstützung, ist der seelische Absturz für viele Betroffene um so tiefer. Ohne emotionale Hilfe, ohne Vertrauen, Fürsorge und Intimität, ohne soziale Akzeptanz, die Gefühle von Selbst-Wert nährt, ist die Erholung von traumatischer Erschütterung oft nicht möglich.[131] Forderungen, die Ossis sollten mit dem «Geschenk» der Währungsunion zufrieden sein, sich über die D-Mark freuen und die Ärmel aufkrempeln, um ihr eigenes Wirtschaftswunder zu erarbeiten, vertiefen mit ihrer kaltschnäuzigen Arroganz die neue deutsch-deutsche Spaltung. Kränkende Zurückweisungen und Gleichgültigkeit gegenüber den psychosozialen Kosten der Einheit verschärfen die gesamtdeutschen Probleme.

Je dramatischer der soziale Wandel eine gesamte Ordnung durcheinanderbringt, desto geringer sind die gesellschaftlichen Möglichkeiten, diejenigen noch zu stützen, die unter den Veränderungen am meisten leiden. In Rußland beschreibt der Begriff Zerfall sozialer Strukturen sehr treffend den tatsächlichen Zustand. Millionen Menschen sind auf sich gestellt, sollen mit einer völlig veränderten Lebenssituation fertig werden, deren Abläufe sie weder verstehen noch beeinflussen können. Sie empfinden sich als Opfer der Umwälzungen und bieten Parteien ein Potential, die Rußlands Transformation zu Demokratie und Marktwirtschaft bekämpfen. Diese Parteien knüpfen an den realen Erfahrungen der Menschen an, daß es «früher» besser war. Sie waren im Kommunismus zwar mit vielem unzufrieden, aber sie fanden sich zurecht, hatten größere Sicherheit, mehr Selbstachtung und (sogar) mehr Würde als heute. Viele dieser Menschen erleben den Zusammenbruch des alten Regimes als traumatisch.

Die Verhältnisse in der früheren DDR sind anders. Der untergegangene Staat vermittelte den Ostdeutschen weniger nationale Identität als das sowjetische Regime den Russen. Wirtschaftlich geht es den Ostdeutschen weit besser, die sozialen Netze sind bedeutend fester, die politischen Institutionen stabiler. Aber die Erwartungen in Ostdeutschland waren auch andere. Vielen ehemaligen DDR-Bürgern fällt die Anpassung an die bundesdeutschen Lebensumstände schwerer, als sie sich das jemals vorstellen konnten.

Zu hohe Erwartungen treiben in tiefe Enttäuschung. In Deutschland verstärken sie die Polarisierungen in der Gesellschaft, züchten Mentalitäten von «Siegern» und «Verlierern». Im Osten ist die Haltung verbreitet, die Schuld für Fehlschläge und Niederlagen vornehmlich äußeren Umständen zuzuschreiben. Diese Wahrnehmung verstärkt Widerstände, die eigene Haltung und persönliche Einstellungen zu ändern, und fördert die Neigung, nach Sündenböcken zu suchen. Wenn sich viele Menschen über lange Zeit von der deutschen Vereinigung betrogen fühlen, sie tatsächlich chancenlos bleiben und sich im Westen die demütigende Polarisierung gegen «Ossi-Versager» fortsetzt, stärkt dies tendenziell die Ablehnung der Politik und der Parlamente. Demokratie wird gleichgültiger.

Die neue Weltunordnung

MIT dem Niedergang des Kommunismus ist die Welt unübersichtlicher und unsicherer geworden. Die bipolare Machtbalance hatte Europa berechenbare Stabilität beschert. Nach Ende des kalten Krieges sind Hypernationalismus und Proliferation nuklearer Potentiale gefährliche Realtität geworden. Kriege ersetzen Politik. Der Traum vom harmonischen Ausgang der Geschichte war kurz. Die neue Weltlage erweist sich als neue Weltunordnung.

Den Zustand beschreibt der amerikanische Politologe Ken Jowitt als Genesis und warnt, wir sollten unseren Aufklärungsoptimismus zügeln und anerkennen, daß Krisen nicht unmittelbar neue Entwicklungschancen eröffnen. Wir müßten den Herausforderungen einer Welt begegnen, die uns immer verwirrender und bedrohlicher erscheine, in der existierende Grenzen angegriffen und verändert würden und die Herausforderung darin bestehe, neue Grenzen zu ziehen und neue Einheiten zu definieren.[1]

Aus der neuen Weltunordnung, so Jowitt, erwüchsen Bedürfnisse nach neuen Ideologien und Führern, die neue Sicherheiten versprechen, Lebenswege weisen und Hoffnung machen, verlorenes Ansehen und Selbstachtung wiederherzustellen. Besonders in Osteuropa dominiere als gemeinsame Erfahrung die dramatische Fragmentierung traditioneller Gemeinschaften. Unter diesen Bedingungen seien es eher Demagogen, Religionsstifter und Obristen als Demokraten und Marktwirtschaftler, die Osteuropas institutionelle Identität schüfen.[2]

Für die Politik Osteuropas sagt Jowitt neuen Autoritarismus voraus und als Reaktion auf zunehmende Desintegration Bewegungen der Wut *(movements of rage)*, die gesellschaftliche Institutionen und sozialen Zusammenhalt durch Gewalt weiter erschüttern: «Bewegungen der Wut sind gewaltsam-nativistische Antworten auf Versagen, Enttäuschung und Verwirrung.»[3]

Die Risikogesellschaft

Nicht erst der Zusammenbruch des kommunistischen Imperiums hat die moderne Weltordnung durcheinandergebracht. Durch die Globalisierung der Wirtschaft verlieren Regierungen zunehmend Einfluß auf nationale Entwicklungen. Die heimische Ökonomie wird mehr und mehr von den strategischen Entscheidungen weltweit operierender Banken und Konzerne und der Dynamik internationaler Märkte bestimmt und verweigert sich weitgehend nationaler Steuerung.

Der amerikanische Wissenschaftler und Politiker Robert Reich fragt besorgt: Sind Nationen noch eine Gesellschaft, wenn sie nicht mehr eine Wirtschaft sind? Heute bestünde die entscheidende Aufgabe der Nationen darin, den potentiellen Anteil ihrer Bürger an der globalen Wirtschaft zu vergrößern, indem sie vor allem Fähigkeiten und Fertigkeiten erhöhen und diese Kapazitäten wirksam auf dem Weltmarkt einbringen.[4] Wichtiger als die Verteidigung nationaler Produktionskapazitäten sind demnach die Entwicklung und der Export von Know-how; die sich mit zunehmendem Tempo verändernden Anforderungen der globalen Wirtschaft verstärken für einzelne Nationen, für Unternehmen und für jeden einzelnen den Zwang zur Verwertbarkeit, zu ständiger Umstellung und Mobilität, zu Forschung, Ausbildung und dauerndem Umlernen. So steigen allgemein der Konkurrenzdruck und die Risiken von Entscheidungen und Nicht-Entscheidungen.

Der Soziologe Ulrich Beck hat darauf hingewiesen, daß die modernen Gesellschaften heute mit den Grundlagen und Grenzen ihres eigenen Modells konfrontiert werden, weil sie unreflektiert eine Politik des industriellen Weiter-So betreiben. So sind wir in eine Weltrisikogesellschaft geraten:

> «Dieser Begriff bezeichnet eine Entwicklungsphase der modernen Gesellschaft, in der die durch die Neuerungsdynamik hervorgerufenen sozialen, politischen, ökologischen und individuellen Risiken sich zunehmend den Kontroll- und Sicherungsinstitutionen der Industriegesellschaften entziehen.»[5]

Angesichts zunehmender Uneindeutigkeit und Unübersichtlichkeit geht das Vertrauen in die technische Machbarkeit von Gesellschaft verloren. Das berechtigte Mißtrauen gegenüber der Atom- und Gentechnologie ist dafür ebenso ein Beispiel wie die Zweifel an einer Politik, die mit nahezu religiöser Beharrlichkeit Wirtschaftswachstum als einzig adäquate Krisenbewältigungsstrategie vorstellt.

Die Entwicklung der modernen Gesellschaft bietet dem einzelnen neue Chancen und stellt ihn so gleichzeitig vor neue Herausforderungen. Traditionelle soziale Bindungen verlieren an Bedeutung, Schichten- oder Familienherkunft schreiben Lebensläufe nicht mehr vor. Damit nehmen die Zwänge zu, das eigene Leben selbst zu planen. Beck bezeichnet diesen Prozeß als Individualisierung.

> «Individualisierung bedeutet in diesem Sinne, daß die Biographie der Menschen aus vorgegebenen Fixierungen herausgelöst, offen, entscheidungsabhängig und als Aufgabe in das Handeln jedes einzelnen gelegt wird. Anteile der prinzipiellen entscheidungsverschlossenen Lebensmöglichkeiten nehmen ab, und die Anteile der entscheidungsoffenen, selbst herzustellenden Biographien nehmen zu.»[6]

Entscheidungen über Ausbildung, Beruf, Arbeitsplatz, Wohnort, Partnerschaft, Anzahl der Kinder können nicht nur, sondern müssen getroffen werden. Entscheidungsfreiheiten sind oft an Entscheidungsnotwendigkeiten gekoppelt. Da einzelne Entscheidungen andere Möglichkeiten beeinflussen, zum Beispiel die Wahl des Arbeitsplatzes den Wohnort und die persönliche Mobilität wiederum die partnerschaftliche Beziehung, können aus wahrgenommenen Chancen unvorhergesehene Konflikte entstehen. Beck weist darauf hin, daß die entstehenden Individuallagen durch und durch (arbeits)marktabhängig sind. Wie der einzelne in der Konkurrenz besteht, bestimmt entscheidend seine soziale Stellung und die Vielfalt sonstiger Möglichkeiten.

> «In der individualisierten Gesellschaft muß der einzelne entsprechend bei Strafe seiner permanenten Benachteiligung lernen, sich selbst als Handlungszentrum, als Planungsbüro in bezug auf seinen

eigenen Lebenslauf, seine Fähigkeiten, Orientierungen, Partnerschaften usw. zu begreifen. ‹Gesellschaft› muß unter den Bedingungen des herzustellenden Lebenslaufes als eine ‹Variable› individuell gehandhabt werden.»[7]

Individualisierung meint also nicht Individuation. Das Selbst kann unter den Bedingungen gesellschaftlicher Individualisierung wachsen, freier Ambitionen verfolgen, Kompetenz und Wirksamkeit vergrößern. Gleichzeitig verliert es soziale Bindungen und Rückhalt von wirklichen Gemeinschaften. Dies wird als Bedrohung erlebt. Die Selbstobjekt-Matrix verrückt, gefährdet die Kohäsion des Selbst und erhöht die Gefahr der Fragmentierung – die einzelnen Aspekte der Selbst-Erfahrung können nicht mehr koordiniert, d. h. als zusammenpassend erfahren werden. Das Selbst sieht sich nicht mehr als Einheit. Der Begriff Fragmentierung beschreibt also eine Regression des Selbst, den Rückfall in einen Zustand geringerer Kohäsion, durchlässigerer Grenzen, geringerer Energie und Vitalität. Die innere Balance ist gestört, das Selbstwertgefühl beschädigt.

Die Funktion von Selbstobjekt-Erfahrungen, aus denen die Struktur des Selbst entsteht, kann von Personen und Objekten, von Symbolen und Ideen erfüllt werden. Kinder brauchen für die Entwicklung und den Erhalt ihres Selbst wirkliche Personen, von denen sie Bewunderung und Anerkennung für ihr Dasein, ihr Können und ihr Lernen erfahren. Meist sind die Eltern die wichtigsten Bezugspersonen. Wenn ihre narzißtischen Bedürfnisse akzeptiert und verstärkt werden, erleben Kinder die Eltern als im Einklang mit sich selbst. Sie fühlen Sicherheit und Geborgenheit. Dadurch schreiten sie in ihrer Entwicklung voran.

Mit zunehmendem Alter wächst die Fähigkeit, das eigene Sein über Ideen und Symbole zu bestimmen und durch die Identifikation mit Werten Selbstwertgefühle zu vergrößern und zu stabilisieren. Solche Symbole bietet jede (Sub)Kultur an, zum Beispiel eine bestimmte Kleidung, Sprache, Musik oder Idole. Später im Leben können Arbeit, Kunst, Religion oder Ideologie Bedürfnisse nach Erfolg, Achtung und Zugehörigkeit vermitteln. Persönliche Entwicklung, Selbst-Bilder, Gefühle, Labilität oder inneres Gleichgewicht hängen von solchen Selbstobjekt-Erfahrungen ab.

Gemeinschaftsgefühle werden in der modernen Gesellschaft allerdings zunehmend über (Status)Symbole vermittelt, die den Mangel an wirklicher Gemeinschaft kompensieren sollen. So funktioniert zum Beispiel Werbung. Sie ist erfolgreich, wenn sie ein Image kreiert, das emotional besetzt wird. Verkauft wird das Produkt wegen der Identifikation mit diesem Image. Der Kauf wird von dem Konsumenten als Bestätigung des Selbstbildes bewertet. Entscheidend ist, was das Produkt für das Selbst repräsentiert, nicht seine tatsächliche Qualität. Die Schriftzüge auf Brillen, Pullovern oder Turnschuhen symbolisieren Lebensstil und Zugehörigkeit zu einer Gruppe, die diesen Stil pflegt.

Daß Zugehörigkeit erkauft wird, heißt aber auch: Wer sich Statussymbole nicht leisten kann, ist von Gemeinschaften ausgeschlossen.[8] Finanzieller Erfolg ist zur Voraussetzung geworden, «jemand» zu sein. «Hast du was, kannst du was, bist du was», lautete der Werbespruch einer deutschen Bank. Einkommen dividiert Sieger und Verlierer des Verteilungskampfes. So sehen sich heute die meisten Ostdeutschen schon deshalb als Verlierer der Einheit, weil sie als Bundesbürger, also nach einheitlichen Maßstäben, tatsächlich die Ärmeren sind – Deutsche zweiter Klasse.

Der Individualisierungsprozeß der bürgerlichen Gesellschaften fand nicht als plötzlicher Entwicklungsschub statt; er war eine mit der Moderne einsetzende langfristige Tendenz, die im Verlaufe der Geschichte ihre wachsende Dynamik entfaltete. Sozialistische Gesellschaften, die sich in diesem Punkt als Gegenentwürfe zur Moderne verstanden, haben versucht, diesen Individualisierungsprozeß aufzuhalten, zu brechen, den einzelnen vor den Anforderungen der Moderne zu befreien.

Jetzt werden die Osteuropäer (und die Ostdeutschen) von Individualisierungsanforderungen um so härter getroffen. Sukzessiver Wandel erleichtert die Anpassung des persönlichen Coping-Konzeptes an veränderte Anforderungen, rasche Veränderungen führen zu größeren Komplikationen, plötzliche gesellschaftliche Veränderungen führen zu Stress.

In der Matrix der modernen Gesellschaft hängen die persönlichen Gestaltungsmöglichkeiten von Ich-Stärke, kognitiven Begabungen und Konkurrenzfähigkeiten ab. Der einzelne muß Chancen abschätzen und wahrnehmen können. Das Vermögen, eigene Ziele zu definieren, muß einhergehen mit der Fähigkeit, Strategien zu entwerfen, die eine Verwirklichung der persönlichen Ambitionen zulassen.

Tendenziell nehmen mit den Anforderungen auch die Überforderungen zu, weil der einzelne in der Weltrisikogesellschaft immer mehr von Verhältnissen abhängt, die sich seinem Einfluß entziehen. Auf dem Arbeitsmarkt werden jene gesellschaftlich «aussortiert», die den veränderten Herausforderungen nicht standhalten. Der Bielefelder Sozialwissenschaftler Wilhelm Heitmeyer notiert:

> «Der Arbeitsmarkt erweist sich als Motor der Individualisierung von Lebenslagen, und zwar so, daß der einzelne sich als Akteur eines eigenen, nicht mit einer Gruppe zusammenfallenden Lebensweges sehen muß... Kollektive Handlungs- und Durchsetzungsformen verlieren an Bedeutung.»[9]

Individualisierung richtet sich gegen unterstützende und stabilisierende soziale Milieus. Brechen Solidargemeinschaften auseinander, sind Individuen der Vereinzelung ausgesetzt. Daraus entstehen Bedürfnisse nach neuem Zusammenhalt. Für Bürger der ehemaligen DDR gilt das in besonderer Weise. Der frühere Bürgerrechtler Konrad Weiß beschreibt die Lage so:

> «Vielen im Osten fällt die Orientierung schwer, besonders jungen Menschen. Sie haben einen Wandel aller Ideale und Werte erlebt, der tiefer nicht sein könnte. Sie haben erlebt, daß von heute auf morgen nichts mehr von dem galt, was ihnen heilig sein sollte. Daß aus gefürchteten Autoritäten verkrachte Kreaturen wurden, aus Feinden Landsleute und aus Freunden Fremde. Daß die hehre Idee, der sich 40 Jahre lang alles unterzuordnen hatte, auf ewig zum gescheiterten Experiment erklärt wurde.
>
> Noch ist es nicht gelungen, diese Leere zu füllen. Es mangelt an Visionen, an der großen Idee, die die Kräfte bündeln könnte. In dieser Situation hatten und haben Verführer und falsche Propheten ein leichtes Spiel.»[10]

Der Psychoanalytiker James Grotstein hat den Begriff *background selfobjects* vorgestellt, ein Terminus, der ähnliches meint wie Kohuts Wort *cultural selfobjects* und für Personen, Objekte oder Ideale gilt, auf die sich der einzelne bezieht, um daraus Stärke zu gewinnen. Grotstein vermutet, daß die wesentliche Funktion von Hintergrund-Selbstobjekten, also von Tradition, kulturellem Erbe, Religion, Geschichte, Sitten und Ritualen, darin besteht, einen tieferen Sinn des Seins, Gefühle von Zugehörigkeit und Beständigkeit zu vermitteln. Aus solchen Gefühlen entstehen Sicherheit und Selbstversicherung.[11] Bei radikalen gesellschaftlichen Veränderungen brechen sie zusammen.

Zugehörigkeit zu einer Gemeinschaft – einer demokratischen Partei, einem Sportverein, der PDS oder einer rechtsradikalen Gruppierung – verlangt Internalisierung von Gruppennormen, -werten und -zielen. Zugehörigkeit zu einer Gemeinschaft definiert die soziale Matrix, versorgt mit Selbstobjekten, die sozusagen den Hintergrund einer Persönlichkeit bilden. Gruppenzugehörigkeit verschafft auch individuelle Anerkennung und steigert das persönliche Selbstwertgefühl. Gruppen bieten dieses Gefühl vor allem in der Aktion; das gilt für politische Demonstrationen ebenso wie für Umzüge von Fußballfans. Die Gruppe wiederum gewinnt Stärke aus der Emotionalität, die von den einzelnen Mitgliedern auf sie übertragen wird.[12]

Als kulturelles Selbstobjekt kann eine Ideologie oder die Idee der Nation dienen. Der Inhalt dieser Idee, die Richtung, die sie dem Handeln gibt, kann sehr verschieden sein. Die Kraft gewinnt sie aus der libidinösen Energie, die auf die Ideologie oder die Idee von der Nation übertragen wird. Eben weil sie emotional in die Struktur des Selbst eingebunden ist, gibt sie der seelischen Struktur zusätzlichen Halt und prägt Einstellung und Verhalten.

Der Psychologe Herbert Kelman weist darauf hin, daß nationale Identität für viele Menschen und Gruppen eine bedeutende Quelle von Würde und Selbstachtung ist. Nationale Identität definier Zugehörigkeit und Gegnerschaft. Sie ist verknüpft mit Idealen, die allerdings substanziell sehr unterschiedlich sein können, obschon ihre Terminologie mitunter recht ähnlich klingt: Die Forderung nach Freiheit und Gleichheit muß als Rechtfertigung für Verfolgung und Unterdrückung herhalten. Hypernationalismus mobilisiert ethnische Befreiungsbewegungen und entschuldigt ethnische «Säuberung».[13]

Wenn die Idee der Nation Teil des Selbst geworden ist, markiert sie persönliche Grenzen und wird gegen (tatsächliche und phantasierte) Angriffe verteidigt. Nationalismus grenzt das Selbst gegen andere Nationalität ab. Der Verlust von äußeren Grenzen kann als Verlust innerer Grenzen und Gefährdung innerer Struktur empfunden werden.[14]

Universelle Werte liegen den meisten Menschen fern. Die wenigsten Nationen definieren sich über Freiheit und Demokratie. Unter Nationalisten sind das eher seltene Werte. Sofern Ideen von Nation und Kultur als Selbstobjekte fungieren und Identität stiften, bergen sie in sich den Anspruch auf Absolutheit. Die eigene Nation und die eigene Kultur werden anderen gegenüber schnell als überlegen betrachtet. Der Abgrenzungsmechanismus, der Gruppen definiert und Identitäten festigt, verführt zu Gegnerschaft, zu politischer Konfrontation.

Grotstein schlägt vor, das Versagen von *background selfobjects* als Ursache für die Entstehung neuer Subkulturen zu verstehen, zum Beispiel von Jugendgangs; Jugendliche gewinnen in diesen Gruppen ein Gefühl von Zugehörigkeit und Orientierung zurück, das ihre sonstige Umgebung – Familie, Schule, Nachbarschaft – nicht mehr oder nicht mehr ausreichend anbietet.[15]

Jugendliche schaffen sich also Gruppen, die es ihnen erlauben, unbefriedigten narzißtischen Ambitionen nachzugehen. Je stärker sie dann von der Gesellschaft ausgegrenzt werden, desto größer der Zwang, Selbstwert aus ebendieser Gruppe zu holen. Grotstein jedenfalls glaubt, Jugendliche fühlten sich in der etablierten Kultur oft nicht aufgehoben und dann nicht mehr geschützt.

In der Auflösung sozialer Zusammenhänge erscheinen natürliche Kategorien wie Rasse, Hautfarbe oder Geschlecht als Konstanten gemeinschaftlicher Identität. Heitmeyer et al. stellen fest:

> «Nationale Stimmungen können insofern die Funktion von ‹sozialen Bindungen› erhalten, die ansonsten im nahen Alltag subjektiv als nicht mehr erfahrbar empfunden werden.»[16]

Nach einer empirischen Langzeituntersuchung identifizieren die Autoren den Verlust von Zugehörigkeit, Chancen und Übereinstimmung als eine wesentliche Ursache für den Anschluß an rechtsradikale Gruppen, Ausländerfeindlichkeit und die Bereitschaft zu

Gewalt. Ähnlich argumentiert der Soziologe Karl-Otto Hondrich, wenn er schreibt:

> «Sie reagieren mit Gewaltausbrüchen als verzweifeltem Ausdruck einer verletzten, einseitig aufgekündigten Zusammengehörigkeit: Ausdruck umstrittener, bestrittener kollektiver Identität in der offenen Gesellschaft.»[17]

Die Vereinzelung treibt zu der Suche nach Gemeinschaften, die dem einzelnen (wieder) Stärke geben. Aus diesem Bedürfnis nährt sich das Gruppen-Selbst. Die Gruppe will sich ihre Stärke beweisen. Das geschieht in der handfesten Gewalt gegen andere. So werden mit der Gruppe eigene Verletzungen und Minderwertigkeitsgefühle kompensiert. Angriffe gegen die Gruppe sind Angriffe gegen das Gruppen-Selbst und provozieren narzißtische Wut und Gewalt.

Der (ost)deutsche Rechtsradikalismus

Wie häßlich sind die Deutschen? Seit in der Bundesrepublik die Welle ausländerfeindlicher Gewalt losgebrochen ist, fragen sich unsere Nachbarn besorgt, wie stark die zivile Gesellschaft bei uns ist, wie stabil die Demokratie. In amerikanischen Zeitungen wurde bereits der Verdacht geäußert, Xenophobie und Rechtsradikalismus könnten Merkmale eines deutschen Nationalcharakters sein, der sich ungehemmt offenbare, seit die Deutschen wieder vereint sind und nicht mehr von hegemonialen Mächten unter Kontrolle gehalten werden. Die Unfähigkeit der deutschen Politik, die Ursachen der Gewalt zu identifizieren und wirksam gegen sie vorzugehen, ihre opportunistische Anpassung an den Druck der Straße, die Bereitschaft, noch bei brutalen Kollektivausschreitungen gegen Ausländer eine berechtigte Angst vor «Überfremdung» anzuerkennen und das Beharren – im Unterschied zu Amerikanern, Engländern oder Franzosen –, Staatsbürgerschaft als Gemeinschaft der Rasse, nämlich als Volk zu definieren, haben den Verdacht international verstärkt.

Die Reaktionen auf den rechten Terror, argumentiert Jürgen Habermas, machten das ganze Ausmaß der moralisch-politischen Verwahrlosung sichtbar. Nicht den Opfern und der Entzivilisierung unserer Gesellschaft gelte die erste Sorge, sondern dem Ansehen des Industriestandortes Deutschland.[18]

Der Analytiker C. G. Jung war davon überzeugt, daß es eine «deutsche Seele», «eine eigentümliche Psychologie» gebe, die die Deutschen von ihren Nachbarn unterscheide. Jung vermutete, daß die Deutschen in besonderer Weise unter Minderwertigkeitsgefühlen und innerer Unsicherheit litten:

> «Man weiß nicht recht, wer man ist, man fühlt sich irgendwo minderwertig, und wünscht doch nicht zu wissen wo, und vergrößert durch diese neue Minderwertigkeit die schon bestehende. Aus dieser Unsicherheit ergibt sich die Prestigepsychologie der Hysterischen, das ‹Eindruckmachen›, das Vorführen und Einhämmern der Verdienste, die nie gestillte Sehnsucht nach Anerkennung, Bewunderung, Bestätigung, Geliebtwerden. Aus dieser Unsicherheit ergibt sich auch die Großmäuligkeit, Anmaßlichkeit, Arroganz, Frechheit und Taktlosigkeit, durch welche viele Deutsche, die zu Hause hündisch zu Kreuze kriechen, im Ausland ihrem Volk für eine schlechte Reputation sorgen. Aus dieser Unsicherheit ergibt sich auch jener, schon von Bismarck kritisierte, tragische Mangel an Zivilcourage.»[19]

Jung glaubte, aus der deutschen Seele deutsche Geschichte erklären zu können, die Dispositionen, welche die Deutschen für den Nationalsozialismus empfänglich gemacht haben. Nach den ungeheuerlichsten Verbrechen aller Zeiten müßten die Deutschen ihre «Kollektivschuld» annehmen. Doch dies allein bedeute noch keine Heilung. Die Deutschen müßten sich vielmehr fragen, wie sie mit ihren dunklen seelischen Veranlagungen leben können.

> «Wenn ich von den Deutschen sage, sie seien psychisch krank, so bin ich doch wohlwollender, als wenn ich sage, sie seien Verbrecher. Ich möchte die bekannte Empfindlichkeit der Hysterischen nicht reizen, aber man darf jetzt nicht mehr über alle Peinlichkeiten hinweggehen und dem Kranken helfen, wieder alles zu vergessen, was geschehen, damit ja der krankhafte Zustand nicht gestört wird.»[20]

Gegen Jung ist einzuwenden, daß seine Theorie, entwickelt unmittelbar nach dem Untergang des Nationalsozialismus, historische Bedingungen, wirtschaftliche Entwicklungen und politische Konstellationen vernachlässigt und überdies individuelle Unterschiede seelischer Befindlichkeit ignoriert. Die Kategorie «Nationalcharakter» mag man skeptisch betrachten, doch sollte die Frage gestattet bleiben, ob sich in der deutschen Geschichte häufig Charaktere durchgesetzt haben, für die Jungs Beschreibung cum grano salis zutrifft, und wenn ja, ob die Gefahr, daß dies wieder so sein könnte, tatsächlich gebannt ist.[21]

Auch Historiker hat immer wieder der Gedanke beschäftigt, die Deutschen könnten zu gefährlichen Sonderwegen neigen. Stets zeigten die Deutschen eine besondere Bereitschaft, sich Autoritäten zu unterwerfen. Illiberalismus pflegten sie als Geisteshaltung. Sie haben die Weimarer Republik selbst zugrunde gerichtet, die Mehrheit jubelte den Nazis zu, auch die Mehrheit der intellektuellen Elite. Eine bürgerliche Revolution brachten sie nie zustande, Demokratie wurde ihnen (im Westen) von den Alliierten geschenkt. Die deutschen Demokraten in Gesellschaft und Politik, Karl Jaspers ebenso wie Konrad Adenauer, hegten Mißtrauen, ob das Volk für die Demokratie reif sei, vorsichtshalber plädierten sie für einen autoritären Rechtsstaat. Erst in den beiden letzten Dekaden festigte sich die Meinung, daß die Bundesrepublik zu einem verläßlichen Partner in der westlichen Allianz geworden sei und aus Bonn nicht Weimar werden könne.[22]

Rechtsradikalismus, Xenophobie und eskalierende Gewalt lassen sich nicht aus bloß nationalen Bedingungen erklären. Die Phänomene treten weltweit auf, sind offenbar nur aus globalen Perspektiven zu verstehen. Freilich haben sie auch ihre besonderen nationalen Ursachen und Verlaufsformen. Die Deutschen haben Grund zu besonderer Aufmerksamkeit. Seit der Vereinigung beider deutscher Staaten nehmen Fremdenfeindlichkeit und Gewalt bedrohlich zu. Dies scheint mehr als eine zeitliche Koinzidenz zu sein. Vielmehr spricht einiges dafür, daß der deutsch-deutsche Wandel diese Entwicklung ursächlich beeinflußt.

Individualisierung und Risikogesellschaft haben bereits in der alten Bundesrepublik große Gruppen überfordert. Das Wohlstandsland, das allen Bürgern Aufstiegschancen anzubieten schien, hatte sich in eine rauhe Konkurrenzgesellschaft verwandelt. Fast ein Drittel der Bürger fühlte sich vom «Fortschritt» abgehängt und vom Sozialstaat zurückgelassen. Seit dem Zusammenbruch des Kommunismus ist für die Westdeutschen der Verteilungskampf härter geworden. Auf dem Arbeits- und Wohnungsmarkt treten nun zusätzlich die Landsleute aus dem Osten auf.

Die Bundesregierung hatte versprochen, die Einheit sei umsonst zu haben. Auf nötige Opfer haben Helmut Kohl und Wolfgang Schäuble niemanden vorbereitet. Warnungen der SPD vor den wirtschaftlichen Folgen fanden kaum Gehör, weil die Sozialdemokraten (außer Willy Brandt) überall den Eindruck hinterließen, daß sie die Einheit eigentlich gar nicht wollten. Wenig später erhielten die Deutschen in Ost und West die ersten Einheits-Rechnungen und waren verärgert. Als klar wurde, daß die Manager der Vereinigung falsch kalkuliert hatten, die Rechnungen also auf absehbare Zeit kein Ende nehmen würden, schlug Ärger in Wut um. Die Politik verlor Glaubwürdigkeit.

Seit die Grenzen offen sind, kommen aus Osteuropa jedes Jahr Hunderttausende. Die politische Klasse scheut jedoch die Debatte, wie ein angemessenes Einwanderungsgesetz aussehen müßte und welche sozialen und finanziellen Kosten der deutschen Bevölkerung dafür abzuverlangen wären. Die Bonner Parteien konnten sich lediglich auf die Änderung des Asylrechts einigen und bedienten zuerst die Forderungen der aggressiven Randalierer. Die neuen Gesetze werden die Menschen aus Osteuropa auf Dauer nicht hindern, ihr Glück in Deutschland zu suchen, eher flüchten mehr, wenn sich ihre Lage in den postkommunistischen Ländern nicht absehbar bessert. Die bisherigen politischen Signale aus Bonn verbreiten unter der deutschen Bevölkerung die Botschaft, Gewalt gegen Ausländer lohne sich. Schließlich ließen sich die Parteien durch Randale dazu zwingen, dem Druck der Straße nachzugeben. In der etablierten Politik macht sich ein Populismus breit, der Stärken der zivilen Gesellschaft untergräbt.

Es gibt Grund genug, sich als Demokrat betroffen zu fühlen. Man muß daraus keinen Kult machen. Doch es wäre falsch, die Gefahren dadurch herunterzuspielen, daß die Zustände in Deutschland mit Verhältnissen in anderen Staaten entschuldigt oder Kritiker des neuen deutschen Populismus als aufgebrachte Moralisten ausgegrenzt werden. Xenophobie ist ein gesamtdeutsches Problem. Allerdings scheint in den neuen Bundesländern die gesellschaftliche Transformation die Angst vor Ausländern, Ausländerfeindlichkeit und Rechtsradikalismus in besonderer Weise zu fördern.

Die alten Verhältnisse hatten (bei aller Repression) ein hohes Maß an Kontinuität und sozialer Sicherheit gewährt. Die Menschen waren eingebunden in Kollektive, die viele als Gemeinschaft erlebten. Das System verlangte untertänige Konformität. Doch gegen bedrohliche Konkurrenz mußte niemand bestehen. Seit dem Anschluß an den Westen stehen viele Ostdeutsche unter Anpassungs-Stress. Die meisten meistern die neuen Herausforderungen. Doch für viele sind die Anforderungen, sich umzustellen, zu hoch.

Erfahrungen und Qualifikationen, Lebensplanungen und die DDR-spezifische soziale Kompetenz sind mit dem Fall der Mauer abrupt entwertet worden. Die wirtschaftliche Unsicherheit, den (tatsächlichen oder möglichen) Verlust des Arbeitsplatzes und die Zerstörung sozialer Bindungen erleben große Teile der ostdeutschen Bevölkerung als tragischen Bruch der Biographie, als *(narzißtische)* Kränkung und persönliche Niederlage. Bundeskanzler Kohl hatte ihnen im Wahljahr 1990 ein zweites deutsches Wirtschaftswunder und «blühende Landschaften» versprochen. Die (geschürten) Erwartungen sehen die Ostdeutschen nunmehr bitter enttäuscht. Mehr als 70 Prozent leiden unter Minderwertigkeitsgefühlen, sehen sich als *Bürger zweiter Klasse*, ausgenutzt und gedemütigt von den Wessis.

Das verletzte Selbst reagiert auf solche Angriffe leicht mit Rückzug oder Wut. Es sucht nach Gelegenheiten, den seelischen Schmerz zu kompensieren. So sind Anlässe willkommen, die eigene Überlegenheit zu demonstrieren. Wer die neuen Herausforderungen bewältigt, die Reintegration geschafft und neuen Status erreicht hat, gewinnt dieses Gefühl gegenüber den Zurückbleibenden. Wer scheitert, neigt dazu, andere verantwortlich zu machen. Dann sind Sündenböcke gefragt.

Wenn die Individualisierung besonders hart trifft, die gesellschaftliche Veränderung Gefühle von Ohnmacht und Vereinzelung hervorruft und der Aufprall auf die neue Wirklichkeit eine autoritär-repressive Sozialisation freisetzt, steigt die Bereitschaft zur Gewalt:

> «Dies können wir derzeit in Ostdeutschland beobachten. Je stärker autoritäre Erziehung und staatliche Repression, die nicht in sozialen «Nischen» abgefedert werden können, auftreten, desto weniger kann sich Eigenverantwortlichkeit entwickeln ... Entfallen Außensteuerungen und Außenkontrolle, sind verinnerlichte Orientierungsmarken wie sinnhafte und glaubwürdige Positionen kaum vorhanden. Es entsteht eine anomische Situation von Norm- und Regellosigkeit, so daß Gewalt freien Lauf erhält, wenn Angst und Verunsicherung auftreten.»[23]

Bei dem Vergleich von fremdenfeindlicher Gewalt in Ost- und Westdeutschland lassen sich bedeutende Unterschiede ausmachen: Die Straftaten verteilen sich nach absoluten Zahlen fast gleichmäßig auf alte und neue Bundesländer, obwohl im Westen mehr als dreimal soviel Menschen wohnen. Unter den Tatverdächtigen im Osten gehören 37,4 Prozent zu rechtsextremen Gruppen, statt 19,3 Prozent im Westen. Fremdenfeindliche Gewalt wird im Osten häufiger aus größeren Gruppen begangen. Die tagelangen gewaltsamen Belagerungen von Ausländerheimen in Hoyerswerda (September 1991) und Rostock (August 1992) fanden gar unter dem massenhaften Beifall anwohnender Bürger statt.[24]

Die Sozialwissenschaftler Willems, Würtz und Eckert, die Täterprofile untersuchten und Fallbeispiele studierten, sehen in der Individualisierung und Pluralisierung von Lebenslagen und Lebenswegen, der gesteigerten sozialen und geographischen Mobilität, der Lösung aus traditionellen Bindungen und Versorgungszusammenhängen und den damit verbundenen Belastungen und Risiken die Hauptursachen für die eskalierende Gewalt.

> «Enttäuschte Erwartungen hinsichtlich des Wohlfahrtsstaates und der sozialen Marktwirtschaft und ihrer Chancen für die individuelle Lebensgestaltung sind besonders nach der Vereinigung in den neuen Bundesländern festzustellen. In einer solchen Situation wird der erhebliche Zustrom von Aussiedlern und Asylbewerbern und die wohlfahrtsstaatliche Alimentierung dieser Gruppen von vielen

als unmittelbare Konkurrenz und Bedrohung um einen erhofften und angestrebten Status wahrgenommen, aber auch jenseits eigener und unmittelbarer Konkurrenzängste als ungerechtfertigt und überzogen interpretiert.»[25]

Freilich ist darauf hinzuweisen, daß in Ostdeutschland weit weniger Ausländer leben als in Westdeutschland. Im Westen sind es über sechs Millionen, im Osten weniger als 200000.[26] Ihre tatsächliche Präsenz ist in den neuen Bundesländern nicht erforderlich, um sie zu Sündenböcken zu machen.

Das Regime hat Gewaltbereitschaft frühzeitig gezüchtet, durch militante Erziehung bereits im Kindergarten, durch Wehrkundeunterricht, Wehrübungen und Waffenparolen. Offenbar prägt die Freund-Feind-Ideologie bis heute Einstellungen. In einer Studie über Jugendliche in Ostdeutschland haben die Leipziger Sozialwissenschaftler Harry Müller und Wilfried Schubarth aufschlußreiche Daten erhoben.[27] Seit der deutschen Vereinigung, stellen die Autoren fest, neigen mehr Jugendliche dazu, die Nazizeit zu verharmlosen. Gleichzeitig haben rechtsextreme Orientierungen zugenommen. Die Intoleranz gegenüber Andersdenkenden steigt. Mehr als die Hälfte der Lehrlinge denkt: «Wem es in Deutschland nicht paßt, der soll auswandern»; fast jeder zweite unterstützt die Forderung «Ausländer raus!»[28]

Unter Schülern und Lehrlingen schließt jeder vierte körperliche Gewalt gegenüber Personen nicht aus. Der Erhebung zufolge haben sich 4 Prozent der Lehrlinge und 1 bis 2 Prozent der Schüler bereits an der «Jagd auf Ausländer» beteiligt und/oder Ausländerwohnheime angegriffen. Weitere 15 Prozent der Lehrlinge und 5 bis 10 Prozent der Schüler, notieren Müller und Schubarth, wären dazu bereit.[29]

Sozialwissenschaftler stellten im Ost-West-Vergleich einen höheren Anteil von autoritären Einstellungen unter Jugendlichen in der ehemaligen DDR fest; im Osten beobachteten sie eine deutlich größere Ausländerfeindlichkeit.[30] Auch die Studie des *Instituts für Familien- und Kindheitsforschung Potsdam* befaßt sich mit autoritären Haltungen von Jugendlichen. Danach stimmen 27 Prozent der Forderung zu, «Deutschland braucht wieder einen Führer/starken

Mann, der zum Wohl aller regiert.» 85 Prozent glauben, «man muß in Deutschland wieder Ordnung und Sicherheit schaffen». 40 Prozent unterstützen die Parole «Deutschland den Deutschen – Ausländer raus!»[31]

Insgesamt zeigen die verschiedenen Erhebungen, daß Ausländerfeindlichkeit im Osten Deutschlands besonders unter Jugendlichen eine verbreitete Haltung ist. Die Intoleranz gegenüber Andersdenkenden steigt. Die Bereitschaft, mit Gewalt gegen Ausländer vorzugehen, wächst. Einstellungen und Aktionen zeigen eine deutliche Ablehnung ebenjener Werte, auf denen die offene demokratische Gesellschaft beruht. Die Entwicklung ist nicht allein in Ostdeutschland zu beobachten, doch sie erhält von dort offenbar erhebliche Schubkraft.

Mehr als im Westen der Bundesrepublik organisiert sich rechter Radikalismus im Osten. Die Gruppen-Zusammenhalte sind vermutlich stabiler. Gruppen entstehen aus gemeinsamen Werten, Normen und Zielen; sie bieten ihren Mitgliedern Chancen, Identität zu finden und Ambitionen zu verfolgen, denen sie als einzelne nicht nachgehen können. So bilden Gruppen Selbstbewußtsein, begründen Abgrenzungen gegenüber anderen. Abgrenzungen sind Voraussetzung für eigene Identität; und Abgrenzungen sind nötig, um das Bedürfnis, sich überlegen zu fühlen, befriedigen zu können. Die Gruppe vermittelt Stärke und fördert die Bereitschaft, die aus eigener Kränkung entstandene Wut an anderen abzureagieren.

Der Rechtsradikalismus stützt ein Selbst, das mit den Unsicherheiten in seiner Umgebung und den persönlichen Niederlagen nicht zurechtkommt. Mit einer Gegen-Weltanschauung und sozialer Einbindung lockt der Rechtsradikalismus in Gemeinschaften, wie sie von der Gesellschaft nicht mehr ausreichend geboten werden.

Allein mit Beschäftigungsprogrammen oder Versprechungen einer wirtschaftlich besseren Zukunft ist deshalb gegen eine Ausbreitung des rechten Radikalismus nicht anzukommen. Ebensowenig hilft eine bloße Politik der Gewalt-Eindämmung. Nötig ist vielmehr die (Re)Etablierung einer sozialen (Selbstobjekt)Matrix, die einem destabilisierten Selbst neuen Halt gibt und Gemeinschaft in der demokratischen Gesellschaft offeriert.

PDS – die Ostalgie-Partei

Die PDS lebt von den Versäumnissen der Vereinigung. Sie profitiert vom Wendestress und der Unfähigkeit der anderen Parteien, die psychosozialen Kosten der Einheit anzuerkennen und angemessen zu bewältigen. Wo es ostdeutsche Interessen zu vertreten gilt, ist die PDS zur Stelle. Werden Betriebe geschlossen, versucht sie, sich an die Spitze der Protestbewegungen zu drängen. Den von Marktwirtschaft und Arbeitslosigkeit geschockten ehemaligen DDR-Bürgern schwärmt sie von den Bequemlichkeiten des Sozialismus vor, von sicheren Arbeitsplätzen und niedrigen Mieten. Die Partei demonstriert, wenn Kindertagesstätten geschlossen und Fahrpreise erhöht werden. Genossen organisieren Kaffeefahrten, politische Diskussionen und Kulturprogramme. Sie helfen, wenn überforderte Nachbarn mit Behörden und Formularen nicht zurechtkommen, die Rentenzahlung ausbleibt oder eine Räumungsklage droht. Die PDS präsentiert sich den Ostdeutschen als Partei der guten Menschen, die immer für «die kleinen Leute» da ist.

Zwar laufen der PDS die Mitglieder weg, doch die Wähler strömen ihr zu. Parteigenosse zu sein kann in der Konkurrenzgesellschaft schaden, wohl deshalb treten viele ehemalige SEDler aus, Sympathisanten mögen sie bleiben. Doch nach wie vor gehören ihr weit mehr Mitglieder an als allen anderen Parteien im Osten Deutschlands. Sie sind diszipliniert und engagiert. 130000 Genossen, organisiert nach Wohnbereichen, sind in 12000 Basisgruppen aktiv.

Westpolitiker neigen dazu, den Erfolg der PDS aus ihrer organisatorischen Stärke zu erklären. Aus dieser Sicht unterwandern geschulte Alt-Kader, getarnt als unpolitische Helfer, die ostdeutschen Bundesbürger und vereinnahmen sie für eine Politik, die eigentlich gegen ihre Interessen gerichtet ist. Doch die Erklärung greift zu kurz. Die Genossen knüpfen soziale Netze, pflegen ostdeutsches Milieu, festigen emotionale Bindungen, umsorgen den fortbestehenden «real existierenden DDR-Lebensverbund» (Rolf Reißig). Der Erfolg der Partei reflektiert die Unfähigkeit der etablierten Parteien, den Prozeß der deutschen Vereinigung sozial angemessen und in Würde voranzubringen, und er spiegelt das Unvermögen der ehemaligen Bürgerrechtler, als Sachwalter ostdeutscher Anliegen anerkannt zu werden.

Die Partei ist nicht nur Gregor Gysi, aber ohne ihn wäre die PDS nicht, was sie ist. Der Mann hat Charisma. Bei öffentlichen Auftritten, Diskussionsrunden und Talkshows schlägt er sich (und läßt sich schlagen) für seine Genossen und all die Mitbürger, die (noch immer oder wieder) glauben, in der DDR sei doch nicht alles schlecht gewesen, und die sich von Westdeutschen nicht vorhalten lassen wollen, ihr früheres Leben sei verpfuscht gewesen. Nach einer Umfrage von Infratest Burke stehen zwei Drittel der PDS-Wähler dem gesellschaftlichen System der Bundesrepublik reserviert gegenüber, «ein harter Kern» von 30 Prozent hält nach wie vor die untergegangene DDR für die erstrebenswerte Gesellschaftsform, etwa die Hälfte plädiert für einen dritten Weg.[32]

Gysis Gegner versuchen ihn als Volksverführer zu demaskieren, beschimpfen ihn wutschnaubend als «Nachlaßverwalter des Bösen» (Johannes Gerster, CDU), «Witzfigur» (Friedrich Bohl, CDU), «Vertreter einer verbrecherischen Organisation» (Gerhard Reddemann, CDU). So beleidigen sie viele Ostdeutsche gleich mit. Die rechten Populisten werfen Gysi seinen Populismus vor, vor allem aber ärgert sie sein Erfolg. Anfeindungen perlen an ihm ab, Angriffe kontert er mit Witz. Bei politischem Schlagabtausch beweist er Nehmerqualitäten. Gysi ist kein «Jammer-Ossi». Er signalisiert: Wir lassen uns nicht alles gefallen, schon gar nicht von denen aus Bonn.

So vermittelt er Selbstbewußtsein und Wir-Gefühl. Dabei helfen ihm die Brüche in der eigenen Biographie. Er war Mitglied der SED, weil er an die Ideale des Sozialismus glaubte. In der Partei hat er keine Karriere gemacht, obwohl ihm Wege in die Hierarchie offengestanden hätten. Sein Vater, Klaus Gysi, war Partei- und Staatsfunktionär, unter anderem Leiter des Aufbau-Verlages, Kulturminister und Staatssekreätr für Kirchenfragen.

Nie war Gregor Gysi, auch nicht heimlich, ein Dissident. Heute gibt er zu, als DDR-Bürger ein «Opportunist» gewesen zu sein. Auch damit können sich viele seiner Landsleute identifizieren, mit dem Eingeständnis, angepaßt, vielleicht illusionär und wirklich nicht mutig gewesen zu sein, aber eben auch kein Funktionär der

Macht. Die Lebensdevise hieß allgemein: sich einrichten in einem totalitären System, dessen Herrschaft auf Jahrzehnte gefestigt zu sein schien.

Die Mitglieder der PDS erklären sich heute zu den kritischen Genossen, die schon in Honeckers SED auf Glasnost und Perestroika hofften, wirklich dazu beigetragen haben sie erst, als die Macht der alten Garde bereits unverkennbar erodierte. Geblieben sind

> Hoffnungen auf ein neues linkes Projekt. «Die kritische DDR-Intelligenz», meint der (Ost)Berliner Schriftsteller Günter de Bruyn, «war stärker marxistisch geprägt als die im übrigen Ostblock. Der DDR-Dogmatismus hat viele ihm verwandete Geister abgestoßen oder niedergehalten. In allen Schattierungen finden sie sich nun in der PDS wieder.»[33]

Das Programm der Partei fordert, daß «die Dominanz des privatkapitalistischen Eigentums» überwunden werden müsse. Wie das zu geschehen hätte, verschweigen die Ideologen jedoch. Sie wollen «ein anderes Deutschland», behaupten jedoch, «autoritäre Staatsmodelle» abzulehnen. Bei den Anhängern der Partei ist das anders. Für autoritäre Lösungen sind sie durchaus zu haben.[34] Weil niemand mit der PDS regieren will, kann sie sich als reine Oppositionspartei profilieren, als Interessenvertreter von Rentnern, Arbeitslosen, Sozialhilfeempfängern, alleinerziehenden Müttern, Studenten und Behinderten, ohne gezwungen zu sein, irgendwelche Versprechungen einhalten zu müssen. Ihre Isolation im parlamentarischen System macht der PDS das Opponieren leicht.

So haben auch die Kommunisten ihren Platz in der Partei, die sich im Gegensatz zu den Wahlprogrammen der PDS zu den Prinzipien des Leninismus bekennen. Die PDS will zum eigenen Nutzen beides: das politische und ideologische Erbe der SED verwalten und gleichzeitig ganz anders sein als die Mutterpartei. So bedient sie die Bedürfnisse ganz verschiedener Gruppen innerhalb und außerhalb der PDS. Gemeinsam ist allen Anhängern der Wunsch, ein Stück ihrer DDR-Identität zu retten.

Tatsächlich wollen weder die meisten Mitglieder noch die Wähler die DDR als politisches System auferstehen lassen. Sie sehnen sich nach den sogenannten Errungenschaften zurück, den sicheren Arbeitsplätzen, den niedrigen Mieten, der sozialen Versorgung, ohne einsehen zu wollen, daß dies der Preis war, den das alte Regime für seine Herrschaft entrichtet hat – ein Preis, den es auf Dauer jedoch nicht zahlen konnte und der letztlich zum Zerfall des vormundschaftlichen Machtapparates und zum Niedergang der Gesellschaft beigetragen hat.

Die über Jahrzehnte fürsorglich bevormundeten Bürger wollen die Vorzüge des Sozialismus und des Kapitalismus; von den «Nebenkosten» beider Systeme wollen sie allerdings nichts wissen. Nach einer Umfrage des Allensbach-Institutes beklagen 90 Prozent der PDS-Anhänger, daß mit der deutschen Vereinigung die Chance vertan wurde, «eine neue Staatsform zu schaffen, in der Marktwirtschaft, Menschlichkeit und Sozialismus miteinander verbunden werden».[35]

Im Rückblick erscheint ihnen die zerfallene DDR-Gesellschaft menschlicher, als sie war. Geschockt vom Wendestress, klammern sie sich an das Bekannte. Nostalgie soll Identität bewahren. In banaler Weise vermittelt sich dieser Wunsch durch den wieder modernen Kauf von Ostprodukten – Rotkäppchen-Sekt, Nordhäuser Korn und Kathi-Tortenmehl. Gepflegt werden aber auch Meinungen und Ansichten, die in der DDR-Sozialisation gründen.

«Ostalgie» schützt vor innerer Zerstörung. Aus der verklärenden Sicht erscheint die Zerstörung der ostdeutschen Gesellschaft (und Wirtschaft) als Resultat der Vereinigung, nicht die Vereinigung als Konsequenz des realsozialistischen Niedergangs. Die PDS muß keine Lobeshymnen auf die vergangenen Zeiten anstimmen, das Gefühl stellt sich von selbst ein. «Die DDR hat sich durch ihren Tod vervielfältigt», bemerkt der (Ost)Berliner Schriftsteller Lutz Rathenow, «jeder schleppt jetzt seine eigene mit sich.»[36]

Nun sind sie geschockt von Marktwirtschaft und Konkurrenzdemokratie. Von den neuen gesellschaftlichen Verhältnissen fühlen sie sich in ihrer Existenz gefährdet. Dabei scheint die materielle Bedrohung nicht die alleinige, womöglich nicht einmal die entscheidende Ursache für die tiefgehende Verunsicherung zu sein. Finanziell geht es den meisten Ostdeutschen seit der Vereinigung besser. Über Wähler der PDS ermittelte das Emnid-Institut: Sie sind tendenziell gut ausgebildet, und 44 Prozent der Anhänger beurteilen ihre wirtschaftliche Lage als gut.[37] Die Partei ist bei Intellektuellen, Angestellten und Beamten erfolgreicher als bei Arbeitern, sogar Ost-Unternehmer fühlen sich von ihr vertreten. Schwerer als finanzielle Verluste wiegen moralische Niederlagen, die Zerstörung von Lebensentwürfen durch den politischen Umbruch.

«Es stimmt, daß mit den ostdeutschen Biographien nicht sehr sensibel umgegangen wird», räumt Angela Merkel ein. «Es gibt eine Menge Leute, die mit der deutschen Einheit nicht klarkommen und offenbar deshalb zur PDS laufen.»[38] Die CDU-Politikerin kommt selbst aus dem Osten und gehört zu den wenigen in ihrer Partei, die ein Versagen der etablierten Bonner Parteien zugeben können. Nach der Bundestagswahl 1994 erkannte der Berliner CDU-Politiker Rupert Scholz:

> «Die Menschen halten die PDS für das letzte, was noch irgendwie ostdeutsch ist. Sie wählen sozusagen eine Art Erinnerungsposten gegen die gebrochenen Biographien und gegen die Frage, ob 40 Jahre ihres Lebens wirklich in jeder Beziehung ad acta zu legen sind. Das ist etwas, was wir unterschätzt haben.»[39]

Die Forschungsgruppe Wahlen ermittelte, daß 62 Prozent der Bürger in den neuen Bundesländern glauben, daß man die PDS brauche, um ostdeutsche Interessen durchzusetzen. 59 Prozent wollten, daß die Partei in den Bundestag einzieht. Die PDS hat sich zu einer ostdeutschen Volkspartei entwickelt, die Zustimmung selbst bei denen findet, die sie nicht wählen. Im Osten Deutschlands hat bei den letzten Wahlen etwa jeder fünfte seine Stimme der PDS gegeben. In den vier Ostberliner Wahlkreisen, die bei der Bundestagswahl 1994 an die Sozialisten gingen, stimmte ein Fünftel der SPD-Zweitstimmenwähler und ein Viertel der Wähler von Bündnis 90/Grüne für den PDS-Kandidaten.[40] Parteiübergreifend entstand eine Wählerallianz, welche die bekennenden Erben der SED auf jeden Fall über die erforderlichen drei Direktmandante in den Bundestag hieven wollte. Selbst unter der Klientel von Sozialdemokraten und ehemaligen Bürgerrechtlern sehen sehr viele die PDS als die Partei, die durch ihre Existenz und ihren Erfolg dafür sorgt, daß ostdeutsche Belange zur Geltung kommen.

Nur 39 Prozent der Ostdeutschen glauben, daß die PDS als Nachfolgepartei der SED mit der eigenen Vergangenheit gebrochen hat. Offenbar erhöht die eingestandene politische Kontinuität bei vielen Bürgern eher die Glaubwürdigkeit der Partei, als daß dies ihr schadet. Für viele Ostdeutsche repräsentiert die Partei mit ihrem Bekenntnis zur Geschichte des real existierenden Sozialismus einen Teil des eigenen Lebens.[41]

«Der Westen versteht den Osten nicht», kann Gregor Gysi erklären. Ehemalige DDR-Bürger litten unter einem «Bedeutungsverlust, der kaum zu ertragen» sei. Seine Partei bietet er als Seelentröster an. Die PDS zeige Selbstbewußtsein, weil die Genossen ihre Vergangenheit nicht leugneten. Viele Ostdeutsche würden den leichteren Weg wählen, gemeint ist: sich von eigener Geschichte und Verantwortung distanzieren. Gysi wertet öffentliche Bekenntnisse als «Charaktervorteil» und «Zivilcourage». Mit solcher Reklame machen die Genossen zunächst sich selber Mut, um, wie Gysi sagt, «Lethargie und Ohnmachtsgefühle zu überwinden».[42] Die PDS entwickelt das Image einer Selbsthilfegruppe – mit offenem Zugang für alle, die unter Wende-Schmerzen leiden.

Zwar beschloß ein Parteitag, die Auseinandersetzung «mit der Problematik Staatssicherheit» müsse offen und konsequent erfolgen, doch selbst PDS-Vordenker wie Andre Brie waren zu feige, sich daran zu halten – jahrelang hatte er Freunde und Kollegen bespitzelt, das jedoch abgestritten, bis die Beweislast gegen ihn erdrückend war. Anschließend brüstete er sich noch damit: als Funktionär und Ex-IM verhelfe er der PDS zur Konfrontation mit ihrer Vergangenheit.[43]

Weil die Menschen in der DDR lernen mußten, mit der Lüge zu leben, ist aus dem Bekenntnis, gelogen zu haben, noch heute Nutzen zu ziehen. Sanktioniert wird die stille Übereinkunft, «so waren nun einmal die Verhältnisse, wir konnten nicht anders». Unmerklich werden so jedoch Maßstäbe verrückt, nach denen Verstrikkung zu bewerten wäre, so als seien alle gleichermaßen Opfer und Täter. Als Dietmar Keller, im SED-Regime stellvertretender Kulturminister und während der vergangenen Legislaturperiode PDS-Bundestagsabgeordneter, bekannte, die Anhörung von Opfern des SED-Regimes sei für ihn eine der schmerzlichsten Stunden seines Lebens gewesen, wurde er von den eigenen Leuten als «Verräter» beschimpft. Offenbar haben sie Angst vor Wahrheit und Courage –

wer solche Haltung offen zeigt, läßt die Verrückung moralischer Maßstäbe nicht gelten und zwingt andere zum Nachdenken. Die Genossen grenzten Keller deshalb sozial aus, bis er sich aus der Politik zurückkzog.

Der brandenburgische PDS-Politiker Rolf Kutzmutz traf den Nerv seiner Landsleute, als er seinen politischen Anklägern entgegnete: «Meine Biographie beginnt nicht erst 1989.» Eine an sich nichtssagende Erklärung gewann die Qualität moralischer Entlastung. Kutzmutz, der 1993 für das Amt des Oberbürgermeisters in Potsdam kandidierte, hatte Anfang der 70er Jahre eine Verpflichtungserklärung für die Staatssicherheit unterschrieben und Berichte geliefert, die von der Gauck-Behörde allerdings als eher banal bezeichnet werden. Erst die SPD enthüllte die Stasi-Verbindung, weil sie hoffte, daraus Kapital schlagen zu können, doch es passierte genau das Gegenteil. Kutzmutz gewann den ersten Wahlgang mit mehr als 40 Prozent der Stimmen und zwang den SPD-Kandidaten in die Stichwahl. Bei den Kommunalwahlen gewann der Sozialdemokrat. Kutzmutz sitzt heute für die PDS im Bundestag.

Übersetzt heißt der Satz «Meine Biographie beginnt nicht erst 1989» schlicht: «Ich war DDR-Bürger.» Doch Kutzmutz transportierte mit der banalen Aussage subtile Implikationen. «Ich war DDR-Bürger», heißt nämlich für ihn: «Ich muß mir keine Verfehlung vorwerfen lassen.» Nach dem stets gleichen Schema verzerrt die PDS moralische Maßstäbe, um eine Bewertung persönlichen Verhaltens ins Beliebige, Gleichgültige zu drängen. Nur einige ehemalige Ober-Genossen müssen als böse Buben herhalten, auf die sich eigene Verantwortung abschieben läßt. Sind aber durch häufige Bekenntnisse zum Opportunismus und Mitläufertum die sittlichen Maßstäbe weit genug verrückt, muß eigene Schuld nicht mehr auf andere projiziert werden – sie erscheint als getilgt, als eigentlich nie dagewesen. Weil die PDS sozusagen das Recht auf Mitläufertum und Opportunismus vertritt, wollten Gregor Gysi und Genossen in der Wende-Zeit auch die SED nicht auflösen. Wäre *die Partei* für das Desaster des DDR-Sozialismus verantwortlich gemacht worden, hätte sich die Debatte über Mitschuld der Mitglieder nicht vermeiden lassen. Nach dem Motto «nicht ich bin es gewesen, Erich Honecker war es», durften sich die Einheitssozialisten mit einer Änderung des Parteinamens freisprechen. Durch die Wahl der PDS bestätigten sich ihre Anhänger, daß sie auch als Opportunisten wer sind im neuen Deutschland. Sie kommen nicht mehr im Büßerhemd daher. So dienen Wahlen der Selbsttherapie – durch trotzige Selbstbehauptung.

Parlamentarische Demokratie betrachten viele PDS-Anhänger als Scheingefecht, in dem es nicht um wirkliche Entscheidungen geht, jedenfalls nicht zu ihren Gunsten. So revitalisieren sie das von der SED kolportierte Ideologem von der Scheindemokratie bürgerlicher Gesellschaften – Mißachtung demokratischer Institutionen und Regeln heißt Mißachtung der Demokratie selbst, weil sie nur durch diese Institutionen und Regeln lebt, nicht durch an sich bessere Menschen oder weltanschauliche Ideale. Nur 13 Prozent der PDS-Anhänger, ermittelte das Allensbach-Institut, finden, daß die bundesrepublikanische Gesellschaftsordnung es wert ist, verteidigt zu werden.[44] Tendenziell ist die PDS eine undemokratische Partei und schadet der Entwicklung eines republikanischen Bewußtseins im Osten Deutschlands.

In der Haltung gegenüber der Demokratie reproduziert sich die Haltung des DDR-Bürgers gegenüber dem Staat. Dessen Vormundschaftlichkeit wurde akzeptiert, vielfach sogar als bequem und angenehm empfunden, solange sie von sozialer Fürsorge begleitet war. Ansprüche, sich einzumischen, wirklich, wie die Propaganda behauptete, mitzuplanen und mitzuentscheiden, wurden aufgegeben. Bis heute allerdings hält sich das Gefühl, nichts wirklich mitentscheiden zu können. Damit wird Protest, neben Trotz, als weiteres Merkmal der eigenen Politik definiert.

Der Parteivorsitzende, Lothar Bisky, umschreibt die Absicht der PDS so: «Wir wollen nun einmal mit unseren komplizierten Biographien leben.» 90 Prozent der PDS-Mitglieder waren bereits Mitglieder der SED. Die PDS garantiert Kontinuität und schützt vor weiteren biographischen Brüchen und neuen Anforderungen. Und sie klagt darüber hinaus die Anwaltschaft für Basis-Proteste in der späten DDR ein. Wenn Lothar Bisky reklamiert, «der Osten durfte nichts einbringen aus den Erfahrungen von 1989/90»[45], beansprucht die Partei, zwei (sich gegenseitig ausschließende) Biographien zu repräsentieren – die der loyalen Einheitssozialisten und die der opponierenden Bürgerbewegung. In scheinbarer Harmonie soll die Würde der Ostdeutschen aus dem Leben in der DDR und aus dem Sturz des realen Sozialismus begründet sein.

Emphatisch nimmt die PDS verbreitete Gefühle auf. Wer ihre Beschreibungen der ostdeutschen Seelenlage als Demagogie abtut, weil ihre Politik demagogisch ist, geht fehl. Was den Ostler leiden lasse, meint zum Beispiel auch der (Ost)Berliner Schriftsteller Günter de Bruyn, «ist sein Bedeutungsverlust und, daraus folgend, die Minderung seines Selbstwertgefühls». Früher habe die Meinung vorgeherrscht, die DDR-Deutschen seien die Besten im Ostblock. «Dann kam die Einheit, und man hörte, man habe nur Schrott produziert.»[46] Solche Vorhaltungen stärken innere Widerstände, sich mit der Vergangenheit und der Gegenwart vernünftig zu befassen.

Der Erfolg der PDS zeigt auch, wie gründlich sich die ehemaligen Bürgerrechtler verkalkuliert haben. Hans-Jochen Tschiche, einer der Gründer des Neuen Forums und jetzt Fraktionsvorsitzender von Bündnis 90 / Die Grünen in Sachsen-Anhalt, meint:

> «Wir Bürgerrechtler haben ja ziemlich hochnäsig gedacht, wir Ostdeutschen werden unsere Vergangenheit viel besser aufarbeiten, als das die Westdeutschen getan haben – wir haben uns offenbar getäuscht, auch über die Länge von sozialpsychologischen Prozessen. Wenn große Teile des Volkes sich in einer gewissen Schuldverflochtenheit befinden, dann findet Aufarbeitung in der betroffenen Generation offenbar nicht mehr statt.»[47]

Von diesen inneren Widerständen profitiert die PDS. Sie verstärkt den Wunsch, sich für das Leben in der DDR nicht rechtfertigen zu müssen.

Wer in der alten Bundesrepublik gegen den Nachkriegskonsens verstieß, daß Ost-West-Konfrontation und die Einschränkungen demokratischer Rechte ausschließlich der Sicherheit des westlichen Bündnisses dienten, und etwa gegen Aufrüstung, Notstandsgesetze, deutsche Nazi-Vergangenheit, amerikanische Hegemonie, Berufsverbote oder auch nur gegen Ordinarienuniversitäten demonstrierte, den konnte die Bürger-Mehrheit als Kommunisten denunzieren und ausgrenzen: «Geh doch nach drüben!» Mit dem Zusammenbruch des Kommunismus ist für viele Westdeutsche ein identitätsstiftendes Feindbild verschwunden.[48] Der Verlust kann schmerzen, anscheinend wünscht sich mancher die vertraute Feind-Matrix zurück.

Die polternde Aggression, mit der zum Beispiel manche CDU-Politiker auf Parlamentsauftritte von PDSlern reagieren, zeigt, wie sehr sie emotional noch an die alten Klischees gebunden sind. Der Zusammenbruch des Kommunismus hätte sedierend wirken sollen. Doch die PDS-Erfolge lösen nervliche Erregungen aus, die mit wirklicher Bedrohung nichts mehr zu tun haben. Die PDS blokkiert im Osten demokratische Erneuerung und Integration, indem sie, kongenial, nach den gerlernten Mustern der Ost-West-Konfrontation, die Mythen des realen Sozialismus pflegt und dazu einlädt, die Schuld aller (Vereinigungs)Miseren nicht dem alten Regime, sondern der Demokratie zuzuschreiben. Darüber muß man sich ärgern, nur sollte der Ärger nicht die Wahrnehmung verzerren: Der Kommunismus ist nicht erneut auf dem Vormarsch. In Deutschland greift kein neues Terrorregime nach der Macht. Gregor Gysi ist nicht Lenin.

Während die PDS kollektiven Freispruch verlangt, beharren die etablierten Bonner Parteien auf kollektiver Verurteilung. Die West-CDU hat die Mitläufer aus der SED-hörigen Ost-CDU unter ihre Fittiche genommen und exkulpiert. Ähnlich hat sich die FDP verhalten. Zur Entlastung von persönlicher Schuld reichte auch den Liberalen die schlichte Vergabe eines anderen Parteinamens. Die CDU brauchte nicht einmal das. Die SPD, die früher auf Reformkommunisten in der SED setzte, verweigert Einheitssozialisten heute durchweg die Aufnahme in die Partei. So ist die Isolation von mehr als zwei Millionen Alt-Genossen und ihrem Umfeld perfekt. An wen als sich selbst sollen sie sich halten?

Ausgegrenzt werden auch die Wähler der PDS. Die Partei braucht den Antikommunismus, um ihre Wähler bei der Fahne zu halten. Es entspricht der Logik des eingeübten Feind-Denkens, wenn Gregor Gysi ausruft: «Die PDS darf alles mögliche werden, nur nicht antikommunistisch.» Natürlich nicht, damit ginge sie gegen ihre eigene Basis vor. Indem sich die Partei so allerdings der rationalen Auseinandersetzung mit dem Kommunismus verschließt, verleiht sie der leninistischen Ideologie und dem aus ihr begründeten politischen System weiterhin moralische Legitimation und unterminiert (auch so) die Demokratie. Damit fördert die PDS selbst den Antikommunismus. Sie vertieft die neue deutsche Spaltung in Ost und West. Die neue Bundesrepublik ist das Land, in dem der kalte Krieg weitergehen kann.

Erhard Eppler, der die Grundwerte-Kommission der SPD geleitet hat, die 1987 das gemeinsame Papier mit der SED erarbeitete, weist darauf hin, daß jeder sechste DDR-Bürger, Kinder eingerechnet, Mitglied der SED war, und argumentiert: «Natürlich ist es Aufgabe vernünftiger Politik, die meisten dieser Menschen in eine demokratische Gesellschaft zu integrieren.» Eppler ortet einen Mangel an politischer Führung, der bereits 1989 dazu geführt habe, daß den Ostdeutschen die bundesdeutsche Nachkriegsordnung «verpaßt» worden sei. Keineswegs gegen den Willen der Mehrheit, aber auf demütigende Weise.

> «Es macht einen gewaltigen Unterschied, ob ich 16 Millionen Menschen signalisiere, nun hätten sie sich gefälligst anzupassen, oder ob ich sie auffordere, gemeinsam mit 60 Millionen anderen etwas Neues zu schaffen.»[49]

Das freilich ist nicht geschehen. So ließ die Bundesregierung in vielen ehemaligen DDR-Bürgern das Gefühl entstehen, «kolonisiert», von einer fremden Macht unterworfen zu werden. Der PDS bereitete sie so den Weg.

Die Kosten der Einheit

Die Argumentation dieses Buches begann mit der These, daß kommunistische Gesellschaften Einstellungen und Verhalten in besonderer und anhaltender Weise geprägt haben. Der Kommunismus war ein totalitäres Regime, das die Grenze zwischen öffentlichem und privatem Leben weitgehend aufgehoben hat. Die Macht verlangte Unterwerfung, die Menschen in diesem System waren Untertanen, nicht Bürger einer demokratisch-zivilen Gesellschaft.

Die politische Elite glaubte an die utopischen Versprechungen der marxistischen Theorie. Sie errichtete die Diktatur, um die Menschen zu ihrem Glück zu zwingen. Das System wollte «den neuen Menschen» schaffen und hat deshalb nahezu alle Bereiche der Gesellschaft ideologischer Kontrolle unterworfen.

Der real existierende Sozialismus ist nicht zu betrachten als bedauerliche Abweichung von einer an sich guten Idee, sondern gerade als Durchsetzung der Ideologie in politischer Praxis. Diejenigen, die noch heute dem «gescheiterten Experiment Sozialismus» nachtrauern, verkennen, daß das Grundkonzept für die sozialistische Gesellschaft eben nicht von einer Clique seniler Greise entworfen worden ist. Die waren nur die letzten Verwalter einer überkommenen Theorie.

Ideologen, die ihre Utopien ohne jeden Zweifel in der Wirklichkeit geltend machen, ohne das Scheitern der Idee erkennen und akzeptieren zu können, verfolgen Vorstellungen wie im Wahn. Aus dem Anspruch, die Wahrheit gefunden zu haben und die Welt wissenschaftlich zu erklären und irrtumsfrei zu steuern, generierte der Marxismus-Leninismus wahnähnliche Züge.

Die Analyse der Marxschen Theorie offenbart, daß der Leninismus nur die gedankliche Weiterentwicklung des Marxismus ist. Marx entwickelte das elitäre und substantiell erziehungsdiktatorische Modell kommunistischer Gesellschaft. Marx verkündete die Heilslehre, Lenin entwarf das strategische Konzept der intellektuellen Avantgarde, das der Utopie zur realen Macht verhalf. Jeder reale Sozialismus ist deshalb Leninismus.

Trotzdem beruhte der Bestand des Sozialismus nicht auf bloßer Gewalt. In einem gewissen Maße paßten sich die Menschen dem Regime an, weil sie auf ein besseres Leben im Sozialismus hofften oder weil sie es nicht wagen konnten, gegen die absolute Herrschaft aufzubegehren. Gesellschaften, demokratische wie totalitäre, erneuern sich nur, wenn sich große Teile der Bevölkerung nach den herrschenden Werten und Regeln verhalten. So reproduzieren sie die Gesellschaft durch ihr Handeln.

Jede Gesellschaft besteht durch Konformität. Konformes Verhalten ist nicht nur äußerliche Anpassung, sondern es beruht vielfach auf Identifizierung und Internalisierung der vorgegebenen gesellschaftlichen Werte. Menschen können aus den Bedingungen, in die sie hineingeboren worden sind, nicht «aussteigen». Vielmehr beeinflussen diese Bedingungen die Sozialisation der Individuen und ihre Möglichkeiten, die natürlichen Ambitionen nach Anerkennung, Selbstachtung und Kompetenz zu verfolgen.

Konformismus ist kein Spezifikum des Sozialismus. Allerdings förderte der real existierende Sozialismus eine spezifische Konformität. Dazu mußte der einzelne nicht zu einem Anhänger der Ideologie werden. Die Anpassung erfolgte im «normalen» Alltag. So verlangte die Kommandowirtschaft die Aufgabe eigener Initiativen und die Unterordnung unter die Vorgaben der zentralistischen Planungsbürokratie. Der vormundschaftliche Staat bestimmte Karrieren. Das fing bei der Entscheidung über die Ausbildung an, führte über die Berufswahl bis zur Bestimmung des Arbeitsplatzes und der weiteren Aufstiegschancen.

Wissenschaftler, vor allem in den Fächern, die der ideologischen Legitimation des Staates zu dienen hatten, mußten das eigene Denken der Logik des Leninismus unterwerfen. Das galt auch für Lehrer, Journalisten, Juristen oder Psychiater. Unterschiedlich war der jeweilige Grad der Unterordnung. Doch Karriere führte zwangsläufig in die Unfreiheit.

Heute erklären viele ehemalige DDR-Bürger, schon immer gegen das System gewesen zu sein. Oft dient die Erklärung eher der Verdrängung persönlicher Mitverantwortung, als daß sie tatsächlich gelebte Haltungen beschreibt. Einstellungsmuster bleiben so unreflektiert und bestimmen weiter das Verhalten. Die Ostdeutschen belegen sich (abermals) mit der Unfähigkeit zu trauern.

Nach Kohut können sich Menschen nur gesund entwickeln, wenn sie in einer Umgebung aufwachsen, die dem Selbst adäquate Möglichkeiten bietet, Selbstachtung zu gewinnen. Die Entwicklungs-Matrix muß Chancen der Selbständigkeit eröffnen und Einbindung in eine Gemeinschaft gewährleisten. Kohut argumentierte gegen die Vorstellung von völliger Autonomie. Auch darin erweist sich seine Theorie als modern.

Verweigert eine Umgebung dem Selbst, adäquat (und sozialverträglich) natürliche Ambitionen zu verfolgen, erlebt das Individuum diese Zurückweisung als narzißtische Verletzung. Solche

Verletzungen führen nach Kohut zu Rückzug oder zu einer Akkumulation von Wut. Narzißtische Wut sucht nach Opfern, an denen sie sich auslassen kann. Die gegenwärtige Wirklichkeit in Ostdeutschland und Osteuropa liefert der Theorie offensichtliche Evidenz.

Mit Kohuts Theorie lassen sich die Entwicklungskonzepte bewerten, die eine Gesellschaft ihren Bürgern zur Verfügung stellt. Der Sozialismus befriedigte zwar die Bedürfnisse vieler Menschen nach sozialer Einbindung in Arbeitskollektive, Clubs und Organisationen, aber das Regime behinderte die Entfaltung von Individualität und Ich-Stärke. So ist anzunehmen, daß der Autoritarismus des politischen Systems (in individuell unterschiedlicher Ausprägung) das Wachsen des Selbst, sein Streben nach Selbstachtung, Erfolg und Kompetenz beschränkte.

Diese Annahme soll keineswegs den Verdacht nahelegen, die meisten Ostdeutschen seien seelisch krank oder tief gestört – im Unterschied zu vermeintlich gesunden Westlern. Allerdings folgt aus der Überlegung die weiterführende These, daß sozialistische Gesellschaften viele Menschen schlecht auf eine Lebenslage vorbereitet haben, in der sie ihre Lebensläufe selbst bestimmen müssen. Im realen Sozialismus war das nicht vorgesehen, also standen solche Ziele der Persönlichkeitsentwicklung auf keinem Programm. Die Lebensumstände haben dazu nicht herausgefordert. Im Gegenteil. So blieben die Möglichkeiten zu lernen beschränkt. Kaum einer rechnete mit dem plötzlichen Zusammenbruch des Regimes. Soziale Kompetenz erwies sich gerade darin, den alltäglichen Anforderungen und Reglementierungen des vormundschaftlichen Staates gewachsen zu sein.

Die Trierer Psychologen Peter Becker und Elisabeth Lindinger sind zusammen mit Klaus-Dieter Hänsgen von der Humboldt-Universität Berlin der Frage nachgegangen, ob das sozialistische System die ostdeutsche Bevölkerung so nachhaltig beeinflußt hat, daß systematische Unterschiede zwischen den Bürgern der alten und der neuen Bundesländer feststellbar sind.[50] In einer empirischen Untersuchung befragten sie je 300 Personen aus Ost und West und fanden heraus: Ostdeutsche haben ein größeres Ordnungsstreben und legen mehr Wert auf Prinzipientreue, sie sind stärker normorientiert, weniger spontan, offen und erlebnishungrig. Sie tanzen seltener aus der Reihe und sympathisieren eher mit Parteien, die für «Recht und Ordnung» eintreten. Als Fußgänger warten Ostdeutsche häufiger an einer Ampel, bis sie auf Grün schaltet, auch wenn die Straße frei ist. Sie haben weniger Verständnis für Falschparker und schätzen eher Menschen, die allgemein geltende soziale und moralische Regeln beachten. Sie begeben sich weniger gern in unbekannte Situationen, finden ein Leben, das in gewohnten Bahnen verläuft, weniger langweilig und haben häufiger das Bedürfnis, ihr Verhalten gut unter Kontrolle zu halten.

Ostdeutschen fällt es schwerer, ihren Tagesablauf völlig umzustoßen. Sie sind weniger improvisationsfreudig und weniger autonom. Sie bezweifeln eher, sich auf ihre Improvisationsfähigkeiten verlassen zu können. Wichtige Entscheidungen treffen sie nicht gern allein. Sie bevorzugen die Arbeit im Kollektiv. Die Autoren registrierten insgesamt in Einstellung und Verhalten, in den Bedürfnissen nach Orientierung und Ordnung deutliche Unterschiede. Der «ostdeutsche Michel» ist rigider strukturiert als der westdeutsche. Die Daten geben Durchschnittswerte an, lassen keine direkten Rückschlüsse auf individuelles Denken und Handeln zu. Allerdings geben sie Auskunft über allgemeine Mentalitätsunterschiede und gesellschaftliche Prägungen:

> «Mit großer Wahrscheinlichkeit spiegeln sie die Effekte einer jahrzehntelangen systematischen Beeinflussung der Bürger der früheren DDR durch ein repressives System wider, das auf verschiedenen Ebenen – unter anderem über das Erziehungssystem und die Mechanismen der Förderung oder Behinderung beruflicher Laufbahnen – bestimmte Normen bzw. ‹Tugenden› durchsetzte, die stark verhaltenskontrollierte Menschen auszeichnen.»[51]

Seit dem Zeitpunkt der Erhebung, die von Dezember 1990 bis Februar 1991, also nur wenige Monate nach der Vereinigung, durchgeführt wurde, hat die Diskrepanz zwischen (ostdeutschen) Fähigkeiten und (westdeutschen) Erwartungen und damit der Wendestress eher zugenommen. Eine Erhebung unter 3400 Jugendlichen von Ende 1992 zeigt, wie sehr bereits junge Menschen in der ehemaligen DDR die Wettbewerbsmuster des vereinigten

Deutschlands als Kampf «jeder gegen jeden» wahrnehmen.[52] Stärker als ihre Altersgenossen im Westen erleben sie Diskrepanzen zwischen ihren Ansprüchen an eine eigene Lebensführung und -planung und den objektiv eingeräumten Möglichkeiten.

Sie sind nicht in einer Konkurrenzgesellschaft aufgewachsen und haben es deshalb schwerer, den psychosozialen Stress zu verarbeiten. Von ihren Eltern und Lehrern, die selbst mit Schwierigkeiten des gesellschaftlichen Umbruchs zu kämpfen haben, erhalten sie keine ausreichende Unterstützung. Bereits zwei Jahre zuvor hatten die Forscher aus Bielefeld und Leipzig eine fast identische Studie durchgeführt. Im Vergleich kommen sie zu dem Ergebnis, daß für die Jugendlichen im Osten die emotionale Belastung deutlich angestiegen ist.

Die Wissenschaftler wollen ihre Daten als «ein deutliches Warnsignal an das politische System der Bundesrepublik Deutschland» verstanden wissen. Die Ost-Jugendlichen fühlen sich im politischen System nicht (angemessen) vertreten. Die «Werte liegen deutlich unter dem – ohnehin schon niedrigen – Niveau in Westdeutschland».[53] Viele orientieren sich nunmehr an rechten Gruppen und Parteien, zu registrieren ist ein Anstieg von Gewalt.[54]

Die ostdeutsche Bevölkerung hatte nicht damit gerechnet, durch den Anschluß an die Bundesrepublik neuen Schwierigkeiten ausgesetzt zu sein. Die Parole «Wir sind ein Volk» transportierte die Hoffnung, mit der gemeinsamen Währung die gemeinsame Identität überwiesen zu bekommen. Bald zeigte sich jedoch, daß der Export von Institutionen, Verwaltungen und Rechtsvorschriften nicht automatisch zu Identifikationen mit diesen Systemen führt. Das Auftreten westlicher Experten, deren Übernahme fast aller wichtigen Ressorts in Wirtschaft und Politik schafft eher größere Distanz und Ablehnung.

Nach der Vereinigung breitete sich in Ostdeutschland Wendestress besonders auch unter älteren Menschen, ehemaligen Funktionären, unter den Anhängern der sozialistischen Utopie aus und bei denen, die ihre persönlichen und beruflichen Chancen unter den neuen Verhältnissen schwinden sehen. Steigender Alkoholgebrauch und psychosomatische Erkrankungen repräsentieren die Belastungen, unter denen viele Menschen leiden – höchstwahrscheinlich sind es wesentlich mehr, als es die klinischen Zahlen ausweisen.

Als Kosten der Vereinigung sind seelische Störungen und gesundheitliche Belastungen zu bilanzieren. Sofern sich die wirtschaftlichen Bedingungen in Ostdeutschland nicht ändern und sich die Westdeutschen mehr und mehr gegenüber den Problemen ihrer Landsleute in der ehemaligen DDR verschließen, wird die Lage eher schlechter.

Das zeigt sich auch in den demoskopischen Umfragen, die das Allensbach-Institut seit 1990 in Ost und West vornimmt: «Glauben Sie, die Demokratie, die wir in der Bundesrepublik haben, ist die beste Staatsform, oder gibt es eine andere Staatsform, die besser ist?» Im Dezember 1993 antworteten aus den alten Bundesländern darauf 75 Prozent der Befragten mit «Ja»; in den neuen Bundesländern waren es nur 32 Prozent. Im Osten zweifelten 47 Prozent der neuen Bundesbürger, daß die Gesellschaftsordnung es wert sei, verteidigt zu werden; das sind etwa doppelt so viele Menschen wie im Westen.[55]

Fast gleich viele Menschen machen sich in Ost- und Westdeutschland öfter Sorgen oder haben Angst vor der Zukunft – nach einer Umfrage vom November 1993 69 Prozent im Westen und 75 Prozent im Osten. Allerdings sinkt in den neuen Bundesländern das Vertrauen in die Marktwirtschaft rapide. Im Februar 1990 hatten noch 77 Prozent der Ostdeutschen von dem Wirtschaftssystem der Bundesrepublik eine gute Meinung, im November 1993 waren es nur noch 35 Prozent.

Für den *Spiegel* erhebt das *EMNID-Institut* regelmäßig Daten über die Befindlichkeiten der Deutschen. In einer Umfrage vom November 1992 empfanden 77 Prozent der Ostdeutschen sich als *Bürger zweiter Klasse*, 60 Prozent meinten, die Westdeutschen hätten die ehemalige DDR «im Kolonialstil erobert». Dagegen fanden 70 Prozent der Alt-Bundesrepublikaner, «viele frühere DDR-Bürger machen es sich zu einfach: Sie wollen leben wie im Westen und nur so arbeiten wie im Osten»; «westlichem Leistungsdruck» seien viele Arbeiter und Angestellte aus dem Osten nicht gewachsen.[56]

56 Prozent der ehemaligen DDR-Bürger wünschten sich eine Gesellschaft, in der sich das Leben «in geregelten Bahnen» abspielt; ein

System, «wo kaum jemand hoch hinauskommt oder ganz unten landet», war ihnen lieber als eine Konkurrenzgesellschaft mit Chancen und Risiken. So dachten im Westen nur 31 Prozent. Die meisten Ost-Bürger forderten einen staatlichen Wirtschaftsdirigismus. Im Westen waren dafür nur 17 Prozent zu begeistern. In den neuen Bundesländern bevorzugten dagegen 56 Prozent die soziale Sicherheit und Bequemlichkeit, die ihnen die sozialistische Kommandowirtschaft garantiert hatte. Mehr und mehr Ostdeutsche fühlen sich im vereinigten Deutschland zurückgelassen. 36 Prozent klagten über das Gefühl, «in dieser Gesellschaft nicht mehr gebraucht zu werden». Das sind genau doppelt so viele wie im Westen.

Gut die Hälfte der neuen Bundesbürger meinte in einer Umfrage, die *Infratest Burke* für *Die Zeit* im Herbst 1993 erhoben hat, daß die Vereinigung für sie zu spät gekommen sei. So dachten 80 Prozent der Rentner und sogar noch 41 Prozent der 30- bis 39jährigen. 35 Prozent der Befragten erklärten sich als «Absteiger». 82 Prozent fanden es schlimm, «daß uns nichts von dem geblieben ist, worauf wir auch in der DDR stolz sein konnten». Die Meinungsforscher notierten:

> «Neu und besonders gewöhnungsbedürftig ist für die Ostdeutschen, daß die Gesellschaft der Bundesrepublik durch Individualismus und Eigenverantwortung geprägt ist. Die Bürger der neuen Länder sind an Gerechtigkeit als formuliertes Staatsziel gewöhnt, aber nicht an das kodifizierte Recht jedes einzelnen, das jederzeit eingefordert werden kann, im Zweifelsfall allerdings auch eingefordert werden muß.»

Im Rückblick gaben nur noch 41 Prozent an, dem DDR-Regime kritisch gegenübergestanden zu haben. *Infratest Burke* schließt: Die Haltung der Ostdeutschen gegenüber dem SED-Staat unterscheidet sich heute nicht mehr von der Haltung gegenüber der Bundesrepublik.[57]

Die Deutschen in Ost und West scheinen sich fremder geworden zu sein, als sie es vor dem Fall der Mauer waren. Heute trennt sie die Mauer in den Köpfen. In einer Erhebung für *Die Zeit* im Herbst 1994 ermittelte *Infratest Burke*, daß rund ein Drittel der Ostdeutschen meint, die Verständigungsprobleme hätten zugenommen.[58]

In der DDR konnte sich kein Verfassungspatriotismus entwickeln wie in der alten Bundesrepublik. In Ostdeutschland überwiegt der DM-Patriotismus. Auf den hat die Regierung Kohl bei den Wahlen 1990 gesetzt und Hoffnungen auf ein rasches Wirtschaftswunder aus taktischen Erwägungen verstärkt. Wäre 1989/90 ehrlich und öffentlich über die Kosten der Vereinigung diskutiert worden, wären die Deutschen in beiden Teilen noch heute eher bereit, den fälligen Preis zu zahlen. Nötig wäre eine Debatte über Solidarität gewesen, also darüber, was sich die Deutschen, finanziell, politisch und psychosozial, zumuten wollen, um wieder eine Nation zu werden. Einheit an sich kann auf Dauer kein Ziel sein. Ein tragfähiges «Projekt Bundesrepublik» ist damit nicht definiert.

Zu entwerfen ist ein solches Projekt nur, wenn sich auch die Westdeutschen darüber Rechenschaft ablegen, was sie durch den Zusammenbruch des Kommunismus und durch den Untergang der DDR verloren haben. Auch für die alten Bundesbürger hat sich die nationale und internationale Entwicklungs-Matrix grundlegend verändert. Sie müssen bereit sein, aus diesen veränderten wirtschaftlichen und politischen (auch sicherheitspolitischen) Bedingungen die fälligen Konsequenzen zu ziehen.

Eher noch als die DDR war die alte Bundesrepublik eine «Nischengesellschaft». Die Nachkriegsordnung bescherte ihr ein «Wirtschaftswunder», von dem die Brüder und Schwestern im Osten ausgeschlossen waren. Der Aufschwung West ist nicht allein aus deutschem Fleiß entstanden. Marshallplan, Europäische Wirtschaftsunion, Einbindung in die westliche Allianz dienten dazu, den Staat an der Grenze der Systeme zu stabilisieren. Die Hegemonialmacht USA, ausgerichtet auf freien Welthandel und Eindämmung des Kommunismus, war stark genug, diesen Prozeß zu steuern. Sie verlangte den Verzicht auf eine Neuordnung Westdeutschlands, wie sie linke Christdemokraten, große Teile der Sozialdemokratie und der Gewerkschaften favorisierten. Das «Modell Deutschland», die Idee von der klassenlosen Marktwirktschaft durch Sozialpartnerschaft, konnte mit allgemeiner Teilhabe an wachsendem Wohlstand bezahlt werden. Die Westbindung, besser Einbindung, versorgte die Bundesrepublik mit sozialer und politischer Kohäsion, mit (relativ) ausgeglichenen Lebenslagen ihrer

Bürger und einem überzeugenden Feindbild. Nationale Identität bestimmte sich über wirtschaftlichen Erfolg und antikommunistische Abgrenzung gegenüber der DDR.

Die USA boten Wirtschaftshilfen als Anreize für ein amerikanisch-europäisches Militärbündnis. Marshallplan und Truman-Doktrin waren zwei Elemente einer Strategie, die allein geeignet schien, die sowjetische Expansion zu stoppen.[59] Die Bundesrepublik wurde Bündnispartner, indem sie die Hoffnungen auf nationale Einheit suspendierte. Wiederbewaffnung, NATO-Integration und (später) Nachrüstung führten zu innenpolitischen Spannungen, doch die große Mehrheit der Bevölkerung begab sich willig unter die Obhut der amerikanischen Schutzmacht, vertraute auf militärische Stärke und genoß die Vorzüge der Westintegration.

Das Leben in der transatlantischen Allianz war für die Deutschen eher bequem als bedrohlich. Sie konnten sich darauf konzentrieren, ihren wirtschaftlichen Erfolg zu mehren. Außen- und Sicherheitspolitik durften sie weitgehend delegieren; wesentliche Entscheidungen waren nicht in Bonn zu treffen, also auch nicht zu verantworten. Grundlegende Differenzen konnten im Bündnis nicht entstehen, weil schon die Existenz des kommunistischen Imperiums vom Westen Zusammenhalt erforderte. Gegen den Kommunismus richtete die Allianz ihre «Abschreckungsstrategie», das klang schrecklich, doch Abschreckungspolitik funktionierte. Die beiderseitige Verfügung über nukleare Waffen, das militärische Gleichgewicht, die Unmöglichkeit, mit einem Erstschlag einen Krieg gewinnen zu können, und die bipolare Verteilung der Macht sorgten für Stabilität und Berechenbarkeit. Die Logik mag manchem pervers erscheinen, doch es war, wie es war.

Die Bundesdeutschen genossen Wohlstand und Sicherheit, hatten in der Welt nicht viel zu entscheiden und zu verantworten, konnten also ihren Verfassungspatriotismus unter recht luxuriösen Verhältnissen entwickeln. So florierten plurale Lebensstile und keimfreie Moral. Jeder konnte das Gute reklamieren, ohne dafür persönlich einstehen oder einen Preis zahlen zu müssen. Das galt für Apologeten wie für Kritiker der bundesdeutschen Nachkriegsordnung gleichermaßen. Nachdem Deutschland seinen

Platz in der Allianz akzeptiert und gefestigt hatte und zügiges Wirtschaftswachstum programmiert zu sein schien, konnte die Gesellschaft Liberalität beanspruchen und den Staat zurückdrängen. Hedonismus machte sich breit, und Politik wurde, wie Rolf Zundel einmal schrieb, zur Begleiterscheinung dessen, was ohnehin passierte.

Natürlich lebten die Bundesdeutschen auf keiner Insel, frei von jeder Bedrohung, unberührt von der Weltrisikogesellschaft, entlassen von den Anforderungen der Individualisierung. Aber die politischgeordnete Ost-West-Konfrontation garantierte ihnen besonderen Schutz und Entlastung. Das ist seit dem Zusammenbruch des Kommunismus vorbei.

Die Wirtschaft stößt an die Grenzen ihres Wachstums, eine sozial gerechte Verteilung ist nicht mehr gewährleistet, und neue Kosten kommen dazu – die deutsche Einheit erweist sich als teures Unternehmen. Werden Ressourcen knapper, fällt das Teilen schwerer. Die Ansprüche der Ostdeutschen erscheinen vielen Westdeutschen als unverschämt. Sie empfehlen ihren Landsleuten, «erst einmal ordentlich zu arbeiten». Sie verteidigen ihre materiellen Vorteile und den Mythos, das bundesdeutsche Wirtschaftswunder sei allein dem Fleiß der Bürger zu verdanken.

Der vielgerühmte Verfassungspatriotismus der späten Bundesrepublik sattelt noch immer auf DM-Patriotismus, mit dem der Aufbau des westlichen Teilstaates vorangebracht worden war. Daß «unsere schöne Deutsche Mark» (*Bild*) dem ECU weichen könnte, erscheint heute vielen (West)Bürgern bedrohlicher als in den 70er Jahren die Aufrüstung des Warschauer Paktes. So ist gar nicht verwunderlich, daß die nachholbedürftigen Ostdeutschen dem DM-Patriotismus nachstreben. Lange genug wurde er ihnen als Vorbild präsentiert. Für den Ossi sei der Wessi stets der ersehnte andere gewesen – reicher, erfolgreicher, mächtiger –, meint der Anthropologe John Borneman. Der Westdeutsche habe den Ostdeutschen als seine Replikation betrachtet, als jemanden, der nur darauf warte, einem ganzen Deutschland beizutreten.[60]

Mit der (Wieder)Vereinigung durfte der Ossi nicht zum Wessi werden. Die Westdeutschen verweigern den Ostdeutschen, was sie ihnen stets versprochen und von ihnen zu sein verlangt hatten. Enttäuschte Versprechen verstärken die allgemeine Frustration. Viele Bürger der ehemaligen DDR fühlen sich ein zweites Mal betrogen – zuerst durch den Sozialismus, jetzt durch die Vereinigung.

Den Zusammenschluß der beiden deutschen Staaten erleben sie mehrheitlich als «Anschluß» an eine imperiale Macht, im Sinne Kohuts als narzißtische Kränkung. Das Empfinden ruft nahezu zwangsläufig neue Minderwertigkeitsgefühle und Wut hervor. Wenn es nicht gelingt, gemeinsam ein «Projekt Bundesrepublik» zu entwerfen, werden sich die Deutschen weiter auseinanderleben. Sie werden ihre Geschichte, als Ost- und als West-Geschichte, gegeneinander erzählen und nationale Spaltungen vertiefen. Spannungen zwischen Ost und West nehmen dann um so leichter zu. Wächst, besonders unter ehemaligen DDR-Bürgern, das Gefühl, von der bestehenden Politik «verkauft» oder einfach im Stich gelassen zu werden, erscheinen sozialer Rückzug oder politische Gegenbewegungen als Alternative.

Gegenbewegungen, die von dem Empfinden getragen werden, unter den bestehenden gesellschaftlichen Verhältnissen zu kurz zu kommen, von der Entwicklung abgehängt und zurückgelassen zu werden, richten sich tendenziell gegen die Demokratie. Sie können unter roter oder brauner Fahne marschieren. Die Erfolge der PDS und des Rechtsradikalismus sind auch eine Folge des Transformationsprozesses. Eine Politik des «Weiter-So» kann die Ursachen dieser Entwicklung nicht verstehen und wird gesellschaftliche Spaltungen und Konflikte verstärken. So wächst die Gefahr, daß die Gesellschaft zunehmend als Gemeinschaft fragmentiert und schließlich Werte und Institutionen der demokratischen Ordnung unterhöhlt werden. Es droht kein neuer Faschismus, weder die Machtergreifung links- noch rechtsextremistischer Parteien. Gefährlich könnten vielmehr Erschütterungen der politischen Balance werden, verursacht durch den allgemeinen Aufschwung des Populismus und eine wachsende Gleichgültigkeit gegenüber der Demokratie.

Habermas argumentiert, der Kampf um die Zivilisation der Bundesrepublik müsse fortgesetzt werden. Im Osten Deutschlands sei durch den ökonomisch kurzsichtigen und administrativ durchgepaukten Einigungsprozeß die «republikanische Neugründung» unterlassen worden.[61] Die Währungsunion hat nicht die zivile Gesellschaft etabliert, eine der wesentlichen Aufgaben für ein «Projekt Bundesrepublik». Die Entwicklung der zivilen Gesellschaft im Osten und ihre Stabilisierung im Westen könnte ein gemeinsames republikanisches Ziel sein. Bürger in beiden Teilen Deutschlands müßten dieses Projekt voranbringen.

Die Achtung vor Regeln und Institutionen der Demokratie ist dafür allerdings Voraussetzung. Ohne Staat sind weder die wirtschaftlichen, psychosozialen und politischen Kosten der Einheit zu bewältigen, noch ist die Rolle zu bestimmen, die Deutschland künftig in der Welt ausfüllen will (oder muß). Die deutsche Außenpolitik ist von dem Irrglauben bestimmt, die Welt sei mit humanitärer Hilfe und durch die Ausdehnung internationaler Organisationen neu zu ordnen. Weder die UNO noch die KSZE bewältigen internationale Konflikte, und humanitäre Aktionen dienen oft dazu, politische Hilflosigkeit zu kaschieren. Die Beispiele hierfür reichen von Jugoslawien über Somalia bis Ruanda.

Cora Stephan hat darauf hingewiesen, daß schon in der alten Bundesrepublik der «Betroffenheitskult» gepflegt wurde. Von allem sollen sich die Bürger betroffen fühlen, unabhängig von den eigentlichen Solidarbindungen in Familie, Verwandtschaft, Nachbarschaft, Gemeinde. Was uns wirklich angehe, sei nicht mehr zu bestimmen. Für alles könne man sich nicht verantwortlich fühlen, ein solcher Anspruch überlaste den einzelnen.

> «Zugleich gebiert die ‹Risikogesellschaft› die Vorstellung von der unentrinnbaren Verkettung ökonomischer, sozialer, technischer Prozesse und erzeugt damit ja tatsächlich beständig ‹Betroffenheit› aller Privatpersonen, die sich als Teilnehmer an einem im wesentlichen nicht von ihnen bestimmten ‹Kollektivschicksal› fühlen...
>
> Klassische politische Kategorien der individuellen Verantwortung und der politischen Entscheidung scheinen damit entwertet, ebenso wie die Flucht in die private Nische Selbsttäuschung geworden ist.»[62]

Symbole ersetzen Politik. Politiker debattieren nicht mehr sachlich über Ziele und Strategien, die geeignet wären, neuen Anforderungen zu begegnen, sondern streiten lediglich über den «Umgang» mit Problemen. Glaubwürdigkeit, d. h. Selbstdarstellung ist wichtiger als Kompetenz. Dabei müßten gerade die Aufgaben von Politik heute neu definiert werden.[63]

Von Jugoslawien, Somalia und Ruanda sollen wir uns alle betroffen fühlen, und doch halten wir uns die Probleme der Welt mit Hilfslieferungen und Spendensammlungen fern. Wir bestimmen nämlich nicht, was uns wirklich angeht, wie wir als Handelnde einzugreifen hätten und wo der Staat praktisch gefordert ist. Jugoslawien liegt mitten in Europa, doch die Deutschen wissen nicht genau, ob der Krieg wirklich ein vitales nationales Interesse verletzt und was sie zu tun bereit sind, um Mord und Totschlag auf dem Balkan zu verhindern. Der Krieg dort spiegelt ein allgemeines Dilemma der deutschen (und der europäischen) Politik.

In der Zeit des kalten Krieges wäre der Konflikt in Jugoslawien vermutlich nie eskaliert. Darüber hätten die Amerikaner und Russen gewacht, und die Deutschen hätten sich um nichts kümmern müssen. Nun halten sich die Großmächte weitgehend raus, weil sie mit sich selbst genug zu tun haben und dieser Krieg nicht ihre gegenwärtigen strategischen Positionen bedroht. Die Europäer ziehen Demarkationslinien – allen Lippenbekenntnissen zum Trotz. Der Balkan sei eben der Balkan, sagen sie, als sei damit alles gesagt. So erfinden sie eine Theorie von der Zielstrebigkeit der Geschichte, nach der in Jugoslawien der Krieg schier unvermeidlich ist. Damit ist der Verzicht auf politische Lösungen entschuldigt.

Auch so werden Zeichen gesetzt. Die Osteuropäer wissen nun, daß sie in Westeuropa keine Schutzmacht finden, die bereit wäre, «ethnische Säuberungen» notfalls militärisch zu verhindern. Die deutschen Pazifisten sind glücklich, die «Bellizisten» als neuen Gegner ausgemacht zu haben, weil diese nicht glauben, daß Hilfskonvois und Diplomaten allein einen Völkermord aufhalten können. Fröhlich treten sie der Allianz der Politikverweigerer bei und bemühen sich angestrengt, ihre pazifistische Moral keimfrei zu halten. Trotz oder wegen der Verträge von Maastricht verfügt die Europäische Union nicht über eine gemeinsame Außen- und Sicherheitspolitik, und die Deutschen wissen schon gar nicht, was ihr Anteil daran wäre und ob dieser in Geld, politischer Verantwortung oder womöglich mit Soldaten zu entrichten wäre.

Von den Deutschen ist heute nicht zu befürchten, daß sie Großmacht sein wollen oder sie gar von Großmannssucht umgetrieben werden. Sie scheuen sich vielmehr, die innenpolitischen wie die außen- und sicherheitspolitischen Dimensionen für ein «Projekt Bundesrepublik» in der neuen Weltunordnung zu bedenken und zu debattieren. Die Deutschen tauchen ab und werden unberechenbarer. «Normal» ist die Nation nicht.

Eine Außen- und Sicherheitspolitik, die sich an den Koordinaten der veränderten Weltlage orientiert, kann erfolgreich nur entwikkelt werden, wenn die Bewältigung der innenpolitischen Aufgaben klappt. Vitale nationale Interessen und internationale Verantwortung lassen sich nur aus nationaler Identität bestimmen, die allerdings geht den Deutschen ab, deshalb wissen sie nicht, wie sie sich auf internationalem politischem Terrain bewegen sollen. Für sie gilt besonders, was der amerikanische Politikwissenschaftler und -berater Phillip Zelikow als Aufgabe der Europäer formulierte: Ihre Regierungen und ihre Bürger müßten bedenken, wie sehr sie sich tatsächlich den Prinzipien verpflichtet fühlen, die sie selbst für die politischen Beziehungen zwischen den Staaten Europas beschrieben haben – Frieden, Freiheit und Menschenrechte.[64]

Die Herausforderungen der Zukunft, sagt Zelikow voraus, seien wirtschaftliche Unruhen, eine allgemeine Krise staatlicher Autorität, eine wachsende Unsicherheit von Staaten an der Peripherie von Europa und die zunehmende Verfügbarkeit von Massenvernichtungswaffen. Europa baue diplomatische Luftschlösser, anstatt ernsthaft darüber nachzudenken, wie die Gefahren zu bannen seien.

Die Deutschen mögen sich, auf nationaler Tauchstation, in Sicherheit wiegen, weil die gesellschaftlichen Institutionen (noch) stabil sind, die Wirtschaft stark ist und die Krisenherde weit genug entfernt sind, um sich nicht mehr als symbolisch damit beschäftigen zu müssen. Das Plädoyer für ein «Projekt Bundesrepublik» folgt der Einsicht, daß die zivile Gesellschaft nichts Selbstverständliches ist. Sie braucht Bürger, die sie – unter veränderten Bedingungen – immer wieder herstellen. Die sinkende Bereitschaft, die psychosozialen Kosten der deutschen Einheit und die neue Verantwortung für Europa zu akzeptieren, daraus angemessene Konsequenzen zu ziehen und Politik vernünftig zu gestalten, signalisieren bereits den Verlust ziviler Kultur.

Die westdeutsche Nachkriegsrepublik konnte – nach und nach – die beruhigende Einsicht verbreiten, daß Bonn nicht Weimar ist. Die deutsche Vereinigung hat nicht die Demokratie ins Wanken gebracht, Parteien und Institutionen erweisen sich als so stabil, daß nicht zu fürchten ist, aus Berlin könne Weimar werden. Seit der Wende 1989 ist jedoch die Spaltung zwischen Ost und West tiefer geworden. Schönredereien helfen darüber nicht hinweg. Die politischen Kulturen driften auseinander, und darin stecken sehr wohl Gefahren für die Demokratie. Die etablierte politische Klasse der Bundesrepublik pflegt weiterhin ihre Selbstgefälligkeit. Mit Versprechungen, irgendwann komme der gesamtdeutsche Aufschwung bestimmt, will sie Politikverdrossenheit überwinden. Das reicht nicht aus, selbst wenn es «der Wirtschaft» tatsächlich bessergeht. Ignoranz gegenüber den psychosozialen Kosten der deutschen Einheit ist ein Angriff auf die zivile Gesellschaft.

Anmerkungen

Einleitung

1 J. J. Mearsheimer (1992), Back to the Future – Instability in Europe After the Cold War, in: S. M. Lynn-Jones (Hg.), *The Cold War and After – Prospects for Peace*, Cambridge, MA: The MIT Press, S. 141–192.

2 J. Reich (1992), *Abschied von den Lebenslügen – die Intelligenz und die Macht*, Berlin: Rowohlt. F. Schorlemmer (1992), *Versöhnung in Wahrheit – Nachschläge und Vorschläge eines Ostdeutschen*, München: Knaur.

3 I. Misselwitz (1991), Zur Identität der DDR-Bürger – Eine erste Gedankensammlung, *Psychosozial*, Heft 1 (Nr. 45), S. 30–33. H. Schröder (1991), Identität, Individualität und psychische Befindlichkeiten des DDR-Bürgers im Umbruch, *Zeitschrift für Sozialisationsforschung u. Erziehungssoziologie*, 1. Beiheft, S. 163–176.

4 Die psychologische Literatur liefert dafür zahlreiche Beispiele: S. E. Ash (1955), Opinions and social pressure, *Scientific American*, 193, S. 31–35. M. Deutsch & H. Gerhard (1955). A study of normative and informal social influences on individual judgment, *Journal of Abnormal and Social Psychology*, 51, S. 629–636. L. Festinger (1950), Informal social communication, *Psychological Review*, 57, S. 271–282. S. Milgram (1974), *Obedience to Authority*, New York: Harper and Row. L. G. Zucker (1977), The Role of Institutionalization in Cultural Persistance. *American Sociological Review*, 42, S. 726–743.

5 Vor allem Kelman und Hamilton unterscheiden zwischen *Compliance, Identifikation* und *Internalisierung*. Sie haben diese These schlüssig entwickelt und in differenzierten Untersuchungen belegt. H. C. Kelman & V. L. Hamilton (1989), *Crimes of Obedience*, New Haven / London: Yale University Press.

6 L. Festinger (1957), *A theory of cognitive dissonance*, Evanston, Il: Row. Peterson. R. V. Joule (1991), Double Forced Compliance: A new Paradigm in Cognitive Dissonance Theory, *The Journal of Social Psychology*, 131:6, S. 839–845.

7 R. Eppelmann (1993), *Fremd im eigenen Haus – Mein Leben im anderen Deutschland*, Köln. Kiepenheuer & Witsch.

8 Die provokante These findet Unterstützung in den Wahnerklärungen von: P. Berner (1983), Psychologie des Wahns. In: U. H. Peters (Hg.), *Kindlers «Psychologen des 20. Jahrhunderts» – Psychiatrie*, Band 1, S. 515–538. E. Bleuler, *Lehrbuch der Psychiatrie*, bearbeitet von M. Bleuler (1972), Berlin / Heidelberg / New York: Springer. K. Jaspers, (1973), *Allgemeine Psychopathologie*, Berlin / Heidelberg: Springer. P. Matussek, (1963), Wahrnehmung, Halluzination und Wahn, in: *Psychiatrie der Gegenwart*, Band 1 / 2, Berlin / Göttingen / Heidelberg: Springer, S. 23–76.

9 J. Reich, a. a. O. V. Schlapentokh (1990), The Justification of Political Conformism: The Mythology of Soviet Intellectuals, *Studies in Social Thoughts*, 39, S. 111–135.

10 Über diese Muster schreiben aus Ost-Perspektive: O. Bach (1993), Leben in der Nische oder – Praxis der «Staatsnähe». In: *Pro Et Contra Tempora Praeteria*, Schriften der Medizinischen Akademie Dresden, Bd. 27, Dresden: Carus Akademie, S. 87–91. G. Berger, (1988), *«Mir langt's, ich gehe» – Der Lebensweg eines DDR-Atomphysikers von Anpassung zu Aufruhr*, Freiburg: Herder, Loos, H. (1990), «Anerkannte Unterordnung» – ein Rückblick auf die Psychiatrie – Entwicklung in der DDR, in: W. Picard & F. Riemer (Hg., 1992), *Grundlagen und Gestaltungsmöglichkeiten der Versorgung psychisch*

Kranker und Behinderter in der Bundesrepublik und auf dem Gebiet der ehemaligen DDR, Tagungsbericht, Berlin 29. 11–1. 12. 1990, Köln: Rheinland-Verlag, S. 174–180. K. Weise, (1990). *Psychotherapie in der Psychiatrie.* In: A. Thorn & E. Wulff (Hg.), *Psychiatrie im Wandel – Erfahrungen und Perspektiven in Ost und West.* Bonn: Psychiatrie Verlag, S. 288–307. Aus der West-Perspektive analysieren: T. Moser (1993), *Politik und seelischer Untergrund*, Frankfurt a. M.: Suhrkamp. Trenckmann, U. (1990), Zwei Psychiatrien in einem Land? Gemeinsames und Trennendes in der psychiatrischen Kultur in Deutschland-West und Deutschland-Ost, in: Picard & Riemer, a. a. O., S. 169–173.

11 Eine der wenigen Ausnahmen ist der tschechische Ministerpräsident Vaclav Klaus, der schon zu Beginn der 80er Jahre eine Transformations-Strategie entwickelte. Sein Konzept grenzte er gegenüber allen Vorstellungen eines «dritten Weges» zwischen realem Sozialismus und westlichem Kapitalismus ab, trat für Marktwirtschaft und Parteiendemokratie ein.

12 J. Juchler, (1994), Schwierige Demokratisierungsprozesse – Zur politischen Entwicklung in den Reformländern Osteuropas, *Osteuropa*, 44:2, S. 125–141.

13 Das Modell des *Selbst* meint durchaus etwas Ähnliches wie das Theorem der *Gestalt*. Zwar wird der Begriff in der Literatur recht unterschiedlich beschrieben, doch erkennen mehr und mehr Psychologen und Psychoanalytiker einen Selbst-psychologischen Ansatz als besonders erklärungsträchtig an.

14 Mit diesem Ansatz, der Aufgabe Freudscher Triebtheorie und dem neuen Zugang zum Selbst und zum Narzißmus, reklamieren Kohutianer wie Goldberg und Wolf einen Paradigmenwechsel in der psychoanalytischen Betrachung. A. Goldberg (1988), *A Fresh Look at Psychoanalysis – The View from Self Psychology*, Hillsdale, NJ: The Atlantic Press, S. XV. E. S. Wolf, (1988), *Treating The Self*, New York / London: The Guilford Press.

15 Als Selbstobjekt der DDR-Bürger konnte die Datscha ebenso dienen wie das Blauhemd der FDJ, die Phrase «unsere Deutsche Demokratische Republik», der Mythos Antifaschismus, Orden und Auszeichnungen, der Trabi oder DDR-Goldmedaillen.

16 M. Frese / M. Erbe-Heinbokel / J. Grefe / V. Rybowiak / A. Weike (1994), «Mir ist es lieber, wenn ich genau gesagt bekomme, was ich tun muß». Probleme der Akzeptanz von Verantwortung und Handlungsspielraum in Ost und West, *Zeitschrift für Arbeits- und Organisationspsychologie*, 38 (N. E. 12), 1, S. 22–33.

17 Becker / Hänsgen / Lindinger (1991), Ostdeutsche und Westdeutsche im Spiegel dreier Fragebogentests, *Trierer Psychologische Berichte*. Bd. 18, Heft 3.

18 C. Dalbert (1993), Psychisches Wohlbefinden und Persönlichkeit in Ost und West: Vergleich von Sozialisationseffekten in der früheren DDR und der alten BRD. *Zeitschrift für Sozialisationsforschung und Erziehungssoziologie*, 13:1, S. 82–94.

19 I. Stratemann (1992), *Psychologische Aspekte des wirtschaftlichen Wiederaufbaus in den Bundesländern*, Göttingen / Stuttgart: Verlag für Angewandte Psychologie.

20 M. Frese & S. Hilligloh (1994), Eigeninitiative am Arbeitsplatz im Osten und Westen Deutschlands: Ergebnisse einer empirischen Untersuchung. In: G. Trommsdorff (Hg., 1994), *Psychologische Probleme bei den Transformationsprozessen in Ostdeutschland*, Berlin / New York: de Gruyter, S. 200–215.

21 Über die schwierige Transformation Ostdeutschlands, die psychosozialen Kosten und die möglichen politischen Folgen diskutieren Sozialwissenschaftler und Psychologen: U. Beck (1990), Ein Deutschland der Ungleichzeitigkeiten, *taz*, 24. 12. 1990. K. Belwe (1992), Zur psychosozialen Befindlichkeit der Menschen in den neuen Bundesländern, *Biss public*, 2:8, S. 5–24. K. H. Mayer (1993), Die soziale Ordnung der DDR und einige Folgen für die Inkorporation in die BRD, *Biss public*, 3:11, S. 39–55. D. Pollack (1992), The Times, they are a-changing in... Anmerkungen zum Transformationsprozeß in Ostdeutschland, *BISS public*, 2:6, S. 49–61. R. Reißig (1992), Transformationsprozeß in Ostdeutschland – empirische Befunde und theoretische Erklärungsansätze, *BISS public*, 2:6, S. 5–22. Ders. (1993), Transformationsprozeß Ostdeutschland: Entwicklungsstand – Konflikte – Perspektiven. In:

Reißig (Hg.), *Rückweg in die Zukunft – Über den schwierigen Transformationsprozeß in Ostdeutschland*, Frankfurt/New York: Campus, S. 11–48. G. Trommsdorff (1994), a. a. O. Die meisten betrachten den historischen Umbruch als komplexes Unternehmen mit unsicherem Ausgang.

22 Pearlin (1981) beobachtete drastische Verluste von Selbstwertgefühlen. Häfner (1991) vergleicht internationale Studien mit eigenen Untersuchungen und führt einen Anstieg von Erkrankungen, Alkoholmißbrauch und Suiziden auf Arbeitslosigkeit zurück. Wie wirtschaftliche Krisen Gemeinschaften in anomische Zustände treiben, haben bereits Jahoda et al. (1933) mit ihrer klassischen Studie über die Arbeitslosen von Marienthal beschrieben. Die damalige Situation des kleinen Ortes in Österreich ähnelt auffallend der heutigen Lage großer Regionen in Ostdeutschland. H. Häfner (1991), *Psychiatrie: Ein Lesebuch für Fortgeschrittene*, Stuttgart/Jena: Gustav Fischer. Jahoda/Larzarsfeld/Zeisel (1933), *Die Arbeitslosen von Marienthal*, Frankfurt: Suhrkamp, 1975. Pearlin/Lieberman/Menaghan/Mullan (1981), The Stress Process, *Journal of Health and Social Behavior*, 22, S. 337–356.

23 P. Voigt & R. Hill (1993), Arbeitslosigkeit – ein spezifisches Phänomen in den neuen Bundesländern? Der Versuch einer Antwort von Mecklenburg-Vorpommern. In: T. Kieselbach & P. Voigt (Hg., 1993), *Systemumbruch, Arbeitslosigkeit und individuelle Bewältigung in der Ex-DDR*, Weinheim: Deutscher Studien Verlag, S. 101–123.

24 Den Zusammenhang von Stress, Coping und Erkrankung diskutieren: P. Gathmann (1988), Arbeitswelt und Psychosomatische Erkrankung, Bericht zum Jubiläumsfondsprojekt Nr. 2110 der Österreichischen Nationalbank. Unveröffentlichtes Manuskript. Ders. (1990), *Pathologie des psychosomatischen Reaktionsmusters* Berlin/Heidelberg: Springer. McCabe/Schneiderman/Field/Skyler (1991), *Stress, Coping and Disease*, Hillsdale, NJ: Lawrence Erlbaum Associates. Manifestationen psychischer Störungen, die auf den sozialen Wandel zurückzuführen sind, haben untersucht: C. Höfler (1992), Psychosoziale Belastungsfaktoren im historischen Umbruch, *Prax. Kinderpsychol. Kinderpsychiat.*, 41:10, S. 350–353. F. Hummel, (1992), Transkulturelle Probleme der Kinder- und Jugendpsychiatrie oder Folgen einer inversen Migration? – Zur Diagnostik und Behandlung von Kindern und Jugendlichen aus der ehemaligen DDR in der «alten» Bundesrepublik, a. a. O., S. 356–361. Winkelmann, B. (1992), Manifestationen psychischer Störungen durch Belastungsfaktoren des historischen Umbruchs in der ehemaligen DDR, a. a. O., S. 354–355.

25 D. Henkel (1993), *Arbeitslosigkeit und Alkoholismus in den neuen Bundesländern der Ex-DDR*. In: Kieselbach & Voigt, a. a. O., S. 124–137. Alkoholforscher nehmen an, daß viele Menschen zu trinken beginnen, wenn sie glauben, mit Alkohol Stress besser aushalten zu können, und keine anderen Coping-Strategien zur Verfügung haben. Die Diskussion geht zurück auf E. M. Jellinek (1945), The problem of alcohol. In: *Yale Studies on Alcohol*. Alcohol, science and society, Westport/Cl: Greenwood Press, 1945, S. 13–30. Sie wurde weitergeführt von: Bradlyn/Strickler/Maxwell (1981), Alcohol, expectancy and stress: Methodological concerns with the expectancy design, *Addictive Behavior*, 6, 1–8. H. Cappell & J. Greely (1987), *Alcohol and Tension Reduction: An Update on Research und Theory*. In: Blane/Leonard (eds.), *Psychological Theories of Drinking and Alcoholism*, New York/London: The Guilford Press, S. 15–54. J. J. Conger (1956), Reinforcement theory and the dynamics of alcoholism, *Quarterly Journal of Studies on Alcohol*, 17, S. 296–305. K. J. Sher (1987), *Stress Response Dampening*. In: H. T. Blane & K. E. Leonard (eds.), a. a. O., S. 227–269. Ein differenziertes ätiologisches Modell stellen vor: O. M. Lesch (1991), Klinisch-Psychiatrische Aspekte des chronischen Alkoholismus – Festvortrag zum Internationalen Symposium «Neue Wege in der Suchtberatung», 20.–25. Mai in Baden bei Wien. Veröffentlicht in: *Wiener Zeitschrift für Suchtforschung*, 14:3/4, S. 79–86, S. 79. Lesch/Dietzel/Musalek/Walter/Zeiler (1989), Therapiekonzepte und Therapieziele im Lichte langfristiger Katamnesen, in: Heiman, Mayer & Schied (Hg.), *Der chronische Alkoholismus*, Stuttgart/New York: Gustav Fischer, S. 161–178.

26 Umfrage des Allensbach-Institutes, zit. in *Wochenpost*, Nr. 31/1994.
27 K. Jowitt (1992), *New World Disorder – The Leninist Extinction*, Berkeley/Los Angeles/London: University of Californis Press.
28 W. Heitmeyer (1992), *Die Bielefelder Rechtsextremismus-Studie*, Weinheim/München: Juventa. H. Willems (1993), *Fremdenfeindliche Gewalt*. Opladen: Leske & Buderich.

Prägungen des totalitären Regimes

1 Heute würden sich gerne viele Menschen aus den ehemals kommunistischen Ländern an den Mythos der Revolution klammern. Der späte Widerstand ist respektabel. Aber ob er ausreicht, den Gewinn einer Revolution zu reklamieren, darüber läßt sich streiten. Die gesellschaftlichen Verhältnisse wurden revolutioniert, aber vielleicht wäre es angemessener zu sagen, sie haben sich umgewälzt.
2 A. Grunenberg (1993), *Antifaschismus – ein deutscher Mythos*, Reinbek bei Hamburg: rororo, S. 132.
3 Darüber berichtete *Der Spiegel* Nr. 19/1994, S. 84–91.
4 A. a. O.
5 So gesehen verfolgten Adenauer und Ulbricht komplementäre Absichten. Adenauer bescherte der Bundesrepublik einen autoritären Rechtsstaat, freie Marktwirtschaft und Westintegration. Schließlich wurde (mit Hilfe der 68er Studentenbewegung) aus der Bundesrepublik eine moderne Demokratie, die sich nach und nach auf einen «Verfassungspatriotismus» stützte. Unter dem Schutz der Sowjets errichtete Ulbricht die Diktatur der Kommunisten, führte die Kommandowirtschaft ein und bewahrte sogar gegen die (zeitweiligen) Absichten des Großen Bruders die Existenz des anderen deutschen Staates. Dabei half ihm freilich der Westen, als er 1952 Moskaus Angebot ablehnte, die Existenz der DDR gegen die Neutralität Deutschlands zu tauschen.
6 A. a. O., S. 120.
7 H. Strotzka (1988), *Macht – Ein psychoanalytischer Essay*, Frankfurt a. M.: Fischer.
8 H. Arendt (1975), *The Origins of Totalitarianism*, Orlando: HBJ.
9 C. Dalbert (1993), Psychisches Wohlbefinden und Persönlichkeit in Ost und West: Vergleich von Sozialisationseffekten in der früheren DDR und der alten BRD, *Zeitschrift für Sozialisationsforschung und Erziehungssoziologie* 13: 1, S. 82–94, S. 91. Weitere Studien, die Prägungen des autoritären DDR-Regimes differenzierter belegen, stelle ich im IV. Kapitel dieser Arbeit vor, wenn ich zu erklären versuche, weshalb die Bürger in den neuen Bundesländern Schwierigkeiten haben, sich den Anforderungen der für sie neuen Gesellschaft anzupassen.
10 Inkeles/Hanfman/Beier (1967), Modal Personality and Adjustment to the Soviet Socio-Political System, in: R. Hunt (ed.), *Personalities and Cultures*, Garden City, NY: The Natural History Press, S. 312–339.
11 A. a. O., S. 322.
12 A. Solschenizyn (1974), *Offener Brief an die sowjetische Führung*, Darmstadt/Neuwied: Luchterhand, S. 52.
13 Der Analytiker C. G. Jung nahm an, daß besondere «Archetypen» den Charakter eines Volkes prägen. In der Psychologie leitete eine ähnliche Vorstellung den Versuch, «nationale Charaktere» zu identifizieren. Der Politikwissenschaftler Inglehart (1990) studierte «kulturelle Veränderungen» und sammelte umfangreiches Datenmaterial. Er kommt zu dem Schluß, daß eine einmal etablierte Kultur in der Gesellschaft lange verankert bleibt. Kultureller Wandel vollziehe sich sehr langsam, in aller Regel durch die Sozialisation neuer Generationen. Plötzliche und tiefgreifende Veränderungen und die dann folgende Periode des Übergangs seien für die Betroffenen meist schmerzhaft. R. Inglehart (1990), *Culture Shift*, Princeton/NJ: Princeton University Press.
14 Interessant ist deshalb ein Verweis von Scharsch: «Nicht einmal die Aufdeckung

der industriellen Massenvernichtung reichte aus, die braune Vergangenheit aus Herzen und Köpfen zu tilgen. Bei mehreren Meinungsumfragen im Jahr 1947 meinten 30 bis 51 Prozent der Wiener, im März 1948 fast 58 Prozent der Salzburger, der Nationalsozialismus sei eine ‹gute Idee›, die nur ‹schlecht durchgeführt› worden sei.» H.-H. Scharsch (1992), *Haiders Kampf*, Wien: Orac, S. 23. Den Österreichern mag es leichter gefallen sein, die «Ideen» der Nazis von ihrem Terror, ihren Morden und ihrem Krieg abzutrennen, indem sie sich schlicht zu Opfern des deutschen Faschismus deklarierten. Auch die österreichische Staatsideologie entlastete von der (Mit)Täterschaft stärker als die westdeutsche. Trotzdem werden wohl kaum wesentlich mehr Nazi-Anhänger in der Bundesrepublik ihre Weltanschauung in der sogenannten Stunde Null einfach abgelegt haben.

15 L. Festinger (1957), *A theory of cognitive dissonance*, Evanston, Il.: Row, Peterson

16 Kelman und Hamilton unterscheiden Anpassung (*compliance*), die auf äußeren Druck hin erfolgt und nur so lange andauert, wie der äußere Druck fortbesteht, und Verinnerlichung (*internalization*). Identifikation (*identification*) nennen sie die Übernahme einer Rolle, Einstellungen und Handlungen bleiben gebunden an die Präsenz eines Vorbildes. Erst durch Internalisierung bildet ein Individuum ein eigenes Wertesystem, das intrinsische Motivationen schafft. Kelman & Hamilton (1989), *Crimes of Obedience*, New Haven/London: Yale University Press.

17 F. Engels & K. Marx, Die heilige Familie oder Kritik der kritischen Kritik, *Marx Engels Werke (MEW)* Bd. 2, Berlin: Dietz, 1974, S. 3–223, S. 38.

18 K. Marx & F. Engels, Das Kommunistische Manifest, *MEW*, Bd. 4, Berlin: Dietz, 1974, S. 459–493, S. 474.

19 K. Marx, Das Kapital, a. a. O., S. 16.

20 L. I. Breschnew, Leninkim Kursom, zit. nach: T. L. Thompson (1989), *Ideology and Policy: The Political Uses of Doctrine in the Soviet Union.* Boulder/San Francisco/London: Westview Press, S. 10.

21 C. Graf v. Krockow (1993), *Die Deutschen vor ihrer Zukunft*, Berlin: Rowohlt, S. 44.

22 K. Jowitt (1992), *New World Disorder: The Leninist Extinction*, Berkeley/Los Angeles/London: University of California Press.

23 F. Engels, Anti-Dühring, *MEW*, Bd. 20, Berlin: Dietz, 1975, S. 5–303, S. 106.

24 A. a. O., S. 11.

25 Anhänger der Marxschen Lehre mögen den Vorwurf zurückweisen, denn zu *lesen* sind in den gesammelten Werken auch Bekenntnisse zur Offenheit. So schrieb Engels: «Ein allumfassendes, ein für allemal abschließendes System der Erkenntnis von Natur und Geschichte steht im Widerspruch mit den Grundgesetzen des dialektischen Denkens.» A. a. O., S. 24.

26 G. Schabowski (1991), *Der Absturz*, Berlin: Rowohlt, S. 274.

27 T. Moser (1992), *Besuche bei Brüdern und Schwestern*, Frankfurt: Suhrkamp, S. 25.

28 Schabowski, a. a. O., S. 332.

29 L. Kolakowski (1994), Wir fürchten etwas Unbestimmtes, *FAZ* Nr. 30.

30 Lenin, Der «linke Radikalismus», die Kinderkrankheit im Kommunismus, *Lenin Werke*, Bd. 31, Berlin: Dietz, 1973, S. 5–106, S. 40.

31 Diesen gruppendynamischen Gedanken entwickelt, mit Bezug auf Bradford, G. Schwarz (1987) in seiner Analyse von Gruppenprozessen *Die «Heilige Ordnung» der Männer*, Opladen: Westdeutscher Verlag.

32 J. Reich (1992), *Abschied von den Lebenslügen – Die Intelligenz und die Macht.* Berlin: Rowohlt, S. 8.

33 A. a. O., S. 8.

34 A. a. O., S. 24.

35 A. a. O., S. 24f.

36 O. Bach (1993), Leben in der Nische oder – Praxis der «Staatsnähe», in: *Pro Et Contra Tempora Praeterita*, Schriften der Medizinischen Akademie Dresden, Bd. 27, Dresden: Carus Akademie, S. 87–91, S. 88.

37 O. Bach (1991), Rektoratsrede, gehalten anläßlich der Rektoratsübergabe an der

Medizinischen Akademie «Carl Gustav Carus» Dresden, 26. Juni. Unveröffentlichtes Rede-Manuskript.

38 A. a. O.

39 O. Bach (1994), Ansprache zur Gründung der Medizinischen Fakultät «Carl Gustav Carus» der Technischen Universität Dresden, in: *Wissenschaftliche Zeitung der TU Dresden*, 43:1, S. 84–87, S. 86.

40 M. Bierwisch (1990), Wissenschaft im realen Sozialismus, *Kursbuch* 101, S. 112–123, S. 113.

41 A. a. O., S. 114.

42 A. a. O., S. 115.

43 Autorenkollektiv unter Leitung von H. Hiebsch & M. Vorwerg (1979), *Sozialpsychologie*, Berlin: VEB Deutscher Verlag der Wissenschaften.

44 A. a. O., S. 11.

45 A. a. O., S. 145.

46 A. a. O., S. 179.

47 A. a. O., S. 116.

48 J. Weiss (1991), Kompetenz, Kontrolle, Korruption – Erfahrungen mit der Soziologie in der DDR und was daraus folgt, in: B. Giesen & C. Leggewie (Hg.), *Experiment Vereinigung – Ein sozialer Großversuch*, Berlin: Rotbuch, S. 59–67, S. 63 f.

49 Grunenberg, a. a. O., S. 144.

50 V. Schlapentohk (1990), The Justification of Political Conformism: The Mythology of Soviet Intellectuals, *Studies in Social Thoughts*, 39, S. 111–135.

51 H. Müller-Suur (1950), Das Gewißheitsbewußtsein beim schizophrenen und paranoischen Wahnerleben, *Fortschr. Neurol. Psychiat.*, 18, S. 44–51.

52 E. Bleuler, *Lehrbuch der Psychiatrie*, bearbeitet von M. Bleuler (1972), Berlin / Heidelberg / New York: Springer, S. 46.

53 P. Matussek (1963), Wahrnehmung, Halluzination und Wahn, in: *Psychiatrie der Gegenwart*, Band 1/2, Berlin / Göttingen / Heidelberg: Springer, S. 23–76, a. a. O., S. 64.

54 K. Jaspers (1973), *Allgemeine Psychopathologie*, Berlin / Heidelberg: Springer, S. 80.

55 A. a. O., S. 165.

56 Bleuler, a. a. O., S. 498.

57 P. Berner (1982), *Psychiatrische Systematik*, Bern / Stuttgart / Wien: Verlag Hans Huber, S. 228.

58 P. Berner (1983), Psychologie des Wahns, in: U. H. Peters (Hg.), *Kindlers «Psychologie des 20. Jahrhunderts» – Psychiatrie*, Bd. 1, S. 515–538, S. 532

59 Bleuler, a. a. O., S. 47.

60 A. Gruen (1991), *Falsche Götter – Über Liebe, Haß und die Schwierigkeit des Friedens*, Düsseldorf / Wien / New York: Econ Verlag, S. 17.

61 A. a. O., S. 54.

62 M. Csikszentmihalyi (1967), Marx: A Socio-Psychological Evaluation, *Modern Age*, 11:3, S. 273–282.

63 Matussek, a. a. O., S. 65.

64 R. Müller (Hg. 1991), *Die Säuberung – Moskau 1936: Stenogramm einer geschlossenen Parteiversammlung*, Reinbek bei Hamburg: rororo.

65 A. a. O., S. 34.

66 W. Janka (1989), *Schwierigkeiten mit der Wahrheit*, Reinbek bei Hamburg: rororo, S. 89.

67 Eine ausführliche Darstellung ist nachzulesen bei M. Schmitz (1988), Die Juden in der DDR: Neubeginn auf den Trümmern einer zerstörten Tradition, Zeit-Dossier, *Die Zeit*, Nr. 17.

68 Die neuerliche Verfolgung der Juden paßte der DDR deshalb nicht richtig ins Konzept, weil sie die Staatsideologie in Frage stellte. Im offiziell gepriesenen antifaschistischen Kampf gegen die Nazis hatte die KP jüdische Genossen ausgeschlossen, weil sie glaubte, dadurch die Gefahr der Verfolgung kommunistischer Gruppen zu

vermindern. Für den von den Nazis hingerichteten Widerstandskämpfer Baum errichtete die SED auf dem Friedhof Weißensee zwar eine Gedenkstätte. Die Erinnerungstafel enthielt aber keinen Hinweis darauf, daß die Baum-Gruppe aus Juden bestand und (zwangsweise) ohne Unterstützung der Partei operierte. Alle Mitglieder der Gruppe wurden von den Nazis ermordet..

69 Im Rüstungswettlauf haben sich die kommunistischen Regime aufgerieben. Allerdings beschleunigte die Aufgabe der Konfrontation das Sterben erheblich. Die friedliche Koexistenz trug bei zum seelischen Tod des Kommunismus. Während Gorbatschow im Westen als «Mann des Jahrzehnts» (*Financial Times*) gefeiert wurde, verlor er in der Sowjetunion zusehends an Rückhalt. Die Westbindung war nicht der einzige Grund für den raschen Zusammenbruch des russischen Empires, aber ein entscheidender Faktor. Alte Kommunisten und neue Nationalisten werfen Gorbatschow genau das heute vor.

70 MfS Hochschule Potsdam (1985), *Grundfragen der marxistisch-leninistischen Psychologie in ihrer Anwendung auf die politisch-operative Arbeit*, VVS-0001, MfS JHS-Nr.: 75/85/I, Bl. 1–44, S. 3.

71 A. a. O., S. 41.

72 A. a. O., S. 84.

73 MfS Hochschule Potsdam (1985), *Sozialpsychologische Grundlagen für die Analyse und Entwicklung von sozialen Beziehungen zwischen Menschen in der politisch-operativen Arbeit*, VVS-0001, MfS JHS-Nr.: 75/85/V, Bl. 1–48, S. 75.

74 A. a. O., S. 83

75 A. a. O., S. 41.

76 A. a. O., S. 11.

77 A. a. O., S. 16.

78 A. a. O., S. 12.

79 A. a. O., S. 19.

80 A. a. O., S. 22.

81 A. a. O., S. 21.

82 MfS Hochschule Potsdam (1984), *Erfahrungsaberichte von IM über ihren Einsatz in Operativen Vorgängen*, VVS-0001, MfS JHS-Nr.: 13/84, Bl. 1–32, S. 4.

83 A. a. O., S. 8.

84 MfS Hochschule Potsdam (1985), *Die psychischen Prozesse – ihre Wirkung und Nutzung in der politisch-operativen Arbeit*, VVS-0001, MfS JHS-Nr.: 75/85/II, Bl. 1–87, S. 71.

85 A. a. O., S. 79.

86 T. Moser (1993), *Politik und seelischer Untergrund*, Frankfurt: Suhrkamp, S. 119.

87 Schon in der DDR fiel Gerichtsreportern auf, daß viele Neonazis aus Stasi-Familien kamen. In anderer politischer Verkleidung hatten sich in der Familie Persönlichkeitsstrukturen reproduziert. Darüber durften die Reporter natürlich nicht berichten.

88 R. J. Lifton (1993), *From Hiroshima to the Nazi Doctors – The Evolution of psychoformative Approaches to Understanding Traumatic Stress Syndromes*, in: J. P. Wilson & B. Raphael (eds.), *Handbook of Traumatic Stress Syndromes*, New York: Plenum Press, S. 11–23, S. 21.

89 B. Lahann (1994), *Genosse Judas – Die zwei Leben des Ibrahim Böhme*, Reinbek bei Hamburg: rororo, S. 11.

Der vormundschaftliche Staat

1 Honecker am 25. September 1988 in einer Rede vor Kampfgruppen, gedreht und ausgestrahlt von den deutschen Fernsehsendern in Ost und West.
2 R. Henrich (1989), *Der vormundschaftliche Staat*, Reinbek bei Hamburg: rororo aktuell, S. 13.
3 E. Ringel (1991), *Die österreichische Seele*, Wien/Zürich: Europaverlag, S. 10. Was Ringel beschrieb, mag zwar einen in Österreich verbreiteten Charakter treffen, allerdings kennzeichnet solches Verhalten keine nationale Besonderheit. Ringel sprach von der Wirkung autoritärer Erziehung, deshalb scheint mir der Hinweis auf ihn hier passend.
4 H. Schröder (1991), Zur psychologischen Vergangenheitsbewältigung der DDR-Bürger nach der Wende, *Psychosozial*, Heft 1 (Nr. 45), S. 23–29, S. 25.
5 A. a. O., S. 27.
6 W. Friedrich (1990), Mentalitätswandel der Jugend in der DDR, *Aus Politik und Zeitgeschehen* – Beilage zu der Wochenzeitschrift *Das Parlament*, B. 16–17, S. 25–37.
7 A. a. O.
8 H.-J. Maaz (1990), *Der Gefühlsstau – Ein Psychogramm der DDR*, Berlin: Argon, S. 15.
9 A. a. O.
10 Den Wandel in Ungarn beschreibt der ehemalige Außenminister G. Horn (1991), *Freiheit, die ich meine*, Hamburg: Hoffmann & Campe.
11 J. Reich (1993), *Rückkehr nach Europa – Zur Lage der deutschen Nation*, München: dtv, S. 22.
12 F. Schorlemmer (1992), *Versöhnung in Wahrheit – Nachschläge und Vorschläge eines Ostdeutschen*, München: Knaur, S. 49f.
13 A. a. O., S. 50.
14 R. Eppelmann (1993), *Fremd im eigenen Haus – Mein Leben im anderen Deutschland*, Köln: Kiepenheuer & Witsch, S. 336.
15 Als nach der sogenannten Rosa-Luxemburg-Demonstration im Januar 1988 fünf Oppositionelle verhaftet, dann aber mit Reisepässen ausgestattet und für sechs Monate auf Urlaub nach England geschickt wurden, anschließend, begleitet von der Aufmerksamkeit bundesdeutscher TV-Journalisten, wieder in ihre Heimat zurückkehren konnten, zweifelte schon mancher an der Autorität des Staates. Gefördert hat das Westfernsehen die «Montagsdemos» in Leipzig. Die ersten größeren Demonstrationen fanden dort im Frühjahr und im Herbst 1989 während der Leipziger Messe statt, weil allgemein bekannt war, daß Teams von ARD und ZDF zu dieser Zeit in der Stadt drehten und dann auch über den Protest berichten würden. Die «Antragsteller» unter den Demonstranten, die, die in den Westen wollten, hofften, durch die Fernsehöffentlichkeit ihre Ausreise beschleunigen zu können. Die «Dableiber», die für Reformen demonstrierten, brauchten die Westkameras, damit ihr Protest in der DDR sichtbar wurde. Mit welchen Gewaltmaßnahmen die alte Parteigarde ihren Sozialismus verteidigen wollte, wurde erst bekannt, als die Führung schon hatte abtreten müssen. Am Ende fehlte ihr offensichtlich die Kraft, ihre brutalen Phantasien zu verwirklichen. Zum Beispiel hatten die KP-Apparatschiks Skizzen für KZs angefertigt, um Oppositionelle einzusperren, falls sie die leninistische Macht bedrohten.
16 M. Wedel (1994), *Einheitsfrust*, Berlin: Rowohlt, S. 19.
17 A. a. O., S. 28. Opportunismus erklärt Wedel allerdings zu einem «guten Menschenrecht» (S. 10). In der Formulierung steckt mehr Ernst als Ironie. Nach der Veröffentlichung des Buches wurde bekannt, daß Wedel *IM* war – Inoffizieller Mitarbeiter der Staatssicherheit.
18 I. Misselwitz (1991), Zur Identität der DDR-Bürger – Eine erste Gedankensammlung, *Psychosozial*, Heft 1 (Nr. 45), S. 30–33, S. 31.
19 A. a. O., S. 32.
20 J. Maaz, a. a. O., S. 36.

21 Eppelmann, a. a. O., S. 29f.
22 J. Hofmann & M. Tiedtke (1990), Thesen zur Erziehungsauffassung – Versuch einer Alternative. In: R. Land u. a., *Aufbruch in die Zukunft – Junge Wissenschaftler zu Gesellschaft und Erziehung*, Berlin: Volk und Wissen, S. 130–176.
23 A. a. O., S. 132.
24 A. a. O., S. 145.
25 A. a. O., S. 147.
26 A. a. O., S. 155.
27 A. Eckstaedt (1992), *Nationalsozialismus in der «zweiten Generation»*, Frankfurt: Suhrkamp, S. 18f.
28 G. Berger (1988), *«Mir langt's, ich gehe» – Der Lebensweg eines DDR-Atomphysikers von Anpassung zu Aufruhr*, Freiburg: Herder, S. 98.
29 Y. V. Shorokhova (1984), Personality Research Trends in Soviet psychology, in: Lomov & Shustikov (eds.), *Soviet Psychology*, Moskau, S. 28–40, S. 38.
30 B. L. Lomov & V. A. Kol'tsova (1984), Mental Processes and Communication, in: L. H. Strickland, *Directions in Soviet Psychology*, New York: Springer, S. 47–64.
31 R. v. d. Veer (1990), The Reform of Soviet Psychology: A Historical Perspective, *Studies in Soviet Thoughts*, 40, S. 205–221.
32 A. a. O., S. 212–214.
33 An anderer Stelle erklärte er allerdings, das Reich der Freiheit beginne erst nach der Überwindung der Klassenherrschaft und jenseits der Arbeit. Hannah Arendt hat darauf hingewiesen, daß dieser Widerspruch sich durch das ganze Gedankengebäude von Marx ziehe. H. Arendt (1958), The Human Condition, Chicago: The University of Chicago Press.
34 Aus dem Programm der KPdSU von 1986, zit. nach: V. Schlapentokh (1989), *Public and Private Life of the Soviet People*, New York/Oxford: Oxford University Press, S. 19.
35 A. a. O.
36 Der Wirtschaftswissenschaftler Janos Kornai weist grundsätzlich darauf hin, daß die Mechanismen einer Planungsbürokratie nur wirksam greifen könnten, wenn vollkommene Informationen über die Vergangenheit verfügbar wären, wenn die Vorhersagen über die Zukunft präzise sein könnten, jedes Kommando fehlerlos wäre und völlig akkurat ausgeführt würde. Das kann natürlich niemals der Fall sein. Das ganze Planungskonzept basierte auf unerschütterlichem Idealismus und Naivität. J. Kornai (1992), *The Socialist System – The Political Economy of Communism*, Princeton/NJ: Princeton University Press.
37 Schlapentokh, a. a. O., S. 52.
38 Die Phase beschreibt ausführlich: R. C. Tucker (1987), *Political Culture and Leadership in Soviet Russia*, New York/London: Norton.
39 Interessant ist in diesem Zusammenhang eine Umfrage des Allensbach-Institutes. Auf die Frage «Was unterscheidet unsere Geschichte von der Geschichte anderer Länder?» antworteten von den Befragten in der früheren DDR 36 Prozent *«Der Bau der Berliner Mauer»*.
Nur 4 Prozent führten den Nationalsozialismus an. Im Westen nannten nur 11 Prozent den Bau der Mauer, aber 52 Prozent das «Dritte Reich». In: E. Noelle-Neumann (1991).
40 G. Gaus (1983), *Wo Deutschland liegt – Eine Ortsbestimmung*, Hamburg: Hoffmann und Campe.
41 R. Woderich (1992), Mentalitäten im Land der kleinen Leute, in: M. Thomas (Hg.), *Abbruch und Aufbruch – Sozialwissenschaften im Transformationsprozeß*, Berlin: Akademie-Verlag, S. 76–90, S. 86f.
42 A. a. O., S. 87.
43 Steffen Haas studierte Medizin in Ostberlin und ist heute Ärztlicher Direktor des Psychiatrischen Krankenhauses in Eichberg (Hessen). Ich zitiere Haas aus einem persönlichen Interview vom April 1994. DDR-Bürger galten in anderen sozialistischen

Ländern vielfach als unangenehme Urlauber. Dort war oft zu hören, die (Ost)Deutschen würden durchweg arrogant auftreten. Der Vorwurf dürfte allerdings auch im Westen nicht unbekannt sein.

44 Ich habe damals als Korrespondent von der Bundessynode in Eisenach berichtet und ausführlich mit Synodalen gesprochen, auch mit den hier zitierten Kirchenführern. Meist waren das keine Interviews für Fernsehsendungen, sondern Hintergrundgespräche, die meine Partner nicht zwangen, mit besonderer Vorsicht und mit taktischem Kalkül öffentliche Wirkung abzuschätzen. Sie sagten damals ehrlich ihre Meinung. Im selben Monat bin ich als Reporter quer durch die DDR gefahren. Deutlich war zu spüren, wie rasant die Unzufriedenheit wuchs. Doch tatsächlich hatte sich keine generelle antisozialistische Stimmung entwickelt. Auch wenn Stolpes Einschätzung von einer übertriebenen Zustimmung zur Idee des Sozialismus ausging, so enthielt sie doch einen zutreffenden Kern.

45 *Handbuch gesellschaftlicher Organisationen in der DDR*, Berlin: Staatsverlag der Deutschen Demokratischen Republik, 1985, S. 23.

46 S. Bloch & P. Reddaway (1977), *Russia's Political Hospitals*, London: Victor Gollancz LTD. Foucault (1977) argumentiert, Psychiatrie habe stets dazu beigetragen, die jeweils bestehende soziale Ordnung zu schützen; Psychiatrie sei von ihrem Ursprung her ebenso wie die Polizei eine Institution, um Gefährdungen der gesellschaftlichen und politischen Machtstrukturen zu bannen. Die Koppelung medizinischer und polizeilicher Aufgaben in der Sowjetunion sei deshalb nichts Außergewöhnliches. Der sogenannte Mißbrauch sei lediglich die Intensivierung einer verwandtschaftlichen Beziehung, die von Beginn an bestanden habe und niemals beendet worden sei. Der Kult-Kritiker verkennt in seiner Einlassung die Entwicklung moderner Psychiatrie und übersieht, daß die *civil society* möglichen Mißbrauch beschränkt und unter Strafe stellt. Foucaults Generalisierung verharmlost den tatsächlichen Mißbrauch der Psychiatrie in der Sowjetunion (und in Osteuropa) und die Brutalität des kommunistischen Totalitarismus. M. Foucault (1977), Confinement, Psychiatry, Prison. In: L. D. Kritzman (ed. 1990), *Michel Foucault – Politics, Culture. Interviews and other Writings 1977–1984*, New York / London: Ron Hedge, S. 178–210.

47 P. Reddaway (1991), Civil Society and Soviet Psychiatry, in: *Problems of Communism*, July / August, S. 41–48, S. 43.

48 Persönliches Interview mit U. Plog vom Oktober 1994.

49 «Ich empfinde Scham», M. Ochernal, Interview *stern*, Nr. 20, 8. Mai, S. 100.

50 A. a. O.

51 A. a. O.

52 Sonja Schröter (1994), Psychiater im Dienste des MfS, *Deutsche Vereinigung gegen den politischen Mißbrauch der Psychiatrie*, Rundbrief 1 / 94.

53 H. Helmchen (Universitätsklinik für Psychiatrie an der FU Berlin), persönliches Interview, Mai 1994.

54 H. Späte zit. in: H. Eichhorn (1988), Die Entwicklung der Fachgebiete Psychiatrie und Psychotherapie in der DDR, *Psychiatrische Praxis*, 15, S. 15–20, S. 15.

55 Eichhorn, a. a. O., S. 15f.

56 A. a. O., S. 18.

57 E. Klee (1993), *Irrsinn Ost / Irrsinn West – Psychiatrie in Deutschland*, Frankfurt a. M.: Fischer, S. 13.

58 Bach / Feldes / Thim / Weise (1976), *Sozialpsychiatrische Forschung und Praxis*, Leipzig: Thieme.

59 A. a. O., S. 92.

60 A. a. O., S. 210.

61 A. a. O., S. 208.

62 A. a. O., S. 209.

63 A. a. O., S. 94.

64 A. a. O., S. 91.

65 Auf dem Kongreß der *Deutschen Gesellschaft für Psychiatrie, Psychotherapie und Nerven-*

heilkunde im September 1994 habe ich in einem Symposium als Koreferent diese Kontroverse mit Otto Bach geführt. Bachs Zitat stammt aus dieser Debatte.

66 T. Tomov (1991), The Impact of Political Change in Eastern Europe on Behavioral Sciences and Psychiatry, *British Journal of Psychiatry*, 159, S. 13–18, S. 17.

67 A. a. O.

68 O. Bach (1990), Entwicklung und Stand der Versorgung psychisch Kranker und Behinderter auf dem Gebiet der ehemaligen DDR. In: W. Picard & F. Reimer (Hg.) a. a. O., S. 25–30, S. 25f.

69 A. a. O., S. 27f.

70 In den frühen 80er Jahren hatte die biologisch-reduktionistische Betrachtung nicht nur im Osten, sondern auch im Westen Konjunktur. Prominente Verfechter des Ansatzes waren zum Beispiel Caroll et al. (1980). Allerdings wurde die These in der psychiatrischen Gesellschaft heftig diskutiert, niemals zur übergreifenden und alleinige Wahrheit reklamierenden Theorie stilisiert und schließlich verworfen. Auch Caroll et al. unterschieden zwischen «reaktiven» und «endogenen» Erkrankungen, d. h., sie erkannten an, daß seelische Störungen gesellschaftlich bedingt sein können. Die Ausschließlichkeit des biologisch-reduktionistischen Ansatzes, verordnet durch Staats-Ideologie, erhoben zum Denk- und Forschungs- und Behandlungsmonopol, und die Ausblendung gesellschaftlicher Faktoren bei der Entwicklung und dem Verlauf psychischer Erkrankung ist als spezifische Variante der Psychiatrie im real existierenden Sozialismus zu betrachten. Caroll / Greden / Feinberg (1980) Neuroendocrine disturbances and the diagnosis and etiologie of endogenous depression, *Lancet*, I, S. 321–322.

71 H. Loos (1990), «Anerkannte Unterordnung» – ein Rückblick auf die Psychiatrie-Entwicklung in der DDR, in: Picard & Riemer, a. a. O., S. 174–180, S. 178.

72 U. Trenckmann (1990), Zwei Psychiatrien in einem Land? Gemeinsames und Trennendes in der psychiatrischen Kultur in Deutschland-West und Deutschland-Ost, in: a. a. O., S. 169–173, S. 171.

73 H. Berger (1990), Die ambulante Versorgung psychisch Kranker und Behinderter durch poliklinische Einrichtungen und Psychiatrische Beratungsstellen in der ehemaligen DDR, in: a. a. O., S. 108–115, S. 110.

74 K. Weise (1990), Psychotherapie in der Psychiatrie, in: A. Thom & E. Wulff (Hg.), *Psychiatrie im Wandel – Erfahrungen und Perspektiven in Ost und West*, Bonn: Psychiatrie Verlag, S. 288–307, S. 289.

75 A. Thom (1990), Ethische Werte und moralische Normen sozialpsychiatrischen Handelns, in: Thom & Wulf, a. a. O., S. 115–132, S. 129.

76 Das berichtete M. Dietzel, Universitätsklinik für Psychiatrie Wien, in einem persönlichen Interview vom Februar 1994. Dietzel reiste vor der Wende öfter zu Vorträgen in die DDR und hörte noch im Jahre 1989 Heims Vorstellungen.

77 S. Haas (1972), *Inhalt der Wahnvorstellungen in Beziehung zur präpsychotischen Lebenseinstellung*, Dissertation im Fachbereich Medizin an der Universität Hamburg.

78 A. a. O., S. 74f.

79 A. a. O., S. 84.

80 I. Stoiber (1991), Suchttherapie und Möglichkeiten der Therapeuten in der DDR, *Sucht*, 37:2, S. 86–89.

81 E. Winter (1991), Alkoholismus im Sozialismus der Deutschen Demokratischen Republik – Versuch eines Rückblicks, *Sucht*, 37, S. 71–85.

82 O. Lesch (Universitätsklinik für Psychiatrie Wien), persönliches Interview, April 1994.

83 D. J. Fishbein (1991), Do Dna: Alcoholism in the Soviet Union, *JAMA*, Sept. 4, S. 1212–1214, S. 1212.

Wendestress

1 R. Reißig (1992), Transformationsprozeß in Ostdeutschland – empirische Befunde und theoretische Erklärungsansätze, *BISS public*, 2:6, S. 5–22, S. 6.
2 Niemand kann genaue Zahlen vorlegen. Meine Einschätzung ergibt sich aus der Übersicht einzelner Studien und Phänomene. Im Verlauf dieses Kapitels werden sie ausführlicher dargestellt und interpretiert.
3 C. Höfler (1992), Psychosoziale Belastungsfaktoren im historischen Umbruch, *Prax. Kinderpsychol. Kinderpsychiat.*, 41:10, S. 350–353.
4 H. Schröder (1990), Identität, Individualität und psychische Befindlichkeit des DDR-Bürgers im Umbruch, *Zeitschrift f. Sozialisationsforschung u. Erziehungssoziologie*, 1. Beiheft, S. 163–176, S. 163.
5 Der kanadische Arzt Hans Seyle untersuchte als erster die Auswirkungen von Stress auf den Körper. Er prägte den Begriff *stressor*, um «schädigende» (*noxious*) Stimuli zu orten, die körperliche und seelische Anpassungsreaktionen hervorrufen. *«Something is just a stressor to the same degree that it calls forth the syndrome.»* H. Seyle (1982), The History of Stress. In: L. Goldberger / S. Breznitz (eds.), *Handbook of Stress*, 2nd Edition, New York: The Free Press, 1993, S. 7–17, S. 14. Stress bezeichnete Seyle als allgemeines Anpassungssyndrom (*General Adaptation Syndrome*). H. Seyle (1950), *The physiology and pathology of exposure to stress*, Montreal: Acta.
6 R. S. Lazarus & S. Folkman (1984), *Stress, Appraisal, and Coping*, New York: Springer.
7 *«An individual's affect and behavior are largely determined by the way in which he structures the world»*. A. T. Beck (1979), *Cognitive Therapy Of Depression*, New York: The Guilford Press, S. 3.
8 A. T. Beck & M. Weishaar (1989), Cognitive Therapy, in: Freemann / Simon / Beutler / Arkowitz, *Comprehensive Handbook of Cognitive Therapy*, New York / London: Plenum Press, 1989, S. 21–36, S. 24.
9 R. S. Lazarus (1993), Why We should Think of Stress as a Subset of Emotion, in: Goldberg / Breznitz a. a. O., S. 21–39, S. 25.
10 Pearlin / Lieberman / Menaghan / Mullan (1981), The Stress Process, *Journal of Health and Social Behavior*, 22, S. 337–356, S. 339.
11 B. Wheaton (1983), Stress, Personal Coping Resources, Psychiatric Symptoms: An Investigation of Interactive Models, *Journal of Health and Social Behavior*, 24, S. 208–229.
12 J. Garber / W. R. Miller / S. F. Seaman (1979), Lerned Helplessness, Stress, and the Depressive Disorder. In: R. A. Dupue (ed.), *The Psychobiology of the Depressive Disorders: Implications for the Effects of Stress*, S. 335–363, New York: The Academic Press.
13 T. Schill & J. Beyler (1992), Self-Defeating Personality And Strategies For Coping with Stress, *Psychological Reports*, 71, S. 67–70.
14 I. L. Janis (1989), *Crucial Decisions – Leadership in Policymaking and Crisis Management*, New York / London: The Free Press.
15 Die Stärke demokratischer Gesellschaften hängt deshalb von wirklicher Gewaltenteilung, also den realen Möglichkeiten von Kontrolle und Korrektur ab. Weder der einzelne noch eine Gruppe «Aufrechter» allein kann den verschiedenen gesellschaftlichen Kräften und Interessen gegensteuern, die versuchen, private Ambitionen als Allgemeinwohl auszugeben. Dazu bedarf es starker Institutionen, die Gegengewichte schaffen – beispielsweise parlamentarische Kommissionen und eine freie Presse. Beides hat es in kommunistischen Gesellschaften nicht gegeben. Die herrschenden Parteien haben rationale Debatten von Problemen und problemorientiertes Coping systematisch unterdrückt, sich somit selbst geschwächt. Sie haben die Fähigkeiten reduziert, zweckmäßige Antworten auf veränderte gesellschaftliche Bedingungen zu finden.
16 Die Formulierung will Assoziationen wecken. Der Wiener Analytiker Erwin Rin-

gel untersuchte den Zusammenhang von individueller Entwicklung und gesellschaftlichen Verhältnissen und faßte seine Ergebnisse unter dem Titel *Selbstschädigung durch Neurose*, Wien: Herder, 1991, zusammen.

17 Mit unterschiedlichen Anforderungen setzen unterschiedliche Gesellschaften Menschen unterschiedlichem Stress aus, ihre Regeln, Normen und Werte haben unterschiedliche «Reichweite». Der Satz liest sich wie eine Selbstverständlichkeit, allerdings impliziert er, daß es nur Sinn macht, von gesellschaftlichen Einflüssen zu reden, wenn die Kategorien, mit denen diese Einflüsse bewertet werden, genau definiert sind und ausreichen, wesentliche Unterschiede der Gesellschaften zu markieren. Die Kategorie «Industriegesellschaft» zum Beispiel wird fragwürdig, wenn der Einfluß politischer Macht für die Formation der Gesellschaft bedeutsamer ist als das Niveau und die Organisation der Wirtschaft. Industrialisierung hat auch unter Stalins Diktatur stattgefunden, freilich unter ganz anderen Bedingungen als in den westlichen Nationen. In der Sowjetunion blieben dabei sechs Millionen Bauern auf der Strecke, Millionen Menschen wurden aus ihrer gewohnten Umgebung gerissen, und die kommunistische Partei etablierte eine Planungsbürokratie, die das Land schließlich mehr ruinierte, als dessen Entwicklung voranzubringen. In der DDR verlief dieser Prozeß weniger blutig, und die wirtschaftlichen Resultate waren nicht so katastrophal. Doch die SED kopierte das Konzept der Zwangskollektivierung, das System der Kommandowirtschaft und der totalitären Kontrolle und trieb das Land in gesellschaftliche Stagnation und wirtschaftlichen Bankrott.

18 P. Marris (1974), *Loss and Change*, London: Routledge & Kegan Paul.

19 L. I. Pearlin (1993), The Social Context of Stress. In: Goldberg & Breznitz, a. a. O., S. 303–315.

20 In (West)Deutschland zwang die 68er-Bewegung zu einer Auseinandersetzung mit der Nazizeit und schob eine Revolution politischer Kultur an. Sie beschleunigte die Transformation des deutschen Obrigkeitsstaates in eine moderne Demokratie. Je älter Menschen sind und je weniger sie in ihrem unmittelbaren Leben gezwungen waren, ihre Coping-Fähigkeiten laufend zu erweitern, desto mehr werden sie vom Tempo des allgemeinen Wandels abgehängt und zurückgelassen. Und desto rigider beharren sie darauf, daß früher alles besser war. Die Unterschiede sind heute in den neuen Bundesländern genauso zu beobachten. Älteren Menschen fällt die Anpassung an die neuen Verhältnisse schwerer als jüngeren. Rigide Charaktere bleiben eher zurück als flexible Persönlichkeiten.

21 Fast jeder Mensch erlebt im Laufe seines Lebens sozialen Wandel, der den Nutzen seiner Erfahrungen, seines gelernten Wissens und seiner Lebensentwürfe (zu einem gewissen Maße) entwertet. Die Generation unserer Eltern und Großeltern ist mit anderen Werten, Idealen und einer anderen Moral aufgewachsen. Die Gesellschaft hat an sie andere Anforderungen gestellt. Technik, Kommunikation und Arbeitsabläufe wurden enorm verändert. Entwicklungen in Wirtschaft und Politik sind vielfach nicht mehr von kleinen Zentren aus zu steuern, sondern unterliegen globalen Trends. Rascher sozialer Wandel setzt ältere und rigidere Menschen eher unter Stress. Je mehr von dem eigenen Selbst-Konzept erschüttert oder zerstört wird, um so dramatischer wird die Transformation erlebt. In dynamischen Gesellschaften ist der Anteil der rigiden Gruppen wahrscheinlich geringer als in statischen.

22 H. Häfner (1991), *Psychiatrie: Ein Lesebuch für Fortgeschrittene*, Stuttgart/Jena: Gustav Fischer, S. 130.

23 Jahoda/Larzarsfeld/Zeisel (1933), *Die Arbeitslosen von Marienthal*, Frankfurt: Suhrkamp, 1975.

24 A. a. O., S. 56.

25 A. a. O., S. 70.

26 A. a. O., S. 83.

27 Häfner, a. a. O., S. 129–142.

28 T. Kieselbach (1993), Massenarbeitslosigkeit und Gesundheit in der Ex-DDR: Soziale Konstruktion und individuelle Bewältigung, in: Kieselbach & Voigt (Hg.),

Systemumbruch. Arbeitslosigkeit und individuelle Bewältigung in der Ex-DDR, Weinheim: Deutscher Studien Verlag, S. 43–72.

29 Dauer/Wagner/Henning/Morgenstern (1993), *Arbeitslosigkeit und Gesundheit – erste Ergebnisse einer empirischen Studie*, in: Kieselbach & Voigt, a. a. O., S. 248–267.

30 P. Voigt & R. Hill (1993), *Arbeitslosigkeit – ein spezifisches Phänomen in den neuen Bundesländern? Der Versuch einer Antwort am Beispiel von Mecklenburg-Vorpommern*, in: Kieselbach & Voigt, a. a. O., S. 101–123, S. 111.

31 A. a. O., S. 110.

32 A. a. O.

33 Zit. nach: D. Pollack (1991), Sozialstruktur und Mentalität in Ostdeutschland, in: H. Meyer (Hg.), *Soziologen-Tag Leipzig 1991*, Berlin: Akademie-Verlag, 1992, S. 272–285, 275.

34 D. Pollack (1991), a. a. O.

35 M. Csikszentmihalyi & J. LeFevre (1989), Optimal Experience in Work and Leisure, *Journal of Personality and Social Psychology*, 56:5, S. 815–822.

36 Eine Übersicht geben M. u. I. S. Csikszentmihalyi (eds.), *Optimal experience – Psychological Studies of Flow in Consciousness*, New York: Cambridge University Press, 1992.

37 M. Csikszentmihalyi (1991), *Flow – The psychology of Optimal Experience*, New York: Harper Perennial.

38 Zit. in: I. Stratemann (1992), *Psychologische Aspekte des wirtschaftlichen Wiederaufbaus in den neuen Bundesländern*, Göttingen/Stuttgart: Verlag für Angewandte Psychologie, S. 11.

39 M. Frese & S. Hilligloh (1994), Eigeninitiative am Arbeitsplatz im Osten und Westen Deutschlands: Ergebnisse einer empirischen Untersuchung. In: G. Trommsdorff (Hg.), *Psychologische Aspekte des sozio-politischen Wandels in Ostdeutschland*, Berlin/New York: de Gruyter, 1994, S. 200–215, S. 211.

40 A. a. O., S. 213. Die Untersuchung stellt sehr ähnliche Ergebnisse vor wie die bereits zitierte Studie von Inkeles et al. (1967) über die anpassungs-resistenten Russen in den USA. Der Vergleich stützt die Annahme, daß es sich bei den beobachteten Einstellungen und Haltungen um Prägungen des kommunistischen Systems handelt.

41 Stratemann, a. a. O., S. 28.

42 A. a. O., S. 76.

43 A. a. O., S. 7 u. S. 146. Vermutlich ist bei Unternehmern, die nach neuen Gestaltungsmöglichkeiten suchen und bereit sind, Risiken auf sich zu nehmen, die Fähigkeit, neue Coping-Strategien zu entwickeln, sogar noch überdurchschnittlich groß.

44 M. Frese & K. Plüddemann (1993), Umstellungsbereitschaft im Osten und Westen Deutschlands, *Zeitschrift für Sozialpsychologie*, 24:3, S. 198–210, S. 209.

45 L. Marz (1992), Dispositionskosten des Transformationsprozesses, *Aus Politik und Zeitgeschehen*, Beilage zu der Zeitschrift *Das Parlament*, B 24, S. 3–14. Dabei sind in Ostdeutschland die Entwicklungsbedingungen günstiger als in anderen postkommunistischen Gesellschaften. Recht gut geht die Transformation in der Tschechischen Republik voran, weil es der Regierung gelungen ist, überzogene Erwartungen der Bevölkerung zu dämpfen. Schlechter ist die Lage in Bulgarien, Polen, Rumänien und Ungarn. Albanien hängt Jahrzehnte zurück. In Rußland erlebt die große Mehrheit der Bevölkerung den wirtschaftlichen Zusammenbruch schon jetzt als Katastrophe, obwohl die Massenarbeitslosigkeit erst noch bevorsteht. Die Gesetze des Marktes, Hyperinflation und der Kollaps der Verteilungssysteme treffen viele schockartig und lösen traumatische Ängste aus. Für schuldig werden die Reformer erklärt: Die meisten Russen wollen nicht akzeptieren, daß sie in dauernder Konformität mit kommunistischer Kommandowirtschaft den Untergang selbst vorbereitet haben.

46 U. Beck (1990), Ein Deutschland der Ungleichzeitigkeiten, *taz*, 24. 12. 1990.

47 G. Trommsdorff (1994), Psychologische Probleme bei den Transformationsprozes-

sen in Ostdeutschland. In: Trommsdorff (Hg.), *Psychologische Aspekte des sozio-politischen Wandels in Ostdeutschland*, Berlin / New York: de Gruyter, S. 3–16, S. 3 f.

48 R. Reißig (1993), Transformationsprozeß Ostdeutschland: Entwicklungsstand – Konflikte – Perspektiven. In: Reißig (Hg.), *Rückweg in die Zukunft – Über den schwierigen Transformationsprozeß in Ostdeutschland*, Frankfurt / New York: Campus, S. 11–48.

49 D. Pollack (1992), The Times, they are a-changing...: Anmerkungen zum Transformationsprozeß in Ostdeutschland, *BISS public*, 2:6, S. 49–61, S. 51.

50 S. Hradil (1992), «Lebensführung» im Umbruch, in: M. Thomas (Hg.), *Abbruch und Aufbruch*, Berlin: Akademie-Verlag, S. 183–197, S. 185.

51 R. Schwarzer (1994), Stress durch Wandel oder Wandel durch Stress? In: Schwarzer & Jerusalem (Hg., 1994), *Gesellschaftlicher Umbruch als kritisches Lebensereignis – Psychosoziale Krisenbewältigung von Übersiedlern und Ostdeutschen*, Weinheim / München: Juventa, S. 11–20, S. 19.

52 M. Jerusalem (1994), Stress und Stressbewältigung – Wie Ressourcen das Denken und Handeln verändern. In: Schwarzer & Jerusalem a. a. O., S. 125–151, S. 145.

53 Pollack, a. a. O., S. 54 f.

54 K. Belwe (1992), Zur psychosozialen Befindlichkeit der Menschen in den neuen Bundesländern, *Biss public*, 2:8, S. 5–24, S. 6 f.

55 A. a. O., S. 12.

56 K. U. Mayer (1993), Die soziale Ordnung der DDR und einige Folgen für die Inkorporation in die BRD, *Biss public*, 3:11, S. 39–55, S. 39.

57 Reißig (1993), a. a. O., S. 22.

58 M. Maron (1992), Was mich irritiert, ist diese Obrigkeitsgläubigkeit, Interview *Berliner Zeitung* Nr. 214.

59 J. Reich (1993), Am DDReizehnten Grad östlicher Länge, *Die Zeit* Nr. 46.

60 J. Neumann (1991), Psychiatry in Eastern Europe Today: Mental Health Status, Policies, and Practices, *American Journal of Psychiatry*, 148: 10, S. 1386–1389, S. 1387.

61 American Psychiatric Association (1994), *Diagnostic and Statistical Manual of Mental Disorders (Forth Edition) – DSM-IV*, Washington, DC: APA, S. 623 f.

62 Alle Zitate aus der deutschen Übersetzung *ICD–10*, Bern / Göttingen / Toronto / Seattle: Huber, S. 170–173.

63 P. Hummel (1992), Transkulturelle Probleme der Kinder- und Jugendpsychiatrie oder Folgen einer inversen Migration? – Zur Diagnostik und Behandlung von Kindern und Jugendlichen aus der ehemaligen DDR in der «alten» Bundesrepublik, *Prax. Kinderpsychol. Kinderpsychiat.*, 41:10, S. 356–361.

64 B. Winkelmann (1992), Manifestationen psychischer Störungen durch Belastungsfaktoren des historischen Umbruchs in der ehemaligen DDR, *Prax. Kinderpsychol. Kinderpsychiat.*, 41:10, S. 354–355.

65 Dies und die folgenden Zitate stammen, wenn nicht anders gekennzeichnet, aus persönlichen Interviews mit R. Plassmann vom Oktober 1994.

66 Die Fallbeispiele habe ich nach Angaben von R. Plassmann zusammengefaßt.

67 R. Plassmann (1994), Vortrag vor der Bundesversicherungsanstalt für Angestellte am 9. Juni in Berlin. Zitiert aus dem Manuskript, das mir der Autor persönlich zur Verfügung gestellt hat.

68 A. a. O.

69 A. a. O.

70 *Gesundheitsbericht des Freistaates Thüringen*, Hg.: Das Ministerium für Soziales und Gesundheit, Erfurt, März 1994.

71 J. C. Coyne & G. Downey (1991), Social Factors And Psychopathology: Stress, Social Support, And Coping, *Annual Review of Psychology*, 42, S. 401–425, S. 407, diskutieren einen vielfach vorgetragenen Einwand, nämlich, daß viele Menschen, die unter Stress leiden, nicht schon deshalb krank, zum Beispiel depressiv, werden, sondern nur wenn bereits zuvor eine Anfälligkeit für die seelische Störung bestan-

den habe. Demnach wäre Stress nicht die *Ursache* der Erkrankung. Die beiden amerikanischen Psychiater halten einen solchen Einwand allerdings für spitzfindig und argumentieren, daß diese Betrachtung die Dynamik einer sich entfaltenden Psychopathologie verkenne, nicht sehe, unter welchen Umständen sich Anfälligkeiten entwikkeln, *welche* persönlichen und sozialen Reserven verfügbar sind, um Stress zu begegnen.

72 In der Tradition der Wiener Schule rät Dietzel deshalb, im ersten diagnostischen Verfahren Achsensyndrome zu identifizieren: «Diese sind Indikatorensyndrome für primär biologisch bedingte psychische Störungen und grenzen damit die erlebnisaktiven (primär umweltbedingten) Störungen ab. Die Achsensyndrome dienen also sowohl zur positiven Diagnose biologisch bedingter (oder angenommener) psychischer Störungen als auch zur Ausschlußdiagnose erlebnisreaktiver Störungen. Mit diesem Verfahren soll allerdings keine Dichotomisierung (biologisch vs. umweltbedingt) erreicht werden, sondern eine Hilfe bei der Gewichtung verschiedener pathoplastischer Faktoren.» M. Dietzel (1993), Drittes Kapitel in: Dietzel / Dorow / Friedmann, *1 × 1 der Psychopharmaka*, Berlin / Heidelberg: Springer, 1993, S. 13–27, S. 13.

73 P. Gathmann (1990), *Pathologie des psychosomatischen Reaktionsmusters*, Berlin / Heidelberg: Springer, S. 27.

74 Gathmann / Linzmayer / Grünberger / Wiesnagrotzki (1987), Some Remarks on Imminent psychosomatic Decompensation as a Crisis Predictive Syndrome, *Congress Proceedings, XIII. International Congress for Suicide. Prevention and Crisis Intervention*, Wien, S. 384–386, S. 384.

75 Einen guten Überblick über den Zusammenhang von Stress und körperlicher Krankheit geben McCabe / Schneiderman / Field / Sykler (1991), *Stress, Coping, and Disease*, Hillsdale, NJ: Lawrence Erlbaum Associates.

76 H. Schröder (1990), Identität, Individualität und psychische Befindlichkeit des DDR-Bürgers im Umbruch, *Zeitschrift f. Sozialisationsforschung u. Erziehungssoziologie*, 1. Beiheft, S. 163–176, S. 175.

77 Daß Stress-Minderung ein verbreitetes Motiv für Alkoholgebrauch ist, glaubte auch Conger. Er stützte seine Schlußfolgerung auf Versuche mit Ratten und vermutete, Alkohol dämpfe natürliche Triebe. Sein Ansatz wurde bekannt als *tension reduction hypothesis (TRH)*. Conger bemerkte jedoch, daß Alkohol auch Konflikte und Ängste verstärken kann. J. J. Conger (1956), Reinforcement theory and the dynamics of alcoholism, *Quartely Journal of Studies on Alcohol*, 17, S. 296–305.

78 J. Gray (1978), The neuropsychology of anxiety, *The British Journal of Psychology*, 69, S., 417–434.

79 R. W. Levenson, K. Sher, L. Grossman, J. Newman, D. Newlin (1980), Alcohol and stress response dampening: Pharmacological effects, expectancy, and tension reduction, *Journal of Abnormal Psychology*, 89, S. 528–538.

80 Zit. in: K. J. Sher (1987), Stress Response Dampening, in: H. T. Blane & K. E. Leonard (eds.), a. a. O., S. 227–269, S. 250.

81 Zit. in: Sher, a. a. O.

82 Aus der Perspektive kognitiver Psychologie gewinnt Shers Schlußfolgerung zusätzliche Plausibilität: «Drinking is most likely to occur in response to a stressor when the probability that drinking behavior or intoxication will be punished is low and when alternative effective coping responses are not readily available. Presumably, when stress levels become intolerably high and individuals have limited coping resources, drinking behavior may occur even in the face of punishment.» A. a. O., S. 257.

83 R. H. Moos, J. W. Finney, D. A. Chan (1981), The process of recovery from alcoholism. I. Comparing alcoholic patients and matched community controls, *Journal of Studies on Alcohol*, 42, S. 383–402.

84 M. L. Cooper, M. Russell, J. B. Skinner, M. R. Frone, P. Mudar (1992), Stress and Alcohol Use: Moderating Effekts of Gender, Coping, and Alcohol Expectancies, *Journal of Abnormal Psychology*, 101:1, S. 139–152.

85 E. Winter (1992), Arznei- und Suchtmittelmißbrauch und -abhängigkeit in der ehe-

maligen DDR, in: Deutsche Hauptstelle gegen die Suchtgefahr (Hg.), *Medikamentenabhängigkeit*, Schriftenreihe zum Problem der Suchtgefahren, Bd. 34, Freiburg: Lambertus, S. 269–286, S. 270.

86 B. M. Segal (1990), *The Drunken Society – Alcohol Abuse and Alcoholism in the Soviet Union. A. Comparative Study*. New York: Hippocrene Books, S. 459.

87 E. J. Khantzian (1981), Some treatment implications of the ego and self disturbances in alcoholism, in: M. H. Bean & N. E. Zinberg (eds.), *Dynamic approaches to the understanding and treatment of alcoholism*, New York: Free Press, S. 163–206.

88 L. Wurmser (1978), *The hidden dimension*, New York: Jason Aronson.

89 H. Kohut (1971), *The Analysis of the Self*, New York: International University Press.

90 Kohut & Wolf (1983), Die Störungen des Selbst und ihre Behandlungen, in: U. H. Peters (Hg.), *Kindlers Psychologie des 20. Jahrhunderts – Psychiatrie*, Bd. 2, Weinheim / Basel: Beltz, S. 97–112.

91 M. Zuckerman (1979), *Sensation seeking: Beyond the optimal arousal*, New York: John Wiley & Sons.

92 In der ätiologischen Diskussion kann schon die Wahl der Begriffe *Alkoholgebrauch, Alkoholmißbrauch und Alkoholismus* zu unterschiedlicher Betrachtung führen. Die Grenzen sind in der Alkoholismusforschung nicht klar gezogen. Lesch hält dies für eine grundlegende Schwierigkeit: *«Nach dem heutigen Wissensstand existiert noch keine Methodik, die diese Probleme zuverlässig lösen kann.»* O. M. Lesch (1991), Klinisch-Psychiatrische Aspekte des chronischen Alkoholismus – Festvortrag zum Internationalen Symposium «Neue Wege in der Suchtberatung», 20.–25. Mai in Baden bei Wien. Veröffentlicht in: *Wiener Zeitschrift für Suchtforschung*. 14:3 / 4, S. 79–86, S. 79.

93 M. A. Schukit, T. L. Smith, R. Anthenelli, M. Irwin (1993), Clinical course of alcoholism in 636 male in-patients, *American Journal of Psychiatry*, 150:5, S. 786–792.

94 H. M. Trice (1992), Work-related risk factors associated with alcohol abuse, *Alcohol Health Res. World*, 16:2, S. 106–111.

95 M. Seemann, A. Z. Seeman, A. Burdos (1988), Powerlessness, Work, and Community: A Longitudinal Study of Alienation and Alcohol Use, *Journal of health and Social Behavior*, 29, S. 185–198.

96 W. Mittag & K. Schröder (1994), Gesundheitliches Risikoverhalten – Der Konsum von Tabak, Alkohol und Medikamenten. In: Schwarzer & Jerusalem, a. a. O., S. 199–225.

97 Statistisches Jahrbuch der DDR, 1990. Zit. nach *Indikatoren zum Gesundheitszustand der Bevölkerung in der ehemaligen DDR*. Schriftenreihe des Bundesministeriums für Gesundheit, Bd. 23, Baden-Baden: Nomos, 1993.

98 V. Kieselstein (1991), Suchtkrankenhilfe in der ehemaligen DDR – Strukturen, Methoden, Ergebnisse, *blv Schriftenreihe*, Heft 2, herausgegeben vom Badischen Landesverband gegen die Suchtgefahren, S. 3–13.

99 E. Nordlohne, M. Reißig, K. Hurrelmann (1993), Drogengebrauch in Ost und West: Zur Situation des Drogengebrauchs bei Jugendlichen in den alten und neuen Ländern der Bundesrepublik, *Sucht*, 39, S. 10–34.

100 E. Sieber (1991), Alkoholbezogene Diagnosen in der Krankenblattstatistik der ehemaligen DDR, *Sucht*, 37, S. 152–157.

101 Entsprechende Untersuchungen aus der DDR zitieren P. Brieler, R. Rühle, C. Jänsch (1993), Das Problem Alkohol in der früheren DDR – Anregungen zu einer notwendigen Diskussion, *Blutalkohol*, 30, S. 189–205.

102 *Jahrbuch Sucht '93*, Herausgegeben von der Deutschen Hauptstelle gegen die Suchtgefahren, Geesthacht: Neuland, 1992.

103 Gegen den Vergleich ist einzuwenden, daß die Zahlen der offiziellen DDR-Statistik möglicherweise nach unten manipuliert waren, um die Probleme herunterzuspielen oder bessere Daten als die Bundesrepublik vorzuweisen. Allerdings hätte die DDR nach dieser Logik nicht zugeben dürfen, daß der Spirituosenkonsum im Osten erheblich über dem Verbrauch im Westen lag. Da der nun festgestellte Spirituosenverbrauch in den neuen Bundesländern unter den früheren DDR-Quoten liegt, der Al-

koholkonsum insgesamt jedoch über den Angaben des staatlichen Jahrbuches, darf man annehmen, daß die offiziellen Zahlen der Wirklichkeit zumindest nahegekommen sind.

104 A. a. O., S. 38.

105 *ifo-schnelldienst*, 15 / 1991.

106 *Jahrbuch Sucht '93*, a. a. O., S. 36.

107 A. Hoth (1994), Alkoholismus bei Auszubildenden in Magdeburg, *Sucht*, 40, S. 12–21, S. 19.

108 Dauer / Wagner / Hennig / Morgenstern (1993). In: T. Kieselbach & P. Voigt, a. a. O., S. 260.

109 D. Henkel (1993), *Arbeitslosigkeit und Alkoholismus in den neuen Bundesländern der Ex-DDR*, in: Kieselbach / Voigt, a. a. O., S. 124–137, S. 136.

110 *Gesundheitsbericht des Freistaates Thüringen*, a. a. O., S. 63 f.

111 D. Henkel, a. a. O., S. 133.

112 J. Fekete (1994), *Tendency and Consequences of Alcohol Consumption in Hungary*, veröffentlicht von der «Sober life», National Association for Health and Family Protection in Budapest.

113 N. N. Ivanets, persönliches Interview, Oktober 1993.

114 A. a. O.

115 I. Torbakow (1992), The «Statists» and the Ideology of Russian Imperial Nationalism, *Radio Free Europe / Radio Liberty Research Report*, Vol. 1, Nr. 49, S. 10–16, S. 10.

116 P. Reddaway (1993), Russia on the Brink?, *The New York Review of Books*, 28. Jan., S. 30–35.

117 W. Thierse (1993), Ein schmerzhafter Prozeß, Ein Spiegel-Streitgespräch mit Wolfgang Schäuble, *Der Spiegel* Nr. 34, S. 24–27, S. 24.

118 A. a. O.

119 Neumann, a. a. O.

120 Horowitz / Stinson / Field (1991), Natural Disasters and Stress Response Syndromes. *Psychiatric Annals*, 21:9, S. 556–562.

121 P. J. Lang (1979), A Bio-Information Theory of Emotional Imagery, *Psychophysiology*, 16, S. 495–512. Fao / Stekete / Olasov-Rothbaum (1989), Behavioral / Cognitive Conceptualization of Post-Traumatic Stress Disorder, *Behavior Therapy*, 20, S. 155–176.

122 Seine Bedeutung wurzelt in dem zuvor dargelegten Konzept seelischer Struktur, also in dem Verständnis davon, was das Wesen des Selbst ausmacht. Zusätzlich nährt sich der Begriff aus dem Konzept über kognitive Schemata, denn so läßt sich verstehen, wie das (innere) Selbst sich zur (äußeren) Realität verhält.

123 DSM-IV, a. a. O., S. 426. Ein Verteidigungskrieg wird anders erlebt als ein Bürgerkrieg. Kein Krieg ist gleich flächendeckend. In jeder Revolution gibt es Sieger und Besiegte. Eine Umwälzung kann friedlich oder gewaltsam erfolgen. Oft bleibt die große Volksmasse unbeteiligt an der unmittelbaren revolutionären Aktion. 1789 stürmte nicht ganz Frankreich die Bastille. 1989 demonstrierte nicht *die* DDR in Leipzig. In jeder gesellschaftlichen Umwälzung gibt es Gewinner und Verlierer. Auf dem Spiel stehen Geld, Macht und Prestige.

124 A. a. O., S. 424 f.

125 J. S. Kroll-Smith & S. R. Couch (1993), Technological Hazards – Social response as Traumatic Stressors, in: Wilson & Raphael (eds.): *International Handbook of Traumatic Stress Syndromes*, New York / London: Plenum Press, S. 79–91.

126 Green / Lindy / Grace / Leonard (1992), Chronic Posttraumatic Stress Disorder and Diagnostic Comorbidity in a Disaster Sample, *Journal of Nervous and Mental Disease*, 180:12, S. 760–766.

127 K. T. Erikson (1976), *Everything in Its Path – Destruction of Community in the Buffalo Creek Flood*, New York: Simon and Schuster.

128 Palinka / Russell / Downs / Petterson (1992), Ethnic Differences in Stress, Coping,

Depressive Symptoms after the Exxon Valdez Oil Spill, *Journal of Nervous and Mental Disease*, 180:5, S. 287–295.

129 J. Mirowsky & C. E. Ross (1989), Social patterns of distress, in: A. Inkles (ed.), *Annual review of sociology*, Palo Alto, CA: Annual Reviews, S. 23-45.

130 S. Fischer & J. Reason (1988), Handbook of Life Stress Cognition and Health, Wiley, zit. nach A. J. Allinson (1991), Post-Traumatic Stress Disorder: A British Perspective, *Medicine, Science, and Law*, 31:3, S. 264–270, S. 266.

131 G. J. Powell & R. E. Doan (1992), Combat and Social Support as Variables in Perceived Symptomatology of Combat-Related Posttraumatic Stress Disorder, *Psychological Reports*, 70, S. 1187–1194.

Die neue Weltunordnung

1 K. Jowitt (1992), a. a. O., S. 264.

2 A. a. O., S. 300.

3 A. a. O., S. 275.

4 R. Reich (1992), *The Work of Nations*, New York: Vintage Books.

5 U. Beck (1993), *Die Erfindung des Politischen*, Frankfurt: Suhrkamp, S. 35.

6 U. Beck (1986), *Risikogesellschaft – Auf dem Weg in eine andere Moderne*, Frankfurt: Suhrkamp, S. 216.

7 A. a. O., S. 217.

8 Die Diskussion der Politischen Philosophie in Amerika ist seit einigen Jahren von der Frage bestimmt, ob die moderne Gesellschaft ihren Bürgern noch Bindungen und Werte bietet, um als *Gemeinschaft* bestehen zu können. Die Debatte wird unter dem Titel *Kommunitarismus* geführt. Einen Überblick gibt Honneth (1993). Merkwürdigerweise debattieren in Deutschland eher Soziologen als Psychologen über die Problematik. A. Honneth (1993), Kommunitarismus – *Eine Debatte über die moralischen Grundlagen moderner Gesellschaften*, Frankfurt / New York: Campus.

9 W. Heitmeyer u. a. (1992), *Die Bielefelder Rechtsextremismus-Studie*, Weinheim / München: Juventa, S. 19.

10 K. Weiß (1993), Verlorene Hoffnung der Einheit, *Der Spiegel*, Nr. 46 / 1993.

11 J. S. Grotstein (1983), Some Perspectives on Self Psychology. In: A. Goldberg (1983), *The Future of Psychoanalysis*, New York: International University Press, S. 165–201, S. 185.

12 Die emotionalen Beziehungen zu Sportlern oder Sportmannschaften verdeutlichen, wie Selbstobjekt-Erfahrungen Selbstwertgefühle beeinflussen. Durch Identifikation nehmen die Anhänger teil an Siegen und Niederlagen. Durch Identifikation entstehen Gruppenidentitäten. Erfolge von Sportlern können ganze Nationen in Hochgefühle versetzen. Als Deutschland 1954 Fußballweltmeister wurde, galt die Parole *«Wir sind wieder wer»*. Durch den Medaillensegen bei Olympischen Spielen glich die DDR nationale Minderwertigkeitsgefühle gegenüber der Bundesrepublik aus. Wettkämpfe bestimmen Prestige. Niederlagen im Sport können als persönliche Schmach oder nationales Disaster erlebt werden, Depressionen hervorrufen oder Gewalt auslösen.

13 H. Kelman (1993), *National Self-Determination and Ethnic Cleansing: Protecting Human Rights in Identity Conflicts*, Keynote adress to «Identity-Driven Conflict in the Post Cold War-World: A Conference in Honor of the Memory of Edward E. Azar», University of Maryland, 15. Okt. Unveröffentlichtes Redemanuskript.

14 Meist ist die Idee von der Nation mit Vorstellungen kultureller Identität verbunden. Die Phantasien können vage und provinziell sein. Was naheliegt, ist leichter erfahrbar und erhält eher Bedeutung.

15 Grotstein, a. a. O.

16 A. a. O., S. 26.

17 K.-H. Hondrich (1994), Grenzen gegen die Gewalt, *Die Zeit*; Nr. 5 / 1994.

18 J. Habermas (1992), Die zweite Lebenslüge der Bundesrepublik: Wir sind wieder «normal» geworden, *Die Zeit*, Nr. 51 / 1992.
19 C. G. Jung (1945), Nach der Katastrophe, *Gesammelte Werke*, Bd. 10, S. 217–244, S. 233.
20 A. a. O., S. 235.
21 Bei Vorträgen, die ich in Amerika über das Thema «Wie häßlich sind die Deutschen» gehalten habe, stimmten selbst Germanophile den Jung-Zitaten zu. Sie seien zwar sehr pointiert, träfen jedoch einen wahren Kern, meinte zum Beispiel das Publikum in Harvard oder der Universität von Chicago. Es ist zu vermuten, daß die Bilder, die Deutsche bei Ausländern entstehen lassen, durchaus mit ihrem Verhalten zu tun haben. Der besserwisserische, angeberische, leicht aggressive und doch unsichere Deutsche ist in transatlantischen Diskussionsrunden kein Unbekannter.
22 Die Entwicklung beschreiben zum Beispiel: G. A. Craig (1991), *The Germans*, New York: Meridian. C. S. Maier (1988), *The Unmasterable Past*, Cambridge, MA / London: Harvard University Press. F. Stern (1992), *The Failure of Illiberalism*, New York: Columbia University Press.
23 W. Heitmeyer (1993), Entsicherungen. Individualisierungsprozesse und Gewalt, in Beck / Beck-Gernsheim, *Riskante Freiheiten – Zur Individualisierung von Lebensformen in der Moderne*, Frankfurt: Suhrkamp. Zit. nach Druckvorlage.
24 H. Willems (1993), *Fremdenfeindliche Gewalt*, Opladen: Leske & Buderich, S. 139–145.
25 H. Willems, S. Würtz, R. Eckert (1993), *Fremdenfeindliche Gewalt: Eine Analyse von Täterstrukturen und Eskalationsprozessen.* Forschungsbericht – vorgelegt dem Bundesministerium für Frauen und Jugend und der Deutschen Forschungsgemeinschaft, S. 134.
26 Unter Berufung auf das Statistische Bundesamt nennt die *Süddeutsche Zeitung* vom 18. 2. 1992 folgende Zahlen: Insgesamt leben in Deutschland 6,496 Mio. Ausländer, davon 6,313 Mio. in den alten und nur 183 000 in den neuen Bundesländern. Das Verhältnis beträgt 97 Prozent (im Westen) zu 3 Prozent (im Osten).
27 H. Müller & W. Schubarth (1992), Rechtsextremismus und aktuelle Befindlichkeiten von Jugendlichen in den neuen Bundesländern, *Aus Politik und Zeitgeschehen*, Beilage zu der Zeitschrift *Das Parlament*, B 38, S. 16–18.
28 Die Angabe über die Zustimmung zu der Parole «Ausländer raus!» ist ergänzt aus W. Schubarth (1992), *Arbeitslosigkeit und Rechtsextremismus in den neuen Bundesländern*, in: Kieselbach / Voigt, a. a. O., S. 383–392, S. 390.
29 Müller / Schubarth, a. a. O., S. 19.
30 G. Lederer, J. Nerger, S. Rippl, P. Schmidt, C. Seipel (1991), Autoritarismus unter Jugendlichen der ehemaligen DDR, *Deutschland Archiv*, S. 587–596.
31 Zitiert nach dem *Kinder- und Jugendbericht 1994 der Landesregierung Potsdam*, verabschiedet am 22. 2. 1994, S. 28 f.
32 Umfrage von Infratest Burke, *Die Zeit*, 30. September 1994.
33 Spiegel-Gespräch mit Günter de Bruyn, *Der Spiegel*, Nr. 30 / 1994.
34 E. Noelle-Neumann in der *FAZ* vom 19. Oktober 1994.
35 Zit. nach *Wochenpost* Nr. 31 / 1994.
36 L. Rathenow (1994), Das hätte es damals nicht gegeben – Gedanken über das neue Leben in Ost-Berlin, Süddeutsche Zeitung vom 13. / 14. August.
37 Zit. nach *Wochenpost*, Nr. 31 / 1994.
38 Aus einem Spiegel-Gespräch mit Angela Merkel, *Der Spiegel*, Nr. 28 / 1994.
39 Rupert Scholz in der *Süddeutschen Zeitung* vom 19. Oktober 1994.
40 Infas-Wahlanalyse zitiert nach der *Süddeutschen Zeitung* vom 18. Oktober 1994.
41 Die *Forschungsgruppe Wahlen* hat die Zahlen im August 1994 für das *ZDF-Politbarometer* erhoben.
42 Alle Zitate aus einem Spiegel-Gespräch mit Gregor Gysi, *Der Spiegel*, Nr. 31 / 1994.
43 Andre Brie gegenüber der Zeitschrift *Die Zeit*, Nr. 26 / 1994.
44 Zit. nach *Wochenpost*, Nr. 31 / 1994.

45 Alle Zitate aus einem Interview mit Lothar Bisky in *DIE WOCHE*, 21. Juli 1994.
46 Alle Zitate aus de Bruyn, a. a. O.
47 Interview mit der *Süddeutschen Zeitung*, Nr. 155/1994.
48 C. Graf v. Krockow (1993), *Die Deutschen vor ihrer Zukunft*, Berlin: Rowohlt, S. 26.
49 E. Eppler (1994), Das fossile Ärgernis, *Der Spiegel*, Nr. 29/1994.
50 Becker/Hänsgen/Lindinger (1991), Ostdeutsche und Westdeutsche im Spiegel dreier Fragebogentests, *Trierer Psychologische Berichte*, Bd. 18, Heft 3.
51 A. a. O., S. 54.
52 Palentien/Pollmer/Hurrelmann (1993), Ausbildungs- und Zukunftsperspektiven ostdeutscher Jugendlicher nach der politischen Vereinigung Deutschlands, *Aus Politik und Zeitgeschehen*, Beilage zu der Zeitschrift *Das Parlament* B 24, S. 3–13.
53 A. a. O., S. 13 u. S. 10f.
54 K. Hurrelmann & K. Pollmer (1994), Gewalttätige Verhaltensweisen von Jugendlichen in Sachsen – ein speziell ostdeutsches Problem?, *Kind–Jugend–Gesellschaft*, 39:1, S. 3–12.
55 Diese und die folgenden *Allensbach*-Zahlen hat mir das Institut zur Verfügung gestellt; sie wurden fortlaufend in der bundesdeutschen Presse veröffentlicht.
56 Diese und die folgenden *EMNID*-Zahlen hat mir der *Spiegel* zur Verfügung gestellt.
57 *Die Zeit*, 1. Oktober 1993.
58 *Die Zeit* 30. September 1994.
59 Der Politikwissenschaftler Robert Keohane beschreibt und erklärt die amerikanische Strategie nüchtern und präzise. R. O. Keohane (1984), *After Hegemony – Cooperation and Discord in the World Political Economy, Princeton*, NJ: Princeton University Press.
60 J. Borneman (1992), *Belonging in the two Berlins*, New York: Cambridge University Press, S. 24.
61 Habermas, a. a. O.
62 C. Stephan (1993), *Der Betroffenheitskult – Eine politische Sittengeschichte*, Berlin: Rowohlt, S. 71.
63 Zur Entpolitisierung trägt das Fernsehen gehörig bei. Es hat sich zur Aufgabe gestellt, ständig neue Betroffenheit zu erzeugen. Berichte gelten als besonders sendefähig, wenn sie sensationelle Bilder liefern, am besten von Kriegen und Katastrophen. Die Reporter müssen «vor Ort» sein, Betroffenheit erleben und dem Zuschauer «rüberbringen». Sie rasen immer schneller von einem Unglück zum nächsten, erklären immer weniger, weil Erklärung nicht mehr gefragt ist und die einzelnen Beiträge schon so kurz geworden sind, daß man beim besten Willen nicht viel erklären kann. Mittlerweile ist schwer zu entscheiden, ob das Fernsehen eher zu Aufklärung beiträgt oder zu einer Unterhaltung, die notwendige politische Debatten verdrängt. Nach über drei Jahren Kriegsberichterstattung aus dem ehemaligen Jugoslawien fragen mich immer wieder Leute, weshalb dort eigentlich wer auf wen schießt. Sehr viel Erhellendes zum Hintergrund scheint das Fernsehen nicht beizutragen. Im übrigen gleichen sich die Bilder von den Fronten, und vermutlich würde es kaum jemandem auffallen, wenn die Lage in Bosnien unter Bildern aus Aserbaidschan beschrieben würde.
64 P. Zelikow (1992), The new Concert of Europe, *Survival*, Vol. 34, S. 12–30.

Literatur

Aas, H., & Klepp, K. L. (1992), Adolescents' alcohol use related to perceived norms, *Scandinavian Journal of Psychology*, 33:4, S. 315–325.

American Psychiatric Association (1994), *Diagnostic and Statistical Manual of Mental Disorders (Forth Edition) – DSM-IV*, Washington, DC: APA.

Arendt, H. (1958), The Human Condition, Chicago: The University of Chicago Press.

– (1975), *The origins of Totalitarianism*, Orlando: HBJ.

Ash, S. E. (1955), Opinions and social pressure, *Scientific American*, 193, S. 31–35.

Autorenkollektiv unter Leitung von H. Hiebsch & M. Vorwerg (1979), *Sozialpsychologie*, Berlin: VEB Deutscher Verlag der Wissenschaften.

Bach, O. (1990), Entwicklung und Stand der Versorgung psychisch Kranker und Behinderter auf dem Gebiet der ehemaligen DDR. In: W. Picard & F. Reimer (Hg.), a. a. O., S. 25–30.

– (1991), Rektoratsrede gehalten anläßlich der Rektoratsübergabe an der Medizinischen Akademie «Carl Gustav Carus» Dresden, 26. Juni. Unveröffentlichtes Redemanuskript.

– (1993), Leben in der Nische oder – Praxis der «Staatsnähe». In: *Pro Et Contra Tempora Praeterita*, Schriften der Medizinischen Akademie Dresden, Bd. 27, Dresden: Carus Akademie, S. 87–91.

– (1994), Ansprache zur Gründung der Medizinischen Fakultät «Carl Gustav Carus» der Technischen Universität Dresden. In: *Wissenschaftliche Zeitung der TU Dresden*, 43:1, S. 84–87.

Bandura, A. (1982), Self-efficacy mechanism in human agency, *American Psychologist*, 37, S. 122–147.

Bandura, A., & Adams, N. E. (1977), Analysis of self-efficacy theory of behavioral change, *Cognitive Therapy and Research*, 1, S. 287–310.

Bandura, A., & Walters, R. H. (1963), *Social learning and personality development*, New York: Holt, Rinehart & Winston.

Basch, M. F. (1985), New Directions in Psychoanalysis, *Psychoanalytic Psychology*, 2:1, S. 1–13.

– (1992), *Practicing Psychotherapy*, New York: BasicBooks.

Beck, A. T. (1979), *Cognitive Therapy Of Depression*, New York: The Guilford Press.

Beck, A. T., & Weishaar, M. (1989), Cognitive Therapy. In: Freemann / Simon / Beutler / Arkowitz, *Comprehensive Handbook of Cognitive Therapy*, New York / London: Plenum Press, 1989, S. 21–36.

Beck, U. (1986), *Risikogesellschaft – Auf dem Weg in eine andere Moderne*, Frankfurt a. M.: Suhrkamp.

– (1990), Ein Deutschland der Ungleichzeitigkeiten, *taz*, 24. 12. 1990.

– (1993), *Die Erfindung des Politischen*, Frankfurt: Suhrkamp.

Becker / Hänsgen / Lindinger (1991), Ostdeutsche und Westdeutsche im Spiegel dreier Fragebogentests, *Trierer Psychologische Berichte*, Bd. 18, Heft 3.

Belwe, K. (1992), Zur psychosozialen Befindlichkeit der Menschen in den neuen Bundesländern, *Biss public*, 2:8, S. 5–24.

Berger, G. (1988), *«Mir langt's, ich gehe» – Der Lebensweg eines DDR-Atomphysikers von Anpassung zu Aufruhr*, Freiburg: Herder.

Berger, H. (1990), Die ambulante Versorgung psychisch Kranker und Behinderter durch

poliklinische Einrichtungen und Psychiatrische Beratungsstellen in der ehemaligen DDR. In: Picard & Riemer, a. a. O., S. 108–115.
Berner, P. (1982), *Psychiatrische Systematik*, Bern / Stuttgart / Wien: Verlag Hans Huber.
– (1983), Psychologie des Wahns, In: U. H. Peters (Hg.), *Kindlers «Psychologie des 20. Jahrhunderts» – Psychiatrie*, Band 1, S. 515–538.
Bierwisch, M. (1990), Wissenschaft im realen Sozialismus, *Kursbuch* 101, S. 112–123, S. 113.
Blane, H. T., & Leonard, K. E. (eds., 1987), *Psychological Theories of Drinking and Alcoholism*, New York / London: The Guilford Press.
Bleuler, E., *Lehrbuch der Psychiatrie*, bearbeitet von M. Bleuler (1972), Berlin / Heidelberg / New York: Springer.
Bloch, S., & Reddaway, P. (1977), *Russia's Political Hospitals*, London: Victor Gollancz LTD.
Borneman, J. (1992), *Belonging in the two Berlins*, New York: Cambridge University Press.
Bradlyn / Strickler / Maxwell (1981), Alcohol, expectancy and stress: Methodological concerns with the expectancy design, *Addictive Behavior*, 6, S. 1–8.
Brieler / Rühle / Jänsch (1993), Das Problem Alkohol in der früheren DDR – Anregungen zu einer notwendigen Diskussion, *Blutalkohol*, 30, S. 189–205.
Cappell, H., & Greely, J. (1987), *Alcohol and Tension Reduction: An Update on Research and Theory*. In: Blane / Leonard (eds.), a. a. O., S. 15–24.
Caroll / Greden / Feinberg (1980), Neuroendocrine disturbances and the diagnosis and etiology of endogenous depression, *Lancet*, 1, S. 321–322.
Cloninger / Reich / Wetzel (1979), Alcoholism and Affective Disorders: Familial Associations and Genetic Models, in: D. W. Goodwin & C. K. Erikson (eds.) *Alcoholism and Affective Disorders*, New York: SP Medical and Scientific Books.
Conger, J. J. (1956), Reinforcement theory and the dynamics of alcoholism, *Quarterly Journal of Studies on Alcohol*, 17, S. 296–305.
Cooper / Russell / Skinner / Fronce / Mudar (1992), Stress and Alcohol Use: Moderating Effects of Gender, Coping, and Alcohol Expectancies, *Journal of Abnormal Psychology*, 101:1, S. 139–152.
Coyne, J. C., & Downey, G. (1991), Social Factors And Psychopathology: Stress, Social Support, And Coping, *Annual Review of Psychology*, 42, S. 401–425.
Craig, G. A. (1991), *The Germans*, New York: Meridian.
Csikszentmihalyi, M. (1967), Marx: A Socio-Psychological Evaluation, *Modern Age*, 11:3, S. 273–282.
– (1991), *Flow – The Psychology of Optimal Experience*, New York: Harper Perennial.
– (1993), *The Evolving Self*, New York: HarperCollins.
Csikszentmihalyi, M., & LeFevre, J. (1989), Optimal Experience in Work and Leisure, *Journal of Personality and Social Psychology*, 56:5, S. 815–822.
Csikszentmihalyi, M., & Csikszentmihalyi, I. S., (eds., 1992), *Optimal experience – Psychological Studies of Flow in Consciousness*, New York: Cambridge University Press.
Dalbert, C. (1993), Psychisches Wohlbefinden und Persönlichkeit in Ost und West: Vergleich von Sozialisationseffekten in der früheren DDR und der alten BRD, *Zeitschrift für Sozialisationsforschung und Erziehungssoziologie* 13:1, S. 82–94.
Dauer / Wagner / Henning / Morgenstern (1993), *Arbeitslosigkeit und Gesundheit – erste Ergebnisse einer empirischen Studie*. In: Kieselbach & Voigt, a. a. O., S. 248–267.
Deutsch, M., & Gerhard, H. (1955), A study of normative and informal social influences on individual judgment, *Journal of Abnormal and Social Psychology*, 51, S. 629–636.
Dietzel / Dorow / Friedmann (1993), *1 × 1 der Psychopharmaka*, Berlin / Heidelberg: Springer.
Donovan, J. M. (1986), An Etiological Model of Alcoholism, *The American Journal of Psychiatry*, 143, S. 1–11.
Eckstaedt, A. (1992), *Nationalsozialismus in der «zweiten Generation»*, Frankfurt: Suhrkamp.

Eichhorn, H. (1988), Die Entwicklung der Fachgebiete Psychiatrie und Psychotherapie in der DDR, *Psychiatrische Praxis*, 15, S. 15–20.
Engels, F., Anti-Dühring, *Marx Engels Werke (MEW)*, Bd. 20, Berlin: Dietz, 1975, S. 5–303.
Engels, F., & Marx, K., Die heilige Familie oder Kritik der kritischen Kritik, *MEW*, Bd. 2, Berlin: Dietz, 1974, S. 3–223.
Eppelmann, R. (1993), *Fremd im eigenen Haus – Mein Leben im anderen Deutschland*, Köln: Kiepenheuer & Witsch.
Erikson, E. H. (1959), *Identity and the life cycle*, New York: International Universities Press.
Erikson, K. T. (1976), *Everything in Its Path – Destruction of Community in the Buffalo Creek Flood*, New York: Simon and Schuster.
Fao/Steketee/Olasov-Rothbaum (1989), Behavioral/Cognitive Conceptualization of Post-Traumatic Stress Disorder, *Behavior Therapy*, 20, S. 155–176.
Fekete, J. (1994), *Tendency and Consequences of Alcohol Consumption in Hungary*, veröffentlicht von der «Sober life» National Association for Health and Family Protection in Budapest.
Festinger, L., (1950), Informal social communication, *Psychological Review*, 57, S. 271 ff.
– (1957), *A theory of cognitive dissonance*, Evanston, Il.: Row, Peterson.
Finn/Earleywine/Pihl (1992), Sensation Seeking Stress Reactivity, and Alcohol Dampening Discriminate the Density of a Family History of Alcoholism, *Alcoholism: Clinical and Experimental Research*, 16:3, S. 585–590.
Fischer, S., & Reason, J. (1988), Handbook of Life Stress Cognition and Health, Wiley, zit. nach A. J. Allinson (1991), Post-Traumatic Stress Disorder: A British Perspective, *Medicine, Science, and Law*, 31:3, S. 264–270.
Fishbein, D. J. (1991), Do Dna: Alcoholism in the Soviet Union, *JAMA*, Sept. 4, S. 1212–1214.
Foucault, M. (1977), Confinement, Psychiatry, Prison. In: L. D. Kritzman (ed., 1990), *Michel Foucault – Politics, Philosophy, Culture. Interviews and other writings 1977–1984*, New York/London: Routledge, S. 178–210.
Frese, M., & Plüddemann, K. (1993), Umstellungsbereitschaft im Osten und Westen Deutschlands, *Zeitschrift für Sozialpsychologie* 24:3, S. 198–210.
Frese, M., & Hillighloh, S. (1994), *Eigeninitiative am Arbeitsplatz im Osten und Westen Deutschlands: Ergebnisse einer empirischen Untersuchung*. In: Trommsdorff (Hg.), a. a. O., S. 200–215.
Friedrich, W. (1990), Mentalitätswandel der Jugend in der DDR, *Aus Politik und Zeitgeschehen* – Beilage zu der Wochenzeitschrift *Das Parlament*, B 16–17, S. 25–37.
Fukuyama, F. (1989), The End of History?, *The National Interest*, Nr. 16.
Garber/Miller/Seaman (1979), Learned Helplessness, Stress, and the Depressive Disorder. In: R. A. Dupue (ed.), *The Psychobiology of the Depressive Disorders Implications for the Effects of Stress*, S. 335–363, New York: The Academic Press.
Gathmann, P. (1988), Arbeitswelt und Psychosomatische Erkrankung, Bericht zum Jubiläumsfondsprojekt Nr. 2110 der Österreichischen Nationalbank. Unveröffentlichtes Manuskript.
– (1990), *Pathologie des psychosomatischen Reaktionsmusters*. Berlin/Heidelberg: Springer.
Gathmann/Linzmayer/Grünberger/Wiesnagrotzki (1987), Some Remarks on Imminent Psychosomatic Decompensation as a Crisis Predictive Syndrome, *Congress Proceedings, XIII. International Congress for Suicide. Prevention and Crists Intervention*, Wien, S. 384–386.
Gaus, G. (1983), *Wo Deutschland liegt – Eine Ortsbestimmung*, Hamburg: Hoffmann und Campe.
Gesundheitsbericht des Freistaates Thüringen, Hg.: Ministerium für Soziales und Gesundheit, Erfurt, März 1994.
Giesen, B., & Leggewie, C. (Hg., 1991), *Experiment Vereinigung – Ein sozialer Großversuch*, Berlin: Rotbuch.

Goldberg, A. (1988), *A Fresh Look at Psychoanalysis – The View from Self Psychology*, Hillsdale, NJ: The Atlantic Press, S. XV.
– (1990), *The Prisonhouse of Psychoanalysis*, Hillsdale, NJ: The Atlantic Press.
Goldberger, I., & Breznitz, S. (eds., 1993), *Handbook of Stress*, 2nd Edition, New York: The Free Press.
Goodwin / Schulsinger / Hermansen / Guze / Winokur (1973), Alcohol Problems in Adoptees raised appart from biological parents, *Arch. Gen. Psychiatry*, 28, S. 238–243.
Goodwin / Schulsinger / Moller / Hermansen / Winokur / Guze (1974), Drinking Problems in Adopted and Non-adopted Sons of Alcoholics, *Arch. Gen. Psychiatry*, 31, S. 164–169.
Gray, J. (1978), The neuropsychology of anxiety, *The British Journal of Psychology* 69, S. 417–434.
Green / Wilson / Lindy (1985), Conceptualizing Posttraumatic Stress Disorder. A Psychosocial Framework. In: C. Figley (ed.), *Trauma and its Wake*, New York Brunner / Mazel, S. 53–69.
Green / Lindy / Grace / Leonard (1992), Chronic Posttraumatic Stress Disorder and Diagnostic Comorbidity in a Disaster Sample, *Journal of Nervous and Mental Disease*, 180:12, S. 760–766.
Grotstein, J. S. (1983), Some Perspectives on Self Psychology. In: A. Goldberg (1983), *The Future of Psychoanalysis*, New York: International University Press, S. 165–201.
Gruen A. (1991), *Falsche Götter – Über Liebe, Haß und die Schwierigkeit des Friedens*, Düsseldorf / Wien / New York: Econ Verlag.
A. Grunenberg (1993), *Antifaschismus – ein deutscher Mythos*, Reinbek: rororo, S. 132.
Haas, S. (1972), *Inhalt der Wahnvorstellungen in Beziehung zur präpsychotischen Lebenseinstellung*, Dissertation im Fachbereich Medizin an der Universität Hamburg.
Habermas (1992), Die zweite Lebenslüge der Bundesrepublik: Wir sind wieder «normal» geworden, *Die Zeit*, Nr. 51 / 1992.
Häfner, H. (1991), *Psychiatrie: Ein Lesebuch für Fortgeschrittene*, Stuttgart / Jena: Gustav Fischer.
Handbuch gesellschaftlicher Organisationen in der DDR, Berlin: Staatsverlag der Deutschen Demokratischen Republik, 1985.
Hartmann, H. (1950), Comments on psychoanalytic theory of ego. In: *Essays on Ego Psychology*, New York: IUP, 1964.
Hartmann, H. (1958), *Ego Psychology and the problem of adaptation*, New York: International Universities Press.
Heitmeyer, W., u. a. (1992), *Die Bielefelder Rechtsextremismus-Studie*, Weinheim / München: Juventa.
Heitmeyer, W. (1993), Entsicherungen. Individualisierungsprozesse und Gewalt, in Beck / Beck-Gernsheim, *Riskante Freiheiten – Zur Individualisierung von Lebensformen in der Moderne*, Frankfurt: Suhrkamp.
Henrich, R. (1989), *Der vormundschaftliche Staat*, Reinbek bei Hamburg: rororo aktuell.
Herles, W. (1990), *Nationalrausch*, München: Kindler.
Hill, S. Y., & Hruska, D. R. (1992), Childhood psychopathology in families with multigenerational alcoholism, *J. Am. Acad. Child Adolec. Psychiatry*, 31:6, S. 1024–1031.
Höfler, C. (1992), Psychosoziale Belastungsfaktoren im historischen Umbruch, *Prax. Kinderpsychol. Kinderpsychiat.*, 41:10, S. 350–353.
Hofmann, J., & Tiedtke, M. (1990), Thesen zur Erziehungsauffassung – Versuch einer Alternative. In: Land u. a. (Hg.), *Aufbruch in die Zukunft – Junge Wissenschaftler zu Gesellschaft und Erziehung*, Berlin: Volk und Wissen, S. 130–176.
Hondrich, K. H. (1994), Grenzen gegen die Gewalt, *Die Zeit*, Nr. 5 / 1994.
Honneth, A. (Hg., 1993), *Kommunitarismus – Eine Debatte über die moralischen Grundlagen moderner Gesellschaften*, Frankfurt / New York: Campus.
Horn, G. (1991), *Freiheit, die ich meine*, Hamburg: Hoffmann & Campe.
Horowitz / Stinson / Field (1991), Natural Disasters and Stress Response Syndromes, *Psychiatric Annals*, 21:9, S. 556–562.

Hoth, A. (1994), Alkoholismus bei Auszubildenden in Magdeburg, *Sucht*, 40, S. 12–21.
Hummel, P. (1992), Transkulturelle Probleme der Kinder- und Jugendpsychiatrie oder Folgen einer inversen Migration? – Zur Diagnostik und Behandlung von Kindern und Jugendlichen aus der ehemaligen DDR in der «alten» Bundesrepublik, *Prax. Kinderpsychol. Kinderpsychiat.*, 41:10, S. 356–361.
Hurrelmann, K., & Pollmer, K. (1994), Gewalttätige Verhaltensweisen von Jugendlichen in Sachsen – ein speziell ostdeutsches Problem?, *Kind–Jugend–Gesellschaft*, 39:1, S. 3–12.
ICD-10 – Internationale Klassifikation psychischer Störungen, Bern/Göttingen/Toronto/Seattle: Verlag Hans Huber.
Indikatoren zum Gesundheitszustand der Bevölkerung in der ehemaligen DDR. Band 23. Schriftenreihe des Bundesministeriums für Gesundheit. Baden-Baden: Nomos, 1993.
Inglehart, R. (1990), *Culture Shift*, Princeton/NJ: Princeton University Press.
Inkeles/Hanfman/Beier (1967), Modal Personality and Adjustment to the Soviet Socio-Political System, in: R. Hunt (ed.), *Personalities and Cultures*, Garden City, NY: The Natural History Press, S. 312–339.
Jahoda/Larzarsfeld/Zeisel (1933), *Die Arbeitslosen von Marienthal*, Frankfurt: Suhrkamp, 1975.
Jahrbuch Sucht '93, Herausgegeben von der deutschen Hauptstelle gegen die Suchtgefahren, Geesthacht: Neuland, 1992.
Janis, I. L. (1989), *Crucial Decisions – Leadership in Policymaking and Crisis Management*, New York/London: The Free Press.
Janka, W. (1989), *Schwierigkeiten mit der Wahrheit*, Reinbek bei Hamburg: rororo, S. 89.
Jaspers, K. (1973), *Allgemeine Psychopathologie*, Berlin/Heidelberg: Springer.
Jellinek, E. M. (1945), The problem of alcohol. In: *Yale Studies on Alcohol, a.a.O.*, S. 13–30.
Jones, J. C., & Barlow, D. H. (1990), The Etiology of Posttraumatic Stress Disorder, *Clinical Psychology Review*, 10, S. 299–328.
Joule, R. V. (1991), Double Forced Compliance: A New Paradigm in Cognitive Dissonance Theory, *The Journal of Social Psychology*, 131:6, S. 839–845.
Jowitt, K. (1992), *Ne World Disorder – The Leninist Extinction*, Berkeley/Los Angeles/London: University of California Press.
Juchler, J. (1994), Schwierige Demokratisierungsprozesse – Zur politischen Entwicklung in den Reformländern Osteuropas, *osteuropa*, 44:2, S. 125–141.
Jung, C. G. (1945), Nach der Katastrophe, *Gesammelte Werke*, Bd. 10, S. 217–244.
Kelman, H. (1993), *National Self-Determination and Ethnic Cleaning: Protecting Human Rights in Identity Conflicts*, Keynote adress to ‹Identity-Driven Conflict in the Post Cold-War World: A Conference in Honor of the Memory of Edard E. Azar», University of Maryland. 15. Okt. Unveröffentlichtes Redemanuskript.
Kelman, H. C., & Hamilton, V. L. (1989), *Crimes of Obedience*, New Haven/London: Yale University Press.
Keohane, R. O. (1984), *After Hegemony – Cooperation and Discord in the World Political Economy*, Princeton, NJ: Princeton University Press.
Kernberg, O. F. (1984), *Severe Personality Disorders*, New Haven/London: Yale University Press.
Khantzian, E. J. (1981), Some treatment implications of the ego and self disturbances in alcoholism, in: M. H. Bean & N. E. Zinberg (eds.), *Dynamic approaches to the understanding and treatment of alcoholism*, New York: Free Press, S. 163–206.
Kieselbach, T., & Voigt, P. (Hg., 1993), *Systemumbruch, Arbeitslosigkeit und individuelle Bewältigung in der Ex-DDR*, Weinheim: Deutscher Studien Verlag.
Kieselstien, V. (1991), Suchtkrankenhilfe in der ehemaligen DDR – Strukturen, Methoden, Ergebnisse, *blv Schriftenreihe*, Heft 2, herausgegeben vom Badischen Landesverband gegen die Suchtgefahren, S. 3–13.
Kinder- und Jugendbericht 1994 der Landesregierung Potsdam, verabschiedet am 22.2.1994.

Klee, E. (1993), *Irrsinn Ost – Irrsinn West – Psychiatrie in Deutschland*, Frankfurt a. M.: Fischer.
Kohut (1966), *Forms and Transformations of Narcissism*, in: Stroizer a. a. O., S. 97–123.
– (1971), *The Analysis of the Self*, New York: International University Press.
– (1972), *Thoughts on Narcissism and Narcissistic Rage*. In: Stroizer, a. a. O., S. 124–160, S. 126.
– (1976), *Creativeness, Charisma, Group Psychology: Reflections on the Self-Analysis of Freud*. In: Stroizer a. a. O., S. 171–211.
– (1981), *Idealization and Cultural Selfobjects*. In Stroizer, a. a. O., S. 224–231.
– (1984), *How Does Analysis Cure?*, A. Goldberg (ed.). The University of Chicago Press.
Kohut, H., & Wolf, E. S. (1978), Die Störungen des Selbst und ihre Behandlung. In: U. H. Peters (Hg.), *Kindlers «Psychologie des 20. Jahrhunderts» – Psychiatrie Bd. 2*, Weinheim / Basel: Beltz, 1983, S. 97–112.
Kolakowski, L. (1994), Wir fürchten etwas Unbestimmtes, *FAZ*, Nr. 30.
Kornai, J. (1992), *The Socialist System – The Political Economy of Communism*, Princeton, NJ: Princeton University Press.
Krockow, C. Graf von (1993), *Die Deutschen vor ihrer Zukunft*, Berlin: Rowohlt.
Kroll-Smith, J. S., & Couch, S. R. (1993), *Technological Hazards – Social response as Traumatic Stressors*. In: Wilson / Raphael, a. a. O., S. 79–91.
Kulka / Schlenger / Fairbank / Hough / Jordan / Marmar / Weiss (1990), *Trauma and the Vietnam War Generation*, New York: Brunner / Mazel.
Lahann, B. (1994), *Genosse Judas – Die zwei Leben des Ibrahim Böhme*, Reinbek bei Hamburg: rororo.
Lang, P. J. (1979), A Bio-Information Theory of Emotional Imagery, *Psychophysiology*, 16, S. 495–512.
Lazarus, R. S. (1993), *Why We should Think of Stress as a Subset of Emotion*. In: Goldberg / Breznitz a. a. O., S. 21–39.
Lazarus, R. S., & Folkman, S. (1984), *Stress, Appraisal, and Coping*, New York: Springer.
Lederer / Nerger / Rippl / Schmidt / Seipel (1991), Autoritarismus unter Jugendlichen der ehemaligen DDR, *Deutschland Archiv*, S. 587–596.
Lenin, Was tun? – Brennende Fragen unserer Bewegung, *Lenin, Werke*, Band 6, Berlin: Dietz Verlag 1973, S. 357–541.
– Der «linke Radikalismus», die Kinderkrankheit im Kommunismus, *Lenin, Werke*, Band 31, Berlin Dietz Verlag, 1973, S. 5–106.
Lesch, O. M. (1985), *Chronischer Alkoholismus. Typen und ihr Verlauf. Eine Langzeitstudie*. Stuttgart / New York: Thieme.
Lesch / Dietzel / Musalek / Walter / Zeiler (1989), Therapiekonzepte und Therapieziele im Lichte langfristiger Katamnesen. In: Heiman, Mayer & Schied (Hg.), *Der chronische Alkoholismus*, Stuttgart / New York: Gustav Fischer, S. 161–178.
Levenson / Sher / Grossmann / Newman / Newlin (1980), Alcohol and stress response dampening: Pharmacological effects, expectancy, and tension reduction, *Journal of Abnormal Psychology*, 89, S. 528–538.
Lifton, R. J. (1993), *From Hiroshima to the Nazi Doctors – The Evolution of Psychoformative Approaches to Understanding Traumatic Stress Syndromes*, In: Wilson / Raphael (eds.), a. a. O., S. 11–23.
Loevinger, J. (1976), *Ego development*, San Francisco: Jossey-Bass.
Lomov, B. L., & Kol'tsova, V. A. (1984), Mental Processes and Communication, in: I. H. Strickland, *Directions in Soviet Psychology*, New York: Springer, S. 47–64.
Loos, H. (1990), «Anerkannte Unterordnung» – ein Rückblick auf die Psychiatrie-Entwicklung in der DDR. In: Picard & Riemer, a. a. O., S. 174–180.
Maaz, J. (1990), *Der Gefühlsstau – Ein Psychogramm der DDR*, Berlin: Argon.
Mahony, M. J. (1991), *Human Change Processes – The Scientific Foundations of Psychotherapie*, New York: BasicBooks.

Marris, P. (1974), *Loss and Change*, London: Routledge & Kegan Paul.
Marx, K., *Das Kapital*, Berlin: Dietz Verlag, 1966.
Marx, K., & Engels, F., Das Kommunistische Manifest, *MEW*, Bd. 4, Berlin: Dietz, 1974, S. 459–493.
Marz, L. (1992), Dispositionskosten des Transformationsprozesses, *Aus Politik und Zeitgeschehen*, Beilage zu der Zeitschrift *Das Parlament*, B 24, S. 3–14.
Matussek, P. (1963), Wahrnehmung, Halluzination und Wahn. In: *Psychiatrie der Gegenwart*, Band I/2, Berlin/Göttingen/Heidelberg: Springer, S. 23–76.
Maier, C. S. (1988), *The Unmasterable Past*, Cambridge, MA/London: Harvard University Press.
Mayer, K. H. (1993), Die soziale Ordnung der DDR und einige Folgen für die Inkorporation in die BRD, *Biss public*, 3:11, S. 39–55.
McCabe/Schneiderman/Field/Skyler (1991), Stress, Coping and Disease, Hillsdale, NJ: Lawrence Erlbaum Associates.
McFarlane, A. C., & Papy, P. (1992), Multiple Diagnosis in Posttraumatic Stress Disorder in the Victims of a Natural Disaster, *Journal of Nervous and Mental Disease*, 180:8, S. 498–504.
Mearsheimer, J. J. (1992), Back to the Future – Instability in Europe After the Cold War. In: S. M. Lynn-Jones (Hg.), *The Cold War and After – Prospects for Peace*, Cambridge, MA/London: The MIT Press, S. 141–192.
MfS Hochschule Potsdam (1984), *Erfahrungsberichte von IM über ihren Einsatz in Operativen Vorgängen*, VVS-0001, MfS JHS-Nr.: 13/84, Bl. 1–32.
– (1985), *Grundfragen der marxistisch-leninistischen Psychologie in ihrer Anwendung auf die politisch-operative Arbeit*, VVS-0001, MfS JHS-Nr.: 75/85/I, Bl. 1–44.
– (1985), *Sozialpsychologische Grundlagen für die Analyse und Entwicklung von sozialen Beziehungen zwischen Menschen in der politisch-operativen Arbeit*, VVS-0001. MfS JHS-Nr.: 75/85/V, Bl. 1–48.
– (1985), *Die psychischen Prozesse – ihre Wirkung und Nutzung in der politisch-operativen Arbeit*, VVS-0001, MfS JHS-Nr.: 75/85/II, Bl. 1–87, S. 71.
Mello, N. K., & Mendelson, J. H. (1978), Alcohol and Human Behavior. In: L. L. Iversen & S. H. Snyder (eds.), *Handbook of Psychopharmacology. Vol. 12*, New York Plenum Press, S. 235–317.
Milgram, S. (1974), *Obedience to Authority*, New York: Harper and Row.
Mirowsky, J., & Ross, C. E. (1989), Social Patterns of distress. In: A. Inkles (ed.), *Annual review of sociology*, Palo Alto, CA: Annual Reviews, S. 23–45.
Misselwitz, I. (1991), Zur Identität der DDR-Bürger – Eine erste Gedankensammlung, *Psychosozial*, Heft 1 (Nr. 45), S. 30–33.
Moser, T. (1992), *Besuche bei Brüdern und Schwestern*, Frankfurt: Suhrkamp.
– (1993), *Politik und seelischer Untergrund*, Frankfurt: Suhrkamp.
Müller, R. (Hg., 1991), *Die Säuberung – Moskau 1936: Stenogramm einer geschlossenen Parteiversammlung*, Reinbek bei Hamburg: rororo.
Müller, H., & Schubarth, W. (1992), Rechtsextremismus und aktuelle Befindlichkeiten von Jugendlichen in den neuen Bundesländern, *Aus Politik und Zeitgeschehen*, Beilage zur Zeitschrift *Das Parlament*, B 38, S. 16–28.
Müller-Suur, H. (1950), Das Gewißheitsbewußtsein beim schizophrenen und paranoischen Wahnerleben, *Fortschr. Neurol. Psychiat.*, 18, S. 44–51.
Murray, J. B. (1992), Posttraumatic Stress Disorder: A Review, *Genetic, Social, and General Psychology Monographs*, 118: 3, S. 313–338.
Neumann, J. (1991), Psychiatry in Eastern Europe Today: Mental Health Status, Policies, and Practices, *American Journal of Psychiatry*, 148: 10, S. 1386–1389.
Noelle-Neumann, E. (1991), *Demoskopische Geschichtsstunde – Vom Wartesaal der Geschichte zur Deutschen Einheit*, Zürich: Interfrom, Osnabrück: Fromm.
Nordlohne/Reißig/Hurrelmann (1993), Drogengebrauch in Ost und West: Zur Situation des Drogengebrauchs bei Jugendlichen in den alten und neuen Ländern der Bundesrepublik, *Sucht*, 39, S. 10–34.

Palentien/Pollmer/Hurrelmann (1993), Ausbildungs- und Zukunftsperspektiven ostdeutscher Jugendlicher nach der politischen Vereinigung Deutschlands, *Aus Politik und Zeitgeschehen*, Beilage zu der Zeitschrift *Das Parlament*, B 24, S. 3–13.
Palinka/Russell/Downs/Petterson (1992), Ethnic Differences in Stress, Coping Depressive Symptoms after the Exxon Valdez Oil Spill, *Journal of Nervous and Mental Disease*, 180:5, S. 287–295.
Pearlin, L. I. (1993), The Social Context of Stress, in Goldberg & Breznitz, a.a.O., S. 303–315.
Pearlin/Lieberman/Menaghan/Mullan (1981), The Stress Process, *Journal of Health and Social Behavior*, 22, S. 337–356.
Picard, W., & Reimer, F. (Hg., 1992), *Grundlagen und Gestaltungsmöglichkeiten der Versorgung psychisch Kranker und Behinderter in der Bundesrepublik und auf dem Gebiet der ehemaligen DDR*, Tagungsbericht, Berlin 29. 11.–1. 12. 1990, Köln: Rheinland-Verlag.
Plassman, R. (1994), Vortrag vor der Bundesversicherungsanstalt für Angestellte am 9. Juni in Berlin. Unveröffentlichtes Manuskript.
Pollack, D. (1991), Sozialstruktur und Mentalität in Ostdeutschland. In: H. Meyer (Hg.), *Soziologen-Tag Leipzig 1991*, Akademie-Verlag, 1992, S. 272–285.
– (1992), The Times, they are a-changing...: Anmerkungen zum Transformationsprozeß in Ostdeutschland, *BISS public*, 2:6, S. 49–61.
Powell, G. J., & Doan, R. E. (1992), Combat and Social Support as Variables in Perceived Symptomatology of Combat-Related Posttraumatic Stress Disorder, *Psychological Reports*, 70, S. 1187–1194.
Reddaway, P. (1991), Civil Society and Soviet Psychiatry. In: *Problems of Communism*, July/August, S. 41–48.
– (1993), Russia on the Brink?, *The New York Review of Books*, 28. Jan. S. 30–35.
Reich, J. (1992), *Abschied von den Lebenslügen – Die Intelligenz und die Macht*. Berlin: Rowohlt.
– (1993), *Rückkehr nach Europa – Zur Lage der deutschen Nation*, München: dtv.
– (1993), Am DDReizehnten Grad östlicher Länge, *Die Zeit* Nr. 46.
Reich, R. (1992), *The Work of Nations*, New York: Vintage Books.
Reißig, R. (1992), Transformationsprozeß in Ostdeutschland – empirische Befunde und theoretische Erklärungsansätze, *BISS public*, 2:6, S. 5–22.
– (1993), Transformationsprozeß Ostdeutschland: Entwicklungstand–Konflikte–Perspektiven. In: Reißig (Hg.), *Rückweg in die Zukunft – Über den schwierigen Transformationsprozeß in Ostdeutschland*, Frankfurt/New York: Campus, S. 11–48.
Ringel, E. (1991), *Die österreichische Seele*, Wien/Zürich: Europaverlag.
– (1991), *Selbstschädigung durch Neurose*, Wien.
Schabowski, G. (1991), *Der Absturz*, Berlin: Rowohlt.
Schafer, R. (1968), *Aspects of Internalization*. New York: International Universities Press.
Scharsch, H. H. (1992), *Haiders Kampf*, Wien: Orac.
Schill, T., & Beyler, J. (1992), Self-Defeating Personality And Strategies For Coping with Stress, *Psychological Reports*, 71, S. 67–70.
Schlapentokh, V. (1989), *Public and Private Life of the Soviet People*, New York/Oxford: Oxford University Press.
– (1990), The Justifikation of Political Conformism: The Mythology of Soviet Intellectuals, *Studies in Social Thoughts*, 39, S. 111–135.
Schmitz, M. (1988), Die Juden in der DDR. Neubeginn auf den Trümmern einer zerstörten Tradition, *Die Zeit*, Nr. 17.
Schorlemmer, F. (1992), *Versöhnung in Wahrheit – Nachschläge und Vorschläge eines Ostdeutschen*, München: Knaur.
Schröder, H. (1990), Identität, Individualität und psychische Befindlichkeit des DDR-Bürgers im Umbruch, *Zeitschrift f. Sozialisationsforschung u. Erziehungssoziologie*, 1. Beiheft, S. 163–176.
– (1991), Zur psychologischen Vergangenheitsbewältigung der DDR-Bürger nach der Wende. *Psychosozial*, Heft 1 (Nr. 45), S. 23–29.

Schröter, S. (1994), Psychiater im Dienste des MfS, *Deutsche Vereinigung gegen den politischen Mißbrauch der Psychiatrie*, Rundrief 1 / 94.
Schukit / Smith / Anthenelli, M. Irwin (1993), Clinical course of alcoholism in 636 male in-patients, *American Journal of Psychiatry*, 150:5, S. 786–792.
Schwarz, G. (1987), *Die «Heilige Ordnung» der Männer*, Opladen: Westdeutscher Verlag.
Schwarzer & Jerusalem (Hg., 1994), *Gesellschaftlicher Umbruch als kritisches Lebensereignis – Psychosoziale Krisenbewältigung von Übersiedlern und Ostdeutschen*, Weinheim / München: Juventa.
Seemann / Seeman / Burdos (1988), Powerlessness, Work, and Community: A Longitudinal Study of Alienation and Alcohol Use, *Journal of Health and Social Behavior*, 29, S. 185–198.
Segal, B. M. (1990), *The Drunken Society – Alcohol Abuse and Alcoholism in the Soviet Union. A Comparative Study*. New York: Hippocrene Books, S. 459.
Segal, Z. V., & Blatt, S. J. (eds., 1993), *The Self in Emotional Distress – Cognitive and Psychodynamic Perspectives*, New York / London: The Guilford Press.
Seyle, H. (1950), *The physiology and pathology of exposure to stress*, Montreal: Acta.
– (1982), *The History of Stress*. In: Goldberger / Breznitz (eds.), a. a. O., S. 7–17.
Sher, K. J. (1987), *Stress Response Dampening*. In: H. T. Blane & K. E. Leonard (eds.), a. a. O., S. 227–269.
Shorokhova, Y. V. (1984), Personality Research Trends in Soviet Psychology, in: Lomov & Shustikov (eds.), *Soviet Psychology*, Moskau, S. 28–40.
Sieber, E. (1991), Alkoholbezogene Diagnosen in der Krankenblattstatistik der ehemaligen DDR, *Sucht*, 37, S. 152–157.
Solomon, Z. (1989), Psychological sequelae of war. A 3-year prospective study of isreali combat stress reaction casualties, *Journal of Nervous and Mental Disease*, 174, S. 342–346.
Solschenizyn, A. (1974), *Offener Brief an die sowjetische Führung*, Darmstadt / Neuwied: Luchterhand.
Steinglass, P., & Robertson, A. (1983), The Alcoholic Family. In: B. Kissin & H. Begleiter, *The Biology of Alcoholism: Vol. 6. The Pathogenesis of Alcoholism: Psycho-social Factors*, New York: Plenum Press, S. 243–307.
Steinglass / Bennett / Wolin / Reiss (1987), *The Alcoholic Family*, New York: Basic Books.
Stephan, C. (1993), *Der Betroffenheitskult – Eine politische Sittengeschichte*, Berlin: Rowohlt.
Stern, F. (1992), *The Failure of Illiberalism*, New York: Columbia University Press.
Stoiber, I. (1991), Suchttherapie und Möglichkeiten der Therapeuten in der DDR, *Sucht*, 37:2, S. 86–89.
Storolow, R. D. (1975), Toward a functional definition of Narcissism, *International Journal of Psychoanalysis*, 56, S. 179–185.
Storolow, R., & Atwood, G. (1984), Psychoanalytic phenomenology: Toward science of human experience, *Psychoanalytic Inquiry*, 4, S. 87–104.
Stratemann, I. (1992), *Psychologische Aspekte des wirtschaftlichen Wiederaufbaus in den neuen Bundesländern*, Göttingen / Stuttgart: Verlag für Angewandte Psychologie.
Stroizer, C. B. (ed., 1985), *Kohut, Self Psychology And the Humanities*, New York: Norton.
Strotzka, H. (1988), *Macht – Ein psychoanalytischer Essay*, Frankfurt a. M.: Fischer.
Teicholz, J. G. (1978), A selective review of the psychoanalytic literature on theoretical conceptualizations of narcissism, *JAPA* 26, S. 831–862.
Thom, A., & E. Wulff (Hg. 1990), *Psychiatrie im Wandel – Erfahrungen und Perspektiven in Ost und West*, Bonn: Psychiatrie Verlag.
Thomas, M. (Hg. 1992), *Abbruch und Aufbruch – Sozialwissenschaften im Transformationsprozeß*, Berlin: Akademie-Verlag.
Thompson, T. L. (1989), *Ideology and Policy: The Political uses of Doctrine in the Soviet Union*, Boulder / San Francisco / London: Westview Press.
Tomov, T. (1991), The Impact of Political Change in Eastern Europe on Behavioral Sciences and Psychiatry, *British Journal of Psychiatry*, 159, S. 13–18.

Torbakow, I. (1992), The «Statists» and the Ideology of Russian Imperial Nationalism, *Radio Free Europe / Radio Liberty Research Report*, Vol. 1, Nr. 49, S. 10–16.
Trenckmann, U. (1990), Zwei Psychiatrien in einem Land? Gemeinsames und Trennendes in der psychiatrischen Kultur in Deutschland-West und Deutschland-Ost, in: Picard & Riemer, a. a. O., S. 169–173.
Trice, H. M. (1992), Work-related risk factors associated with alcohol abuse, *Alcohol Health Res. World*, 16:2, S. 106–111.
Trommsdorff, G. (Hg. 1994), *Psychologische Aspekte des sozio-politischen Wandels in Ostdeutschland*, Berlin / New York: de Gruyter.
Tucker, R. C. (1987), *Political Culture and Leadership in Soviet Russia*, New York / London: Norton.
Tucker / Vuchinich / Sobell (1981), Alcohol consumption as a self-handicaping strategy, *Journal of Abnormal Psychology*, 90, S. 220.
Veer, R. v. d. (1990), The Reform of Soviet Psychology: A Historical Perspective, *Studies in Soviet Thoughts*, 40, S. 205–221.
Webb / Baer / McLaughlin / McKelvey / Caid (1991), Risk Factors and Their Relation to Initiation of Alcohol Use among Early Adolescents, *J. Am. Acad. Child. Adolesc. Psychiatry*, 30:4, S. 563–568.
Webb / Baer / Francis / Caid (1993), Relationship among Social and Intrapersonal Risk, Alcohol Expectancies, and Alcohol Usage among Early Adolescents, *Addictive Behaviors*, 18, S. 127–134.
Wedel, M. (1994), *Einheitsfrust*, Berlin: Rowohlt.
Weisaeth, L., & Eitinger L. (1993), *Posttraumatic Stress Phenomena – Common Themes across Wars. Disasters, and Traumatic Events.* In: Wilson / Raphael, a. a. O., S. 69–77.
Weise, K. (1990), *Psychotherapie in der Psychiatrie.* In: A. Thorn & E. Wulff (Hg.), a. a. O., S. 288–307.
Weiss, J. (1991), *Kompetenz, Kontrolle, Korruption – Erfahrungen mit der Soziologie in der DDR und was daraus folgt.* In: B. Giesen & C. Leggewie (Hg.), a. a. O., S. 59–67.
Weiß, K. (1993), Verlorene Hoffnung der Einheit, *Der Spiegel*, Nr. 46 / 1993.
Wheaton, B. (1983), Stress, Personal Coping Resources, Psychiatric Symptoms: An Investigation of Interactive Models, *Journal of Health and Social Behavior*, 24, S. 208–229.
Willems, H. (1993), *Fremdenfeindliche Gewalt*, Opladen: Leske & Buderich.
Willems / Würtz / Eckert (1993), *Fremdenfeindliche Gewalt: Eine Analyse von Täterstrukturen und Eskalationsprocessen.* Forschungsbericht – vorgelegt dem Bundesministerium für Frauen und Jugend und der deutschen Forschungsgemeinschaft.
Wilson, J. D., & Raphael, B. (eds., 1993), *Handbook of Traumatic Stress Syndromes.* New York: Plenum Press.
Winkelmann, B. (1992), Manifestationen psychischer Störungen durch Belastungsfaktoren des historischen Umbruchs in der ehemaligen DDR, *Prax. Kinderpsychol. Kinderpsychiat.*, 41:10, S. 354–355.
Winter, E. (1991), Alkoholismus im Sozialismus der Deutschen Demokratischen Republik – Versuch eines Rückblicks, *Sucht*, 37, S. 71–85.
– (1992), Arznei- und Suchtmittelmißbrauch und -abhängigkeit in der ehemaligen DDR. In: Deutsche Hauptstelle gegen die Suchtgefahr (Hg.), *Medikamentenabhängigkeit*, Schriftenreihe zum Problem der Suchtgefahren, Bd. 34, Freiburg: Lambertus, S. 269–286.
Wolf, E. S. (1988), *Treating The Self*, New York / London: The Guilford Press.
Yale Studies on Alcohol. Alcohol, science and society, Westport / CT: Greenwood Press, 1945.
Zelikow, P. (1992), The new Concert of Europe, *Survival*, Vol. 34, S. 12–30.
Zucker, L. G. (1977), The Role of Institutionalization in Cultural Persistance, *American Sociological Review*, 42, S. 726–743.
Zuckerman, M. (1979), *Sensation seeking: Beyond the optimal arousal*, New York: John Wiley & Sons.